| 博士生导师学术文库 |

A Library of Academics by Ph.D.Supervisors

微传播与网络善治

王君超 易艳刚 主编

光明日报出版社

图书在版编目（CIP）数据

微传播与网络善治 / 王君超，易艳刚主编 . -- 北京：光明日报出版社，2020. 2

（博士生导师学术文库）

ISBN 978 - 7 - 5194 - 5610 - 8

Ⅰ. ①微… Ⅱ. ①王…②易… Ⅲ. ①电子政务—研究—中国 Ⅳ. ①D63 - 39

中国版本图书馆 CIP 数据核字（2020）第 023152 号

微传播与网络善治

WEI CHUANBO YU WANGLUO SHANZHI

主　　编：王君超　易艳刚

责任编辑：宋　悦　　　　责任校对：赵鸣鸣

封面设计：中联学林　　　责任印制：曹　诤

出版发行：光明日报出版社

地　　址：北京市西城区永安路 106 号，100050

电　　话：010-63139890（咨询），010-63131930（邮购）

传　　真：010 - 63131930

网　　址：http：//book. gmw. cn

E - mail：songyue@ gmw. cn

法律顾问：北京德恒律师事务所龚柳方律师

印　　刷：三河市华东印刷有限公司

装　　订：三河市华东印刷有限公司

本书如有破损、缺页、装订错误，请与本社联系调换，电话：010-63131930

开　　本：170mm×240mm

字　　数：259 千字　　　印　　张：17. 5

版　　次：2020 年 2 月第 1 版　　　印　　次：2020 年 2 月第 1 次印刷

书　　号：ISBN 978 - 7 - 5194 - 5610 - 8

定　　价：98. 00 元

出版说明

本论文集是北京市宣传文化高层次人才培养资助项目《依法治网背景下的“网络善治”研究——微博空间的“善治”理论与实践》（批准号016XCB093）的结项成果。

本课题聚焦社交媒体全球化治理中的“中国经验”，尤其是微博社区委员会制度。这也是本书主编继完成教育部人文社科规划基金项目《基于微博的表达权与“理想的传播背景”》之后，对微博课题的进一步开拓。前者的结项成果已委托清华大学出版社出版。

为了实现这一目的，我们做了以下工作。

一、率领研究团队数次到微博工作场所进行深度访谈，厘清了社区委员会的运作机制及与“善治”理论的内在联系。

二、本论文集主编先后在英国威斯敏斯特大学中国媒体研究中心、香港中文大学新闻与传播学院、中国研究资料服务中心、浸会大学传理学院、清华大学真人图书馆、第八届海南书香节暨万宁市2016年全民阅读活动启动仪式上就微传播的特性和“微博改变中国”的话题进行演讲，推广社交媒体的“善治”理念及微博社区委员会的经验。

三、依托此项目，本书主编指导博士毕业论文2篇，硕士毕业论文1篇、本科毕业论文2篇；课题组成员在C刊及C刊扩展版共发表论文7篇。收入本论文集的《微博上的用户劳动及异化》《“水军”舆论对微博舆情的影响与对策》《社交媒体投诉机制下的“善治”实践》《未来传播形态的三个重要维度》《传播科技异化与新闻事件的异化机制》《媒体对公共政策过程影响研究综述：“传统媒体”框架的失灵与“社交媒体”框架的缺失》等论文，即是这批成果的反映。

四、为了集思广益，清华大学新闻与传播学院与新中心于2019年6月15日联合主办了“微传播与网络善治”研讨会，共有22位论文作者在会上做了口头或书面报告，第十二届全国人民代表大会教育科学文化卫生委员会主任委员、清华大学新闻与传播学院院长柳斌杰教授在会上作了长篇致辞，已作为序言收入本书。

论文集中收录的论文尚有不少值得商榷之处，诚望读者批评指正。

序　言

完善共建共享共治的微传播发展机制[①]

探讨“依法治网”背景下的“微博善治”，是在微传播领域探讨进一步贯彻、落实习近平总书记依法治国、依法治网有关讲话精神，对网络媒体和全媒体发展都有重要意义。

一、微传播异军突起，作用巨大

在新媒体迅猛发展的当今世界，微传播异军突起，作用巨大。前不久国外机构调查表明，各类传媒业态吸引力排名中，微传播平台占了前三名，微博客已成为最受欢迎的社交平台之一。

2019 年是新浪微博正式上线 10 周年。10 年来，新浪微博不仅有效地扩大了公民的表达权，而且也打造了政务传播和主流媒体的新平台。截至 2019 年 3 月底，微博月活跃用户已达 4.65 亿，日活跃用户同步增至 2.03 亿，堪称“中国最有影响力社交媒体平台”。

同时，中国互联网络信息中心（CNNIC）发布第 43 次《中国互联网络发展状况统计报告》显示，社交媒体已经成为政务服务的主要平台。根据 CNNIC 数据，截至 2018 年 12 月，经过新浪平台认证的政务机构微博达到 138253 个，我国各省（区、市）、中央各部门均开通了政务机构微博，覆盖了省部市办县处等各级行政单位以及公检法文卫教科等各领域的职能部门。因此，发

---

① 本文作者柳斌杰，第十二届全国人民代表大会教育科学文化卫生委员会主任委员。清华大学新闻与传播学院院长、教授、博导，清华大学马克思主义新闻学与新闻教育改革研究中心主任。

本文为 2019 年 6 月 15 日作者在清华大学“微传播与网络善治”研讨会上的致辞。

展好、经营好、管理好微博这个具有公共领域性质的自媒体平台，对于落实十九大再次强调的“保障人民知情权、参与权、表达权、监督权”，整体推进政务改革和新时代的网络文化建设具有深远的意义。

当前，中国移动互联网用户规模已经达到8.2亿，为全球最多。在网民数量领先全球的情况下，我们更应关注互联网的依法治理。党的十八届四中全会《关于全面推进依法治国若干重大问题的决定》提出“依法治网”“依法规范网络行为”，目的是为了使网络传播健康发展，发挥其造福人民的积极作用。

二、自媒体传播乱象，必须治理

微传播多以自媒体形式存在，以自由表达、自主发布、民主讨论、平等对话为特色，因而缺乏一套内容编辑、复核校准、规范把关的机制，传播中的乱象就不可避免。当前自媒体的假新闻成为全球公害，制造与传播谣言也较普遍，各类“水军”浑水摸鱼，一些账号群落操纵平级、排名，甚至还有的操纵舆论，放大负面现象，故意爆料隐私伤害他人……这些虽非主流现象，但影响颇坏，引发公众的强烈不满。应当明白，在微传播无所不在、无人不用的情况下，微传播平台带有很大的公共性。微传播虽属虚拟空间、网络世界，但也不是法外之地、社会黑洞，必须纳入社会空间强化治理、认真治理。

2016年4月19日，习近平主持召开网络安全和信息化工作座谈会并发表重要讲话强调：“网络空间天朗气清、生态良好，符合人民利益。网络空间乌烟瘴气、生态恶化，不符合人民利益。我们要本着对社会负责，对人民负责的态度，依法加强网络空间治理，加强网络内容建设，做强网上正面宣传。”这一讲话将网络治理与人民利益联系起来，凸显了其重大的社会意义。因此，学术界应当积极地研究、探索，推动完善网络治理机制。

微传播治理并不是指隔离、过滤、删帖、封号、撒网那样一些临时手段，而是完善以法治和道德规范为基础的长效治理体系。重要的是形成政府、社会机构、行业组织、传播网络和广大人民群众特别是网民共同参与的共建共享公治的科学机制，使参与者、使用者、受益者都来担当微传播空间环境的维护者。只有这样，微传播空间才会“清朗”。

微博一直在探索治理的方式，他们曾经试行过社区委员会这种形式。还有一些网络社区也聘请教师、家长、社会名流组成道德评价委员会，发挥群众的监督作用，这也是共治的一种模式。总之，网络空间要依靠群众来治理。

三、加强网络空间治理，双管齐下

微传播以网络为支撑，与整个网络环境密切相关。加强治理，是人们面对数字文明的共同任务。习近平总书记在给2018年11月7日举行的第五届世界互联网大会致信时指出，世界各国“加强网络空间治理的需求相同”，“希望大家集思广益、增进共识，共同推动全球数字化发展，构建可持续的数字世界，让互联网发展成果更好造福世界各国人民”。

微传播的“善治”，必须要从更大的方面入手。一是完善法治，二是培养三大理性——公共理性、道德理性和责任理性，前者是治标，后者是治本，二者相辅相成。

理性是依据自己具有的知识和理论，通过严密的逻辑思维（判断、推理）得到的较为客观合理的认识和行为。马克思认为理性所形成的思维是人类认识最精华的东西。我们应该大力培养公民理性思维能力，让微传播多一点理性之光。

这里讲的“三大理性”，是指在“人人都是传播者”“人人都能发新闻信息”的微传播时代，微传播者（其他传播者也一样）必须提高理性思维能力，发新闻、发信息前要想一想发出后的他人感受、公共价值和社会效果，从根本上减少不良信息、垃圾图文的传播。

公共理性，就是要用公共安全、公共利益、公共行为的基本准则判断传播内容是否有违公共传播的常识。法律和政策之所以划定传播底线，就是因为公共传播涉及公共性，所有传播者也要有不能伤害公共利益的基本判断。

道德理性，就是信息传播的伦理问题，即不能把违背社会公德、家庭美德、个人品德、职业道德的不良信息传播出去，此类信息有伤社会风化，会破坏人间友善和败坏道德品质。这要作为传播者的一种基本修养，植入思想和行为中。

责任理性，就是网民要对自己的言行缜密思考、负起责任。一条新闻、一个信息、一句言论，传播到社会上去，是什么反应、有什么后果，要用责任理性去判断；对公众要负责，对社会要负责，对他人要负责，对自己更要负责。散布谣言、制造混乱、拨弄是非、攻击他人的传播，之所以受到严厉打击，就是因为他们没有责任意识，对自己不负责，结果害人害己。“负责”，是所有传播应具备的基本思维能力。

学界应在“依法治网”的大背景下，立足国情、借鉴互联网全球治理的有益经验，进一步探讨微治理的“法治”之道。微传播主阵地是一种社会性平台，当然也要纳入社会治理的范围。中共十八届四中全会报告和“十三五规划”中有关社会治理创新的要求，同样适用于网络治理。“善治”首先是法治，“良法乃善治之前提”，实际上把“善治”当作法治的理想目标。这就要求我们以习近平新时代中国特色社会主义思想为指导，加快完善管网治网的法制体系，统一法度，统一标准，探索依法治网背景下的“微传播善治”之方法途径，引导微传播良性发展。

理性传播是“网络善治”的另一个方面，是指所有网民自觉加强自己的思想修养，不断提高理性思维能力，以公共理性、道德理性和责任理性审视自己的微传播行为，要符合公共行为准则、社会道德规范和对人民对社会负责的基本要求，信息传播不能损害公共利益和人民群众的安宁幸福，这是最重要的内在自律。

目 录
CONTENTS

第一部分 微传播研究

传播科技异化与新闻事件的异化机制 …………………………… 王君超 3

微博突发性事件舆论传播演变及引导策略

——以“重庆公交坠江”事件为例 …………………………… 李伊莎 16

微博用户劳动及异化…………………………………………… 宁丽丽 46

“微时代”新闻传播的“合理使用”与传播权益

——以“甘柴劣火”为例 …………………………………… 王思文 69

微博“善治”视域下灾难报道中主流媒体的角色担当

——以四川凉山州木里县森林火灾事件为例……………… 吕 婷 80

“裸奔”“特服”“大众消费”

——微传播的三个特点 …………………………………… 李建新 102

第二部分 微治理探微

未来媒体形态的三个维度 ……………………………………… 王君超 111

社交媒体投诉机制下的“善治”实践

——微博社区委员会工作机制的研究视角 ……………… 涂 画 122

社交媒体合作治理的路径与困境

——新浪微博的个案分析 ………………………………… 李 佳 143

微传播中的网络谣言现象与“善治”路径研究
——以微博“上饶小学生被杀案”为例 ………………………… 何慧敏 157
“微传播”时代国际网络谣言治理:对策与趋势 …………………… 付 蕾 169
打击网络谣言、假新闻——微博的探索实践…………………………… 陈丽娜 180
论网络道德审判的正当界限 ……………………………………………… 须大为 187

第三部分 微政务创新

媒体对公共政策过程影响研究综述:“传统媒体”框架的失灵与“社交媒体”框架的缺失 …………………… 张焱、戴楷然、支宇珩、Muhammad Furqan Rao 201
视觉建构:政务微博视频新闻中的“社会图景” …………………… 黄楚涵 213
以柔克刚:政务新媒体的柔性传播特点及其“善治”可能 ………… 王淑华 236
论新媒体诚信的制度逻辑 ………………………………………………… 周 静 248
微博助力打造县级融媒体新格局 ……………………………………… 汪 抒 262

第一部分 01

微传播研究

传播科技异化与新闻事件的异化机制*

本文在对“媒介事件”和“新媒体事件”等概念探讨的基础上，运用马克思的异化理论和法兰克福学派的“科技理性”“科技意识形态”等概念，阐释了为新媒体事件提供传播平台的传播科技存在的异化倾向。在此基础上，论文从三个层次阐释了新媒体事件异化的运行机制。

一、关键概念：新媒体事件与“科技异化”

“新媒体事件”（New Media Event）系从戴扬、卡茨提出的“媒介事件”（Media Event）的概念上发展而来，既指“新型”的“媒体事件”，也指借助“新媒体”而发生的“事件”①。这一概念的提出者邱林川、陈韬文认为，媒体在承载“事件”的同时，也可以异化“事件”②。本文以“借助新媒体而发生的事件”来定义“新媒体事件”，并从微博这一新媒体平台如何异化新闻事件的角度，探讨传播科技的角色。

源于拉丁文“aliennatio”的“异化”一词，“是人的活动及其产物成为人

---

* 本文作者王君超，清华大学新闻与传播学院教授、博导。
基金项目：1. 北京市宣传文化高层次人才培养资助项目《依法治网背景下的“网络善治”研究》。2. 香港中文大学“第九届传播学访问学者计划——传播科技与新媒体事件”。
本文载于《人民论坛·学术前沿》2018 年第 24 期。

① ［美］丹尼尔．戴扬，伊莱休·卡茨．媒介事件［M］．麻争旗，译．北京：北京广播学院出版社，2000：1.

② 邱林川，陈韬文．新媒体事件研究［M］．北京：中国人民大学出版社，2011：7.

的异己力量、人被自己的活动及其产物所控制和奴役的社会现象”①。马新颖归纳了作为学术概念的“异化”所承载的三个含义：一是宗教的角度，异化意味着人与神分离，也就是疏远上帝、不信神、无知；二是从心理学的角度理解，异化是指人的痛苦感受。三是哲学的角度，异化主要用来表征主客体的关系。②

波兰新马克思主义代表人物亚当·沙夫（Adam Schaff）认为，异化理论“是马克思的真迹，没有它人们就不能深刻地理解马克思主义……”他认为，卢梭的《社会契约论》对马克思产生了决定性的影响，黑格尔的哲学则是马克思异化理论起源与发展的关键。③

科技产品作为人类的劳动产品，也存在着与一般社会产品类似的异化现象。“科技异化”是指“主体的科技活动及其科技活动所取得的科技成果，背离主体人的需要和目的，成为人难以驾驭的力量，并反过来控制人、统治人、危害人的特殊现象”。④ 马克思认为，“科学对于劳动来说，表现为异己的、敌对的和统治的力量”⑤。“技术的胜利，似乎是以道德的败坏为代价换来的。”⑥ 作为一种特殊的异化现象，“科技异化就与人的科技活动机器产物不可分离，它是人的科技活动及其产物对人的意图和目的的背离”⑦。对于作为科技主体的人来说，它被认为是一种异己的力量，“不但不是‘为我’的，而是‘反我’的”。⑧

① 何士青、徐勋．科技异化及其法尔治理——基于以人为本的视角［M］．北京：中国社会科学出版社，2010：43.

② 马新颖．异化与解放：西方马克思主义的现代性批判理论研究［M］．北京：中央文献出版社，2015：54—55.

③ ［波兰］亚当·沙夫．作为社会现象的异化［M］．黑龙江：黑龙江大学出版社，2015：32—33，71.

④ 李醒民．评爱因斯坦的科学观［J］．自然辩证法，1986，4：4.

⑤ ［德］马克思．机器、自然力和科学的应用［M］．北京：人民出版社，1978：201、207.

⑥ ［德］马克思，恩格斯．马克思恩格斯全集（第1卷）［M］．北京：人民出版社，1995：775.

⑦ 何士青，徐勋．科技异化及其法尔治理——基于以人为本的视角［M］．北京：中国社会科学出版社，2010：45.

⑧ 陈翠芳．科技异化与科学发展观［M］．北京：中国社会科学出版社，2007：38.

在社交媒体时代，新闻事件的传播从酝酿到发生、发展，无不依托于最新的网络传播科技构筑的媒体平台，以及由其打造的各种信息采集利器，当然，还有以科技理性武装起来的自媒体人。这里的"新闻事件"，是指与"事件性新闻"相关联的一个概念，也就是那些变动呈现明显动态并引起广泛社会关注的新闻。它与经过媒体策划和吸引受众为目的的"媒介事件"（Media Event）并非一个概念。前者是指一种诉诸新闻表达的"事件"（Event）的原初状态，后者则是一种为某种传播目的、借助科技平台和有效的传播手段而被媒体人包装、策划后的状态，因此也被美国历史学家丹尼尔·布尔斯廷（Daniel Boorstin）称为"假事件"（Pseudo Event），也就是"经过设计而刻意制造出来的新闻"①。

新媒体事件在从"新闻事件"到"媒介事件"的演化过程中，离不开传播科技的作用。科学技术的异化既是"新闻媒体事件"发生、发展的技术背景，同时也是其赖以酝酿和形成的条件。

二、传播科技的异化与技术理性的胜利

传播科技是指运用于大众传播的所有科学技术。所谓技术，不单指纯物质层面的科技成果，更包括组织和文化层面的种种安排。② 传播科技之所以也存在异化现象，一方面，因为科技本身凝聚着人类的劳动；另一方面，在马尔库塞（Marcuse）看来，在现代社会里，科技不再具有中立性，而是已经成为一种统治工具或意识形态，而意识形态具有操纵人的力量。③ 人们由于对媒体和媒体从业者的崇拜，同时也崇拜其依赖的各种传播工具及其生产的媒体产品，因此，"我们社会的突出之处在于，在压倒一切的效率和日益提高的生活水准这双重的基础上，利用技术而不是恐怖来压服那些理性的社会力量"。④

在中国内地，"微博控""微信控"等"控文化现象"的流行，说明自媒

① Daniel Boorstin. The Image：A Guide To Pseudo －Events in America［M］. New York：Atheneum，1985：11—12.

② 邱林川，陈韬文．新媒体事件研究［M］．北京：中国人民大学出版社，2011：4.

③ 夏基松．现在西方哲学教程［M］．上海：上海人民出版社，1985：388.

④［美］赫伯特·马尔库塞．单向度的人［M］．刘继，译．上海：上海译文出版社，2005：2.

体已经成为整合社会舆论的强效传播工具，并具有了“控制人”的力量。这种控制力量源于“商品拜物教”——人们越来越崇拜自己生产出来的商品，并任其左右自己的生活和行为方式。技术理性（technological rationality）正是这样普遍地操纵着人们的生产、消费、娱乐行为。

“技术理性是一种追求合理性、规范性、有效性、功能性、理想性和条件性的人类智慧和能力，是一种扎根于人类物质需求及人对自然界永恒依赖的实践理性和技术精神。”① 在哈贝马斯看来，体现技术理性理念的“技术统治论”是一种“隐形意识形态”，它“甚至可以渗透到非政治化的广大居民的意识中，并且可以使合法性的力量得到发展”。②

无论在何种意识形态背景下，以工具理性的思维对待科技、指导科技研发和应用的技术理性都普遍存在。其具体表现有两个方面：“一个是固有的工具理性思维对人的行为方式影响，反映在科技与社会关系中就是人更多关注科技、依赖科技，而次于关注如何运用科技以及运用科技对人与社会所带来的负面影响。”③ 于是，人这个主体在科技理性的操控之下，日益沦为科技的工具和手段，从而导致了人自身的异化。

当前，在全球范围内的“文化”几乎等同于“媒介文化”（mediated culture），社会也成了“媒介化社会”（mediated society）。智能手机在全球范围内成为“第一移动终端”④，微博、微信依托手机终端，在中国成功地创造了一种以“碎片化”为特征的“微文化”，这不能不说是技术理性的胜利。该现象类似苹果手机等传播科技产品，因为做到了技术、艺术与“人性化”的结合，从而受到粉丝的疯狂追捧。“果粉”们在接受乔布斯的科技理念和产品设计的“侘寂之美”的同时，还要服从一系列“苹果”规则——除非“越

---

① 赵建军．超越技术理性批判［J］．哲学研究，2006（5）：108.

② ［德］哈贝马斯．作为“意识形态”的技术与科学［M］．李黎，郭关义，译．上海：学林出版社，1999：63.

③ 周家荣，廉勇杰．从工具理性到价值理性：科技与社会关系的重大调整——兼论科技在构建和谐社会中的功能整合［J］．科学管理研究，2007（5）：25.

④ 中国互联网络信息中心（CNNIC）2017年8月发布的第40次《中国互联网络发展状况统计报告》显示，中国网民规模达到7.51亿，占全球网民总数的五分之一，手机网民占比达到96.3%.

狱”（但不能安装苹果公司规定之外的软件）；“果粉”还会不计成本地追踪其最新版本的产品等，不由自主地成为“手机控”“苹果控”。

刘伟、陈锡喜认为，“统治人们的是技术理性而不是科学技术”。① 技术理性的胜利意味着科技将成为统治社会的手段，从而执行意识形态的功能。荷兰学者E. 舒尔曼（E. Schulman）认为：“利用计算机的给予和结果，计算机专家们就可以为政治家们制定法律，因为后者并不控制所需的信息。民主制在这样一种计算机统治中就变成了一种怪物。”②在社交媒体时代，传播科技的异化也呈现出不同的特点，突出地表现在“新闻事件”向“新媒体事件”转化过程中所扮演的重要角色。

三、基于传播科技异化的新媒体事件异化

作为新媒体事件原生态的新闻事件，其本质在于“本真性”，即保留某一新闻事实的原貌而未经任何包装。一旦“新闻事件”（News Event）转化为“媒介事件”（Media Event），即经媒体的策划、包装，新闻事件就有了变成异己力量的可能。

媒体在承载事件的同时，也可以异化事件③。个中原因，在于两方面。一方面，由于新闻框架（News Frame）的存在，新闻事件经过报道，实际上已成为斯图亚特·霍尔（Stuart Hall）勾连理论（articulation theory）所说的，变成了各种语言符号的勾连，最后产生一种意义，已然不是新闻事件的原貌。④另一方面，由于乔姆斯基（Noam Chomsky）与爱德华·S. 哈尔曼（Ed Herman）提出的五个“新闻过滤器”（News Filters）的作用，使得新闻事件经过金钱、广告、被垄断的新闻源、炮轰式批评（flak）、反共产主义的意识形态等五个因素的过滤，最后与原初的新闻大相径庭，也即新闻或新闻事件已然

① 刘伟，陈锡喜．“技术理性统治”何以可能——兼论哈贝马斯技术理性批判的反思向度［J］．上海交通大学学报（哲学社会科学版），2016（2）：57.

② ［荷］E·舒尔曼．科技时代与人类未来——在哲学深层的挑战［M］．李小兵，谢京生等，译．北京：东方出版社，1997：376.

③ 邱林川、陈韬文．新媒体事件研究［M］．北京：中国人民大学出版社，2011：7.

④ 张锦华．传播批判理论［M］．台北：台北黎明文化事业公司，1994：146，148.

被异化。①

但是，过往的类似研究往往只强调“新闻框架”，即传播者的主观意识因素和某一国家的新闻体制因素，而忽略了作为传播平台、传播手段对新闻事件“本真性”的解构作用。后者由于传播科技本身的异化，也会成为令媒介事件加速异化的物质技术力量。由传播科技的异化而导致的新媒体事件异化的运行机制如图 1：

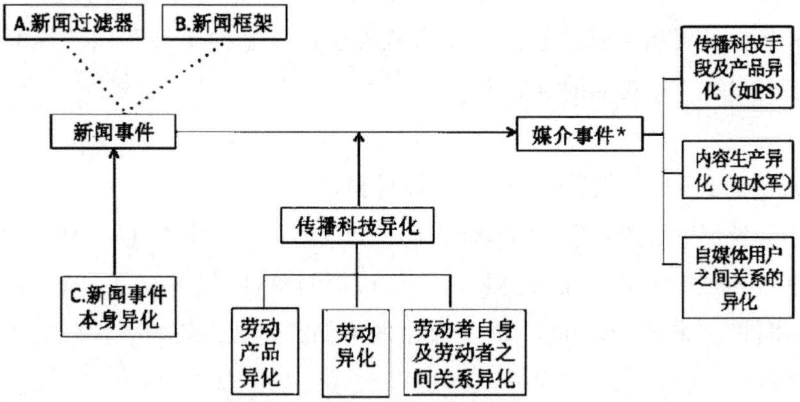

图 1　新媒体事件异化的运行机制

注：本图中“媒介事件”特指“新媒体事件”

从上图可以看出传播科技助推新媒体事件异化存在三个层次。

1. 第一个层次：新闻事件演变为媒介事件的三股力量

原初的新闻事件在三股力量的共同作用下，使其转变为媒介事件（新媒体事件）有了可能。这三股力量即新闻框架、“新闻过滤器”以及新闻事件本身的异化（舆论反转）。

其中，新闻事件异化为媒介事件是本文论述的重点，所以在上图以实线表示。

① ［美］戴维·考格斯威尔等．乔姆斯基入门［M］．牛宏宝，译．北京：东方出版社，1998：82.

2. 第二个层次：传播科技的异化过程

从上图可以看出，传播科技在自身异化的过程中，也促使新媒体事件进一步异化。按照马克思的异化理论，传播科技在媒介事件异化的过程中也分为三个方面。

（1）劳动产品的异化。

马克思指出："劳动所生产的对象，即劳动的产品，作为一种异己的存在物，作为不依赖于生产者的力量，同劳动相对立……在国民经济学假定的状况中，劳动的这种现实化表现为工人的非现实化，对象化表现为对象的丧失和被对象奴役，占有表现为异化、外化。"劳动产品与劳动的这种对立，所造成的一种结果就是："工人生产的越多，他能够消费得越少；他创造价值越多，他自己越没有价值、越低贱；工人的产品越完美，工人自己越畸形；工人创造的对象越文明，工人自己越野蛮；劳动越有力量，工人越无力；劳动越机巧，工人越愚钝，越成为自然界的奴隶。"①

生产传播科技产品的劳动者与劳动产品的异化，是指劳动产品作为劳动者劳动的结果，不仅不能归劳动者所有，而且成为不依赖劳动者的独立力量而存在，并同劳动者对立。比如，凝聚着高科技的传播工具苹果手机本来为富士康的产业工人所生产，但是，凝结着工人劳动的科技传播产品苹果手机，却是他们的工资水平所消费不起的。此外，技术工人所生产出来的劳动产品还与他们相对立，也即反制他们的生活。

传播科技产品的异化，还表现在各种"控文化"的流行。比如，"沙发土豆"（couch Potato）一词就形象地说明了人被电视机控制，长时间坐在沙发上不起来，就像土豆生根一样。又如，"微博控"和"微信控"，形容人们吃喝拉撒和走路都刷微博、微信，并由此产生了"低头族"（smartphone addicts）这一新词。而对于时尚的青春一族来说，则有不少人属于"美图控"。很多人利用 Photoshop、美图等软件对照片进行美化，以至于各种美图教程的推广在新浪微博上被广为转载，商家则竞相推出"美颜自拍神器"，提供"私人订制

---

① ［德］马克思，恩格斯．马克思恩格斯全集（第 42 卷）［M］．北京：人民出版社，1979：90—100.

美颜功能”。过去被称为“自然条件”的容貌也可以借助不断涌现的各种人工手段而让人改观。

（2）劳动的异化。

高科技的工人在劳动中，工人处于无数摄像头的监控之下，工作环境如同边沁所说的“圆形监狱”（Panopticon）①。工人从事的劳动则如同电影《肖申克的监狱》中的工作镜头，是一种强迫性的奴役劳动。这种劳动与马克思所描摹的共产主义理想——“劳动不仅仅是谋生手段，本身已成为生活的第一需要”② 是大异其趣的。

网络媒体工作者因其内容生产的开放性、分享性与传统媒体判然有别，因而被西方学者称为“第五等级”（The Fifth Estate）。但是，被称为“码农”的软件开发工作者所从事的劳动，依然是作为“谋生手段”而非“生活第一需要”的强迫性劳动。作为自媒体普通用户的“劳动者”，虽然为社交媒体创造内容，实现了张扬个人表达权的需要，但是也要处于站方管理员的监控之下，同时更有各种网络公关、“水军”团队混淆舆论。

在当代中国网络文化的语境下，“水军”（ghost writer）是指那些基于新媒体技术、为人雇佣的商业付费写手（paid writer）。作为一种特殊的内容生产商，他们以发帖取酬的方式从事雇佣劳动，实际是有组织的舆论操控，“抹黑”“漂白”是其常用的手段。因其言不由衷的网络表达违反了哈贝马斯提倡

① 边沁1785年提出的“圆形监狱”的设想是：环形建筑被分成许多小囚室，每个囚室都贯穿建筑物的横切面。各囚室都有两个窗户，一个对着里面，与瞭望塔的窗户相对，另一个对着外面，能使光亮从囚室的一端照到另一端。充分的光线和监督者的注视比黑暗更能有效地捕捉囚禁者。全景敞视建筑是一种分解观看/被观看二元统一体的机制。在环形边缘，人彻底被观看，但不能观看；在中心瞭望塔，人能观看一切，但不会被观看到。[法] 米歇尔·福柯．规训与惩罚 [M]．刘北成、杨远婴，译．北京：生活·读书·新知三联书店，2007：224—226.

② [德] 马克思、恩格斯．马克思恩格斯选集（第3卷） [M]．北京：人民出版社，1995：12.

的“三种有效性要求（声称）”①，因此可视“水平”为劳动者的异化，也即自媒体的传播工具或内容生产者丧失了“类本质”。当代中国的“水军”逐渐走向公开化。

根据马克思的说法，这种“类本质”体现在：“他不仅使自然物发生形式变化，同时他还在自然物中实现自己的目的，这个目的是他所知道的，是作为规律决定着他的活动的方式和方法的，他必须使他的意志服从这个目的”②。也就是说，目的性是人的“类本质”之一。但是，在社会大生产的条件下，按照自己的目的去改造世界、生产产品几乎都是资本家和小业主的事，对于传播科技企业的员工和媒体从业者来说，他们只是这个社会庞大生产机器上的一颗螺丝钉。在弗洛姆（Erich Fromm）看来，“马克思认为，异化（或疏离）意味着，人在把握世界时，并没有感到自己是这个世界的代理人，而是感觉世界（自然界、他人以及他自己）对他来说都是陌生的。它们作为客体，凌驾于他之上，并反对他，即使它们或许是他自己创造出来的对象。从根本上讲，异化就是作为与客体相分离的主体，消极地和接受性地体验世界和他自身。”③ 对于全球化背景下的高科技产业工人来说，其改造世界的目的性，已经异化为为了生存而必须出卖自己的劳动，而不管他生产的是“病毒”还是“反病毒”软件，是“水军”言论还是“水军言论过滤系统”。

为苹果手机代工的职工，在长时间加班加点地重复性地工作，完全将自己融化于传播科技的生产线中，无缘“自由自觉的活动”，将劳动变为了维持肉体生存的手段。加上没有自由支配的时间，几乎丧失了人的“类本质”。生产苹果手机的过程对富士康员工来说是痛苦的、不自由的，因此“他们对于

---

① 是指：1. 所作陈述是真实的（甚至于只是顺便提及的命题内涵的前提实际上也必须得到满足）。2. 与一个规范语境相关的语言行为是正确的（甚至于它应当满足的规范语境自身也必须具有合法性）。3. 言语者所表现出来的意向必须言出心声。尤尔根·哈贝马斯. 交往行为理论（第一卷）［M］. 曹卫东，译. 上海：上海人民出版社，2004：291—292.

② ［德］马克思，恩格斯. 马克思恩格斯全集（第44卷）［M］. 北京：人民出版社，1979：208.

③ Erich Fromm. Marx ‘s Concept of Man［M］. New York，1961：43—44. Henri Lefebvre，Critique of Everyday Life［M］. trans. by John Moore. London and New York：Verso Press，1991：81.

生产劳动具有明显的抵触情绪”①。传统的媒体人也会由于融媒体技术的扩散和AI（人工智能）的逐渐采用，而下岗和离职。

（3）劳动者以及彼此间关系的异化。

马尔库塞认为，“技术作为工具的宇宙，它既可以增加人的弱点，又可以增加人的力量。在现阶段，人在他自己的机器设备面前也许比任何时候都更加软弱无力”②。从事高科技生产的工人不仅存在着自身的异化，而且也会因与“工友”的关系而产生人际关系紧张与对立。这种异化与对立，在为苹果手机代工的富士康工厂表现得十分明显。一方面是资本家与工人的对立，另一方面是“员工之间交流十分匮乏，关系十分疏远和冷淡”，“富士康工作人员之间，无论是工人与管理者之间还是工人与工人之间，其关系都处于一种异化的状态”。③

无限制的技术化的灾难性后果，必然带来人的全面异化。法国学者吉尔伯特·西蒙顿（Gilbert Simondon）认为：“异化的一个重要原因是，人类使自己的生物个性适合于技术设备的需要：人是工具的附属物；不把人作为工具的附属物纳入其中，技术的联合体就不能建立。”④在作为高科技传播技术象征的社交媒体平台上，这种内容生产者的紧张关系随时随地可见，其表现为：一是专业新闻工作者与非专业新闻工作者的关系紧张，也即对中国传统的“专业新闻工作者与非专业新闻工作者相结合”的办报理念的异化；二是非专业新闻工作者，也即社交媒体普通用户之间的关系党同伐异、关系紧张，使网络对话经常呈现一种“巴尔干化”（Balkanization）的紧张与破碎状态；三是为社交媒体生产内容的普通用户和管理员之间的关系紧张。

---

① 高畅，徐铭鸿．基于马克思异化劳动理论分析富士康跳楼事件［J］．商业文化，2015，6：168—169.

② ［德］哈贝马斯．作为“意识形态”的技术与科学［M］．李黎，郭关义，译．上海：学林出版社，1999：46.

③ 高畅，徐铭鸿．基于马克思异化劳动理论分析富士康跳楼事件［J］．商业文化，2015（6）：168—169.

④ Simondon，G. Du Mode déxistence des objets techniques［M］. Paris：Aubier，1958：103.

3. 第三个层次：新媒体事件本身被异化的过程

（1）通过 PS 等传播科技手段，促使新闻事件异化为“伪事件”。

按照上文提到的丹尼尔·布尔斯廷（Daniel J. Boorstinhe）“伪事件”定义，媒介事件与“伪事件”（pseudo - event）的基本内涵相同。这个“伪”字，凸显了新闻事件中人为加工的因素。在茂名 PX 事件中①，共有 5 张图片涉及 PS 或“移花接木”等技术造假②，使得谣言蔓延，促使新闻事件向“伪事件”异化。2017 年 8 月 8 日 21 时 19 分，四川阿坝州九寨沟县发生 7.0 级地震。两小时后，各地关于地震的谣言也纷纷在自媒体上发酵。其中有网友将一个楼房倒塌的场景作为九寨沟地震后的景象发布，但经证实，垮塌楼房为 2010 年台湾高雄地震场景。③

在这些新媒体事件的传播过程中，传播科技在异化自身的同时，也促使着新媒体事件的异化。

（2）内容生产的异化，“水军”在受雇佣的异化劳动中操控舆论。

“水军”在新媒体事件中出没，已成为一个不可忽视的现象。2014 年 12 月 25 日，湖北十堰竹山县文峰乡轻土坪村特大车祸，后来演变为一个“新媒体事件”。事件引起广泛关注，源于有人发布《十堰竹山 12·25 特大交通事故死难者祭》《竹山县政府请停一停您飞奔的脚步》等 4 条网帖。网帖提到竹山县领导“贪污”，“抱团腐败”，称该县得胜镇的村干部李某曾向县领导

---

① 广东省茂名市民在 2014 年 3 月 30 日上午，为表达对拟建芳烃（二甲苯，英文简写“PX”）项目的关切，在市委门前大草坪聚集，并在个别路段慢行；下午，有小部分人上路堵塞交通；晚上 10 时 30 分之后，小部分群众开始骑乘摩托车扔石头、矿泉水瓶等破坏公共设施。公安机关迅速行动，有效控制了局面，事件中没有人员死亡。但参见中新网报道：http：//www. chinanews. com/df/2014/03 - 31/6009694. shtml，有网友公开血腥图片并配图文字称，“茂名 PX 项目战争越演越烈，又开始打人砸车，几千武警、警察出动，造成了大量的人员受伤，场面惨烈”。当日夜间零点多，官方通过茂名日报发表《告全体市民书》，警戒市民，游行示威属于违法行为，严重影响社会秩序，并对 PX 项目前途作了响应。［EB/OL］http：//sd. china. com. cn/a/2014/yqzt _ 0404/189720. html.

② 搜狐新闻：茂名市民反 PX 游行事件中的 8 大谣言［EB/OL］. news. sohu. com/s2014/yaoyan - 96.

③ 地震云并不存在！九寨沟 7.0 级地震后这些谣言不要信［EB/OL］. 央视网，2017 - 08 - 09.

“行贿”。竹山县政府新闻办通报称其“捏造事实编撰网帖，并组织网络水军散布，致死者家属20余人受该网帖煽动组织停尸闹丧、打横幅游行，引发群体性事件，严重扰乱了当地社会秩序”。当地警方和法院事后提取的证据材料查明：该网民是专职网络“水军”，曾按照每帖0.2～0.5元不等的标准获利。2014年12月27日，当地已出现群体性事件的苗头，发帖雇佣者便立即要求其删除网帖，但遭到其拒绝，并提出每帖2500元的删帖费用。①

（3）通过劳动者之间关系的异化促使新媒体事件异化。

被称为“异化理论的最早阐述者”② 的卢梭认为，所谓人性的异化就是人们背离自己的自然、自由本性的状态。“自己实际上是一种样子，但为了本身的利益，不得不显出另一种样子。”③ 社交媒体又称“草根媒体”“公民媒体”，除非有个人利益冲突外，公民关系应该是平等、互相尊重的“网民”（netizen）的关系。在茂名PX事件中，反对PX与支持PX的双方却因为非个人因素的利益冲突，形成造谣与反谣两个群体，彼此之间的关系尖锐对立，甚至异化为严重的利益冲突关系。

2014年3月30日凌晨0：09，有网民悄然将百度百科词条中PX毒性由“低毒”改成“剧毒”。此后的6天时间里，“低毒”被改成“剧毒”36次。④由于百度百科是从属于中国内地第一搜索引擎的网络百科，因此这一歪曲性修改势必影响到这一新媒体事件异化的进程。清华大学化工系的学生及时对词条进行科学性修改、反击，双方的斗争通过在开源性的百科平台进行多人在线的接力式劳动来实现。

根据马克思的异化理论，私有财产和阶级对立是异化劳动的必然结果。“只要资本主义制度和生产数据私有制仍然存在，就不可能克服异化现象”，在社会主义条件下也并非不存在异化。亚当·沙夫认为：“就工作的异化而

① 新京报．十堰男子发帖被捕 官方：其已承认“水军”身份［EB/OL］http：//news.cnhubei.com/xw/hb/sy/201503/t3210611.shtml.

② 马新颖．异化与解放：西方马克思主义的现代性批判理论研究［M］．北京：中央文献出版社，2015：56.

③ ［法］让·雅克·卢梭．论人类不平等的起源和基础［M］．李常山，译．北京：商务印书馆，1982：124—125.

④ 马龙等．一场特殊的科学保卫战［N］．人民日报，2014-4-7.

言，社会主义和资本主义的根本不同并不在于社会主义制度下没有异化现象。”“在社会主义条件下，要集中力量废除社会分工，废除个人工作性质的无差别性。”而克服新媒体事件“异化”的途径之一，在于恢复新媒体工作者“人的类本质”。诚如马克思指出：“生产生活本来就是类生活。这是产生生命的生活。一个种的全部特性、种的类特性就在于生命活动的性质，而人的类特性恰恰就是自由的自觉的活动。”① 心灵自由与文化自觉，应当成为避免人的异化的两个重要维度。

① ［德］马克思，恩格斯．马克思恩格斯全集（第 42 卷）［M］．北京：人民出版社，1979：96．

微博突发性事件舆论传播演变及引导策略

——以“重庆公交坠江”事件为例*

本研究选取2018年10月28日“重庆公交坠江”事件为分析对象，通过大量阅读相关文献，利用所获数据分析“重庆公交坠江”事件的传播过程及传播概况；运用社会网络分析软件Gephi描绘出该事件的传播网络，接着运用社会网络分析软件UCINET，并通过中心性等测量指标分析微博平台公共事件传播的社会关系网络结构，从而识别舆论领袖及网络特征；利用框架理论进行文本分析，了解用户评论特点及情绪变化；最后结合上述分析，对网络引导提出建议。

近些年来，大量突发性事件在微博上爆发及扩散，引发了大范围的关注及热议，突发事件作为“突然发生，造成或者可能造成严重社会危害，需要采取应急处置措施应对自然灾害、事故灾难、公共卫生安全事件和社会安全事件”，一般具有难以预见、处置紧迫、危害严重、影响广泛等特点。①

微博因其具有及时性、共享性、互动性成为舆论集中地，人人都有发言权，网民对公共事件的看法在此集聚，话语权不再集中于权威和精英阶层的手中，公众情绪得到释放，并以近乎爆炸式增长的方式在微博平台散播，网民对事件的讨论还受情绪的渲染以及群体的感染。

---

* 本文作者李伊莎，上海杉达学院教师.

① 林淑苑. 突发公共事件中大众情绪传播研究［J］. 新闻研究导刊. 2017（8）：109.

本研究选取“重庆公交坠江”事件为分析对象，该事件在微博上拥有超过31亿的总阅读量，2018年10月28日至11月7日，“重庆公交坠江”事件的微博信息量占比94.5%（详见图1），微博成为该信息的主要传播平台。通过对该事件传播特点及舆论特点进行分析，本研究对类似突发事件在微博平台的舆论引导提出了建议。

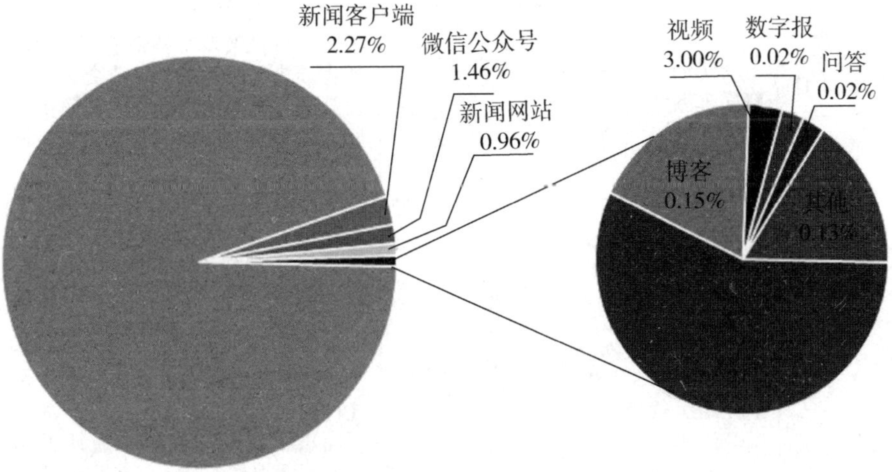

图1 “重庆公交坠江”事件主要传播平台

注：数据来源：鹰眼速读网。

一、“重庆公交坠江”事件发展过程回顾

2018年10月28日，重庆万州区一辆公交车与一辆轿车相撞后冲破护栏坠入江中。起初有媒体报道，认为事故为公交车避让一辆女司机驾驶的小轿车所致。后经查明，公交车在行驶过程中突然越过中心实线，撞击对方正常行驶的小轿车后撞断护栏坠入江中。

2018年11月2日，官方发布通报，认定事故系公交司机与一名乘客起争执造成车辆失控所致。随着官方公布事故细节及真相，舆论的焦点出现了从审判女司机以及媒体、自媒体的失实报道转为批判女乘客刘某以及公交司机的快速转变。该起事故共造成13人死亡，2人失踪。事件相关舆情量于2018

年11月2日达到最高峰。①

通过搜集相关资料，并找到对应时间点的微博，将微博发布时间、内容及微博原文内容整理如表1。

表1 “重庆公交坠江”事件进程

时间	进展	时间	进展
10月28日10时8分	重庆万州一大巴与一辆轿车相撞后冲破护栏掉入江中	10月28日17时46分	平安万州官微发布警情通报：“经初步事故现场调查，系公交客车在行驶中突然超过中心实线，撞击对向正常行驶小轿车后冲上路沿，撞断护栏，坠入江中。”
10月28日11时15分	北京青年报发布微博：#重庆大巴车坠江# 政府正组织救援	10月28日20时05分	人民视频：【重庆大巴坠入长江 动画还原事故过程】警方通报：10月28日10时08分，一辆公交客车与一辆小轿车在重庆万州区长江二桥相撞后，公交客车坠入江中。经初步事故现场调查，系公交客车在行驶中突然越过中心实线，撞击对向正常行驶的小轿车后冲上路沿，撞断护栏，坠入江中。记者依据警方通报，用演示动画还原了事故过程
10月28日12时03分	平安万州官方微博发出通报：10月28日10时许，重庆万州区一大巴车在万州二桥桥面与小轿车发生碰撞后，坠入江中	10月29日	时间视频：【重庆公交坠江前正面撞车视频曝光 小轿车被撞击旋转180度 】28日，重庆万州一辆公交车与一辆小轿车在长江二桥相撞，公交车坠入江中。正面视频显示，公交车突然越过实线撞上对向而行的小轿车，小轿车被撞击旋转180度。初步核实失联人员15人，目前搜救正在进行中
10月28日13时左右	新华视点：打捞出第一具遗体，相关事故（大巴车车牌号，事故发生地点精确时间等）详情不断发布	10月29日8时31分	央视新闻：#重庆公交坠江#前有8人刷卡上车 60吨浮吊准备打捞沉入江底车辆

① 重庆公交车坠江事故［EB/OL］. https：//www. eefung. com/hot－report/20181109142755，蚁坊软件，2019－11－09.

续表

时间	进展	时间	进展
10月28日 13点40分	新京报发文称记者从万州区应急办获悉，公交车坠江前曾与一小轿车发生相撞，系一小轿车女车主驾车逆行导致。同时，类似澎湃新闻、环球网、中国日报等媒体也发布万州区应急办消息称女车主逆行	10月30日	人民网：重庆公交坠江，两具遗体因卡在车内，暂无法打捞出水
10月28日 13时59分	13时59分有媒体报道称万州应急办透露，事故系小轿车女司机驾车逆行导致，女司机已被警方控制	10月31日	人民网：重庆坠江公交车行车数据记录仪打捞出水
10月28日 14时	都市快报：疑似肇事女司机坐在路边，脚穿高跟鞋。目前救援工作已经展开，人员伤亡情况不明	10月31日 23时28分	人民网：重庆万州坠江公交车被打捞出水［蜡烛］
10月28日 14时58分	新京报称：据万州区交巡警支队通报，私家车女司机邝某娟已被警方控制	11月2日 10时34分	人民网：监控视频曝光！重庆#万州公交车坠江原因#公布：乘客与司机激烈争执#互殴致车辆失控#
10月28日 14时03分至17时46分	多家媒体（包括官媒）转发“事故系小轿车女司机驾车逆行导致，女司机已被警方控制”，期间各大自媒体、网络大V、网民对女司机声讨、攻击	11月2日	平安万州：重庆万州公交车坠江原因公布：乘客与司机激烈争执互殴致车辆失控。愿逝者安息，生者警醒

二、“重庆公交坠江”事件的传播网络分析

（一）研究设计

社会网络分析法（Social Network Analysis）源于西方社会学对社会结构的

实证分析的探索，随着研究理念及测量方法的成熟，逐渐扩散运用于管理、信息、传播等多个学科。运用这种分析方法研究关系数据，可以对关系进行精确的量化分析，从而揭示关系的结构，解释一定的社会现象。①

本研究集中于“重庆公交坠江”事件在微博平台的传播，采用社会网络分析法，从实证的角度精确量化关系，首先利用Gephi绘制可视化的传播网络图，了解传播特点，接着运用社会网络分析软件UCINET，并通过中心度等测量指标分析微博平台公共事件传播的社会关系网络结构，从而识别舆论领袖及网络特征。

通过新浪微博的高级搜索功能，分别输入以下五个主题：“重庆公交车坠江原因”“重庆一公交车坠江”“重庆公交坠江”“关注重庆公交坠江事件”“万州公交车坠江原因”，利用后羿采集器爬虫软件对相关主题的微博进行搜集，对其微博影响力和相关主题微博的评论数量进行排序，选取评论转发量最大的三条微博，见表2。

表2 “重庆公交坠江”事件相关微博影响力TOP3

博主	日期、链接	内容	转发	评论	点赞
平安万州	2018－10－28 17：46	#警情通报#	22849	16066	21445
央视新闻	2018－11－2	【#重庆公交坠江#前视频公布：乘客与司机激烈争执互殴致车辆失控】公安机关提取到事发前车辆内部监控视频↓（央视记者牟亮）	14448	15624	111363
头条新闻	2018－11－2 10：34	#头条快讯#【#重庆一公交车坠江#原因公布】重庆万州公交车坠江原因公布：乘客与司机激烈争执互殴致车辆失控（附车内黑匣子视频）	140638	245883	193787

① 张瑞波．社会化问答社区“知乎”的舆论功能研究——以“魏则西事件”为例［D］．广州：暨南大学，2017.

（二）"重庆公交坠江"事件的社会化网络图形

本文首先获取微博话题的转发数据，包括用户的转发、时间等字段。用户的转发行为，被抽象成舆情网络中从源节点到目标节点的一条边，从而构建了针对全部话题用户的舆情网络，该网络是以用户为节点，以转发及评论关系为边的有向图。

1. 数据采集过程

新浪微博"重庆公交坠江"话题全网数据采集过程分三个步骤：

（1）打开所选的三条微博，利用后羿爬虫软件爬取所有转发信息，识别相应微博用户 ID 和转发量；

（2）按照转发量排序，找出转发量排前 20 的微博 ID，设为一级转发节点；

（3）然后在一级转发节点下面找转发量大于 0 的微博 ID，设为二级转发节点。

全网数据采集完成后，根据所有转发的地址，最后获取有关字段信息内容并保存到 EXCEL 数据库。

其中，所选三条微博分别来自央视新闻、头条新闻以及平安万州，总共获得 11497 条全网转发信息，信息字段包括所有转发者的用户名（Source）、用户 ID（uid）、转发时间、工具端等基本信息属性。经过数据清洗排除无用字段后得到以下转发关系表（见表 3、表 4、表 5）。

表 3 "平安万州"微博转发关系表

Source	Target	type	weight
平安万州	江宁公安在线	Directed	2560
平安万州	法医秦明	Directed	289
平安万州	平安重庆	Directed	614
平安万州	新京报	Directed	571
平安万州	中国警察网	Directed	51
平安万州	Paingod	Directed	250
平安万州	凤凰网	Directed	155
平安万州	差评君	Directed	133

续表

Source	Target	type	weight
平安万州	写字楼大妈	Directed	89
平安万州	成都市精神内科副主任	Directed	204
平安万州	中国警方在线	Directed	66
平安万州	辰音奈奈	Directed	140
平安万州	鸟窝里的猫妖	Directed	146
平安万州	微博辟谣	Directed	47
平安万州	万州吧	Directed	23
平安万州	一颗小小粒	Directed	33
平安万州	折翼丛林	Directed	40
平安万州	六欲浮屠	Directed	76
平安万州	动脉影	Directed	97
平安万州	简桢	Directed	76
江宁公安在线	喜喜果	Directed	159
江宁公安在线	流民君	Directed	57
江宁公安在线	河汉	Directed	29
江宁公安在线	Tear_ 泪呆	Directed	23
江宁公安在线	CCTV 新科动漫频道	Directed	15
江宁公安在线	梦里着迷 ii	Directed	13
平安重庆	小剑老师	Directed	170
平安重庆	空间酱	Directed	131
新京报	来去之间	Directed	339
辰音奈奈	纱布蓝	Directed	133
辰音奈奈	奶奶扣	Directed	124
鸟窝里的猫妖	_ 阿车	Directed	68
动脉影	神猫罗尼休	Directed	38

表 4　“央视新闻”微博转发关系表

Source	Target	Type	Weight
央视新闻	江宁公安在线	Directed	1495
央视新闻	马玉兰还在害人	Directed	403
央视新闻	寒夜 GodLike	Directed	178
央视新闻	special 特特	Directed	16
央视新闻	watersheep0909	Directed	42
央视新闻	如意五星	Directed	37
央视新闻	股林奇缘	Directed	27
央视新闻	老梅梅梅	Directed	17
央视新闻	蓝白小龙虾	Directed	20
央视新闻	泸州发布	Directed	13
央视新闻	馒头八宝	Directed	14
央视新闻	2592C 多肉葡萄加脆波波	Directed	8
江宁公安在线	夏目家的小诗哥	Directed	401
江宁公安在线	半抹_ 甜度满分	Directed	403
江宁公安在线	河汉	Directed	80
江宁公安在线	YA_ 鼻涕泡	Directed	10

表 5　“头条新闻”微博转发关系表

Source	Target	Type	weight
头条新闻	徐汇一只猹	Directed	1616
头条新闻	蓝盈莹 Lyric	Directed	1390
头条新闻	少女大师姊	Directed	802
头条新闻	管鑫 Sam	Directed	553
头条新闻	神得强 Steven	Directed	541
头条新闻	孙宇晨	Directed	506
头条新闻	咖啡奶茶星冰乐	Directed	400
头条新闻	斯道	Directed	310

续表

Source	Target	Type	weight
头条新闻	心理咨询师葵西	Directed	292
头条新闻	叫兽易小星	Directed	252
头条新闻	大锅只是喝醉	Directed	243
头条新闻	周末玩乐酱	Directed	178
头条新闻	丁一晨 DYC	Directed	174
头条新闻	演员刘冰	Directed	141
头条新闻	胡楚靓	Directed	132
头条新闻	多吃蜜桃啊	Directed	131
头条新闻	边总受	Directed	127
头条新闻	姜玖赤	Directed	125
头条新闻	龙猫自在	Directed	110
头条新闻	司马 3 忌	Directed	110
徐汇一只猹	阿瑞呀	Directed	1198
徐汇一只猹	使徒子	Directed	988
蓝盈莹 Lyric	许镇耀	Directed	251
少女大师姊	橙雨伞微博	Directed	395
少女大师姊	Elbereth 读作爱尔被累死	Directed	33
管鑫 Sam	Tinyfool	Directed	22
管鑫 Sam	宣和一人	Directed	12
咖啡奶茶星冰乐	以后会养猫	Directed	388
叫兽易小星	王小愚儿	Directed	14
大锅只是喝醉	喵星人星球	Directed	63

由此，基于最终数据样本使用 Gephi 软件绘制舆情传播云图，配合数理统计分析工具计算相应指标，进行社会网络分析。将表格输入 Gephi 软件，绘图采用 yifanhu 流程布局，以其转发量作为节点大小的直接影响因素，转发量越大，该节点在图中所显示的面积越大。

2. 数据结果分析

分析可知，三条微博传播都是由原微博博主发散型的向四周传播，但在二级传播过程中，只有几个节点起了作用，三级传播的影响力较小。

“央视新闻”以及“平安万州”都存在一个重要节点——“江宁公安在线”，而以“江宁公安在线”为中心又形成了新的社群。另外，“头条新闻”的转发关系图由中心向四周传播，其原博因“少女大师姊妹”“徐汇一只猹”“管鑫 Sam”“蓝盈莹 Lyric”“咖啡奶茶星冰乐”“大锅只是喝醉”“叫兽易小星”等几位博主的转发得到了进一步的转发。

整体而言，这一事件的传播网络较为简单。“央视新闻”“平安万州”“头条新闻”微博平均路径长度分别为 2.21、2.599、2.57，说明在微博环境下舆情传播范围很广，影响面大。

（三）“重庆公交坠江”事件的传播特征分析

为了识别该事件的传播节点以及传播特点，在社会网络中心性的研究中，中间中心势是分析网络的整体结构的一个重要参数。中间中心势的含义是指在网络结构里中间中心度最高的节点的中间中心度与其他节点的中间中心度的差距。该节点与别的节点差距越大，则网络的中间中心势越高，表示该网络中的节点可能分为多个小团体而且过于依赖某一个节点传递关系，该节点在网络中处于极其重要的地位。①

1. 研究矩阵设计

将上文统计下来的所有微博节点 ID 放入坐标系 X 轴、Y 轴中，以 X 轴为出发点，若 X 轴与 Y 轴有转发关系记为 1，若无转发关系记为 0。以此建立微博转发关系矩阵。

2. 研究结果分析

将上述的“关系矩阵”导入到 UCINET 中，然后我们按照 Network→Centrality→Freeman Betweenness→Node Betweenness 的路径，计算它的中间中心度和相应的中间中心势，得到结果如表 6 所示。

---

① 付永升．基于社会网络分析的微信朋友圈实证研究——以华中农业大学信息 1003 班为例［J］．情报探索，2015（1）：21—25.

表6 央视新闻转发关系矩阵

	央视新闻	江宁公安在线	马玉兰还在害人	寒夜Godlike	special特特	watersheep0909	如意五星	股林奇缘	老梅梅梅	蓝白小龙虾	泸州发布	馒头八宝	2592C多肉葡萄加脆波波	夏目家的小诗哥	半抹_甜度满分	河汉	YA_鼻涕泡
央视新闻	0	0	0	0	0	0	0	0	0	0	0	0	0	0	0	0	0
江宁公安在线	1	0	0	0	0	0	0	0	0	0	0	0	0	0	0	0	0
马玉兰还在害人	1	0	0	0	0	0	0	0	0	0	0	0	0	0	0	0	0
寒夜Godlike	1	0	0	0	0	0	0	0	0	0	0	0	0	0	0	0	0
special特特	1	0	0	0	0	0	0	0	0	0	0	0	0	0	0	0	0
watersheep0909	1	0	0	0	0	0	0	0	0	0	0	0	0	0	0	0	0
如意五星	1	0	0	0	0	0	0	0	0	0	0	0	0	0	0	0	0
股林奇缘	1	0	0	0	0	0	0	0	0	0	0	0	0	0	0	0	0
老梅梅梅	1	0	0	0	0	0	0	0	0	0	0	0	0	0	0	0	0
蓝白小龙虾	1	0	0	0	0	0	0	0	0	0	0	0	0	0	0	0	0
泸州发布	1	0	0	0	0	0	0	0	0	0	0	0	0	0	0	0	0
馒头八宝	1	0	0	0	0	0	0	0	0	0	0	0	0	0	0	0	0
2592C多肉葡萄加脆波波	1	0	0	0	0	0	0	0	0	0	0	0	0	0	0	0	0
夏目家的小诗哥	0	1	0	0	0	0	0	0	0	0	0	0	0	0	0	0	0
半抹_甜度满分	0	1	0	0	0	0	0	0	0	0	0	0	0	0	0	0	0
河汉	0	1	0	0	0	0	0	0	0	0	0	0	0	0	0	0	0
YA_鼻涕泡	0	1	0	0	0	0	0	0	0	0	0	0	0	0	0	0	0

表7 头条新闻转发关系矩阵

	头条新闻	徐汇一只渣	蓝盈莹Lyric	少女大师姊	管鑫Sam	神得强Steven	孙宇晨	咖啡奶茶星冰乐	斯道	心理咨询师葵西	叫兽易小星	大锅只是喝醉	周末玩乐酱	T-晨DYC	演员刘冰	胡楚靓	多吃蜜桃啊	边总受	美玖赤	龙猫自在	司马3忌	阿瑞呀	使徒子	许镇耀	橙雨伞微博	Elbereth读作爱尔被累	tinyfool	宣和一人	以后会养猫	王小黑儿	喵星人星球
头条新闻	0	0	0	0	0	0	0	0	0	0	0	0	0	0	0	0	0	0	0	0	0	0	0	0	0	0	0	0	0	0	0
徐汇一只渣	1	0	0	0	0	0	0	0	0	0	0	0	0	0	0	0	0	0	0	0	0	0	0	0	0	0	0	0	0	0	0
蓝盈莹Lyric	1	0	0	0	0	0	0	0	0	0	0	0	0	0	0	0	0	0	0	0	0	0	0	0	0	0	0	0	0	0	0
少女大师姊	1	0	0	0	0	0	0	0	0	0	0	0	0	0	0	0	0	0	0	0	0	0	0	0	0	0	0	0	0	0	0
管鑫Sam	1	0	0	0	0	0	0	0	0	0	0	0	0	0	0	0	0	0	0	0	0	0	0	0	0	0	0	0	0	0	0
神得强Steven	1	0	0	0	0	0	0	0	0	0	0	0	0	0	0	0	0	0	0	0	0	0	0	0	0	0	0	0	0	0	0
孙宇晨	1	0	0	0	0	0	0	0	0	0	0	0	0	0	0	0	0	0	0	0	0	0	0	0	0	0	0	0	0	0	0
咖啡奶茶星冰乐	1	0	0	0	0	0	0	0	0	0	0	0	0	0	0	0	0	0	0	0	0	0	0	0	0	0	0	0	0	0	0
斯道	1	0	0	0	0	0	0	0	0	0	0	0	0	0	0	0	0	0	0	0	0	0	0	0	0	0	0	0	0	0	0
心理咨询师葵西	1	0	0	0	0	0	0	0	0	0	0	0	0	0	0	0	0	0	0	0	0	0	0	0	0	0	0	0	0	0	0

续表

	头条新闻	徐汇一只渣	蓝盈莹Lyric	少女大师姊	管鑫Sam	神得强Steven	孙宇晨	咖啡奶茶星冰乐	斯道	心理咨询师葵西	叫兽易小星	大锅只是喝醉	周末玩乐酱	T-晨DYC	演员刘冰	胡楚靓	多吃蜜桃啊	边总受	美玖赤	龙猫自在	司马3忌	阿瑞呀	使徒子	许镇耀	橙雨伞微博	Elbereth读作爱尔被累	tinyfool	宣和一人	以后会养猫	王小黑儿	喵星人星球
叫兽易小星	1	0	0	0	0	0	0	0	0	0	0	0	0	0	0	0	0	0	0	0	0	0	0	0	0	0	0	0	0	0	0
大锅只是喝醉	1	0	0	0	0	0	0	0	0	0	0	0	0	0	0	0	0	0	0	0	0	0	0	0	0	0	0	0	0	0	0
周末玩乐酱	1	0	0	0	0	0	0	0	0	0	0	0	0	0	0	0	0	0	0	0	0	0	0	0	0	0	0	0	0	0	0
T-晨DYC	1	0	0	0	0	0	0	0	0	0	0	0	0	0	0	0	0	0	0	0	0	0	0	0	0	0	0	0	0	0	0
演员刘冰	1	0	0	0	0	0	0	0	0	0	0	0	0	0	0	0	0	0	0	0	0	0	0	0	0	0	0	0	0	0	0
胡楚靓	1	0	0	0	0	0	0	0	0	0	0	0	0	0	0	0	0	0	0	0	0	0	0	0	0	0	0	0	0	0	0
多吃蜜桃啊	1	0	0	0	0	0	0	0	0	0	0	0	0	0	0	0	0	0	0	0	0	0	0	0	0	0	0	0	0	0	0
边总受	1	0	0	0	0	0	0	0	0	0	0	0	0	0	0	0	0	0	0	0	0	0	0	0	0	0	0	0	0	0	0
美玖赤	1	0	0	0	0	0	0	0	0	0	0	0	0	0	0	0	0	0	0	0	0	0	0	0	0	0	0	0	0	0	0
龙猫自在	1	0	0	0	0	0	0	0	0	0	0	0	0	0	0	0	0	0	0	0	0	0	0	0	0	0	0	0	0	0	0
司马3忌	1	0	0	0	0	0	0	0	0	0	0	0	0	0	0	0	0	0	0	0	0	0	0	0	0	0	0	0	0	0	0
阿瑞呀	0	1	0	0	0	0	0	0	0	0	0	0	0	0	0	0	0	0	0	0	0	0	0	0	0	0	0	0	0	0	0
使徒子	0	1	0	0	0	0	0	0	0	0	0	0	0	0	0	0	0	0	0	0	0	0	0	0	0	0	0	0	0	0	0

续表

	头条新闻	徐汇一只渣	蓝盈莹Lyric	少女大师姊	管鑫Sam	神得强Steven	孙宇晨	咖啡奶茶星冰乐	斯道	心理咨询师葵西	叫兽易小星	大锅只是喝醉	周末玩乐酱	T-晨DYC	演员刘冰	胡楚靓	多吃蜜桃啊	边总受	美玖赤	龙猫自在	司马3忌	阿瑞呀	使徒子	许镇耀	橙雨伞微博	Elbereth读作爱尔被累	tinyfool	宣和一人	以后会养猫	王小黑儿	喵星人星球
许镇耀	0	0	1	0	0	0	0	0	0	0	0	0	0	0	0	0	0	0	0	0	0	0	0	0	0	0	0	0	0	0	0
橙雨伞微博	0	0	0	1	0	0	0	0	0	0	0	0	0	0	0	0	0	0	0	0	0	0	0	0	0	0	0	0	0	0	0
Elbereth 读作爱尔被累	0	0	0	1	0	0	0	0	0	0	0	0	0	0	0	0	0	0	0	0	0	0	0	0	0	0	0	0	0	0	0
tinyfool	0	0	0	0	1	0	0	0	0	0	0	0	0	0	0	0	0	0	0	0	0	0	0	0	0	0	0	0	0	0	0
宣和一人	0	0	0	0	1	0	0	0	0	0	0	0	0	0	0	0	0	0	0	0	0	0	0	0	0	0	0	0	0	0	0
以后会养猫	0	0	0	0	0	0	0	1	0	0	0	0	0	0	0	0	0	0	0	0	0	0	0	0	0	0	0	0	0	0	0
王小黑儿	0	0	0	0	0	0	0	0	0	0	1	0	0	0	0	0	0	0	0	0	0	0	0	0	0	0	0	0	0	0	0
喵星人星球	0	0	0	0	0	0	0	0	0	0	0	1	0	0	0	0	0	0	0	0	0	0	0	0	0	0	0	0	0	0	0

表 8　平安万州转发关系矩阵

	平安万州	江宁公安在线	法医秦明	平安重庆	新京报	中国警察网	paingod	凤凰网	差评君	写字楼大妈	成都市精神内科副主任	中国警方在线	辰音奈奈	乌窝里的猫妖	微博辟谣	万州吧	一颗小小粒	折翼丛林	六欲浮屠	动脉影	简桢	喜喜果	流民君	河汉	Tear_泪呆	CCTV新科动漫频道	梦里着迷ii	小剑老师	空间酱	来去之间	纱布蓝	奶奶扣	_阿车	神猫罗尼休
平安万州	0	0	0	0	0	0	0	0	0	0	0	0	0	0	0	0	0	0	0	0	0	0	0	0	0	0	0	0	0	0	0	0	0	0
江宁公安在线	1	0	0	0	0	0	0	0	0	0	0	0	0	0	0	0	0	0	0	0	0	0	0	0	0	0	0	0	0	0	0	0	0	0
法医秦明	1	0	0	0	0	0	0	0	0	0	0	0	0	0	0	0	0	0	0	0	0	0	0	0	0	0	0	0	0	0	0	0	0	0
平安重庆	1	0	0	0	0	0	0	0	0	0	0	0	0	0	0	0	0	0	0	0	0	0	0	0	0	0	0	0	0	0	0	0	0	0
新京报	1	0	0	0	0	0	0	0	0	0	0	0	0	0	0	0	0	0	0	0	0	0	0	0	0	0	0	0	0	0	0	0	0	0
中国警察网	1	0	0	0	0	0	0	0	0	0	0	0	0	0	0	0	0	0	0	0	0	0	0	0	0	0	0	0	0	0	0	0	0	0
paingod	1	0	0	0	0	0	0	0	0	0	0	0	0	0	0	0	0	0	0	0	0	0	0	0	0	0	0	0	0	0	0	0	0	0
凤凰网	1	0	0	0	0	0	0	0	0	0	0	0	0	0	0	0	0	0	0	0	0	0	0	0	0	0	0	0	0	0	0	0	0	0
差评君	1	0	0	0	0	0	0	0	0	0	0	0	0	0	0	0	0	0	0	0	0	0	0	0	0	0	0	0	0	0	0	0	0	0
写字楼大妈	1	0	0	0	0	0	0	0	0	0	0	0	0	0	0	0	0	0	0	0	0	0	0	0	0	0	0	0	0	0	0	0	0	0
成都市精神内科副主任	1	0	0	0	0	0	0	0	0	0	0	0	0	0	0	0	0	0	0	0	0	0	0	0	0	0	0	0	0	0	0	0	0	0

续表

	平安万州	江宁公安在线	法医秦明	平安重庆	新京报	中国警察网	paingod	凤凰网	差评君	写字楼大妈	成都市精神内科副主任	中国警方在线	辰音奈奈	乌窝里的猫妖	微博辟谣	万州吧	一颗小小粒	折翼丛林	六欲浮屠	动脉影	简桢	喜喜果	流民君	河汉	Tear_泪呆	CCTV新科动漫频道	梦里着迷：i：i	小剑老师	空间酱	来去之间	纱布蓝	奶奶扣	一回丰	神猫罗尼休
中国警方在线	1	0	0	0	0	0	0	0	0	0	0	0	0	0	0	0	0	0	0	0	0	0	0	0	0	0	0	0	0	0	0	0	0	0
辰音奈奈	1	0	0	0	0	0	0	0	0	0	0	0	0	0	0	0	0	0	0	0	0	0	0	0	0	0	0	0	0	0	0	0	0	0
乌窝里的猫妖	1	0	0	0	0	0	0	0	0	0	0	0	0	0	0	0	0	0	0	0	0	0	0	0	0	0	0	0	0	0	0	0	0	0
微博辟谣	1	0	0	0	0	0	0	0	0	0	0	0	0	0	0	0	0	0	0	0	0	0	0	0	0	0	0	0	0	0	0	0	0	0
万州吧	1	0	0	0	0	0	0	0	0	0	0	0	0	0	0	0	0	0	0	0	0	0	0	0	0	0	0	0	0	0	0	0	0	0
一颗小小粒	1	0	0	0	0	0	0	0	0	0	0	0	0	0	0	0	0	0	0	0	0	0	0	0	0	0	0	0	0	0	0	0	0	0
折翼丛林	1	0	0	0	0	0	0	0	0	0	0	0	0	0	0	0	0	0	0	0	0	0	0	0	0	0	0	0	0	0	0	0	0	0
六欲浮屠	1	0	0	0	0	0	0	0	0	0	0	0	0	0	0	0	0	0	0	0	0	0	0	0	0	0	0	0	0	0	0	0	0	0
动脉影	1	0	0	0	0	0	0	0	0	0	0	0	0	0	0	0	0	0	0	0	0	0	0	0	0	0	0	0	0	0	0	0	0	0
简桢	1	0	0	0	0	0	0	0	0	0	0	0	0	0	0	0	0	0	0	0	0	0	0	0	0	0	0	0	0	0	0	0	0	0
喜喜果	0	1	0	0	0	0	0	0	0	0	0	0	0	0	0	0	0	0	0	0	0	0	0	0	0	0	0	0	0	0	0	0	0	0

续表

	平安万州	江宁公安在线	法医秦明	平安重庆	新京报	中国警察网	paingod	凤凰网	差评君	写字楼大妈	成都市精神内科副主任	中国警方在线	辰音奈奈	乌窝里的猫妖	微博辟谣	万州吧	一颗小小粒	折翼丛林	六欲浮屠	动脉影	简桢	喜喜果	流民君	河汉	Tear_泪呆	CCTV新科动漫频道	梦里着迷ii	小剑老师	空间酱	来去之间	纱布蓝	奶奶扣	_阿车	神猫罗尼休
流民君	0	1	0	0	0	0	0	0	0	0	0	0	0	0	0	0	0	0	0	0	0	0	0	0	0	0	0	0	0	0	0	0	0	0
河汉	0	1	0	0	0	0	0	0	0	0	0	0	0	0	0	0	0	0	0	0	0	0	0	0	0	0	0	0	0	0	0	0	0	0
Tear_ 泪呆	0	1	0	0	0	0	0	0	0	0	0	0	0	0	0	0	0	0	0	0	0	0	0	0	0	0	0	0	0	0	0	0	0	0
CCTV 新科动漫频道	0	1	0	0	0	0	0	0	0	0	0	0	0	0	0	0	0	0	0	0	0	0	0	0	0	0	0	0	0	0	0	0	0	0
梦里着迷ii	0	1	0	0	0	0	0	0	0	0	0	0	0	0	0	0	0	0	0	0	0	0	0	0	0	0	0	0	0	0	0	0	0	0
小剑老师	0	0	0	1	0	0	0	0	0	0	0	0	0	0	0	0	0	0	0	0	0	0	0	0	0	0	0	0	0	0	0	0	0	0
空间酱	0	0	0	1	0	0	0	0	0	0	0	0	0	0	0	0	0	0	0	0	0	0	0	0	0	0	0	0	0	0	0	0	0	0
来去之间	0	0	0	0	1	0	0	0	0	0	0	0	0	0	0	0	0	0	0	0	0	0	0	0	0	0	0	0	0	0	0	0	0	0
纱布蓝	0	0	0	0	0	0	0	0	0	0	0	0	1	0	0	0	0	0	0	0	0	0	0	0	0	0	0	0	0	0	0	0	0	0
奶奶扣	0	0	0	0	0	0	0	0	0	0	0	0	1	0	0	0	0	0	0	0	0	0	0	0	0	0	0	0	0	0	0	0	0	0
_阿车	0	0	0	0	0	0	0	0	0	0	0	0	0	1	0	0	0	0	0	0	0	0	0	0	0	0	0	0	0	0	0	0	0	0
神猫罗尼休	0	0	0	0	0	0	0	0	0	0	0	0	0	0	0	0	0	0	0	1	0	0	0	0	0	0	0	0	0	0	0	0	0	0

表 9　央视新闻中间中心度

Un – normalized centralization：64. 000

		1	2
		Betweenness	nBetweenness
2	江宁公安在线	4. 000	1. 667
1	央视新闻	0. 000	0. 000
3	马玉兰还在害人	0. 000	0. 000
4	寒夜 Godlike	0. 000	0. 000
5	special 特特	0. 000	0. 000
6	watersheep0909	0. 000	0. 000
7	如意五星	0. 000	0. 000
8	股林奇缘	0. 000	0. 000
9	老梅梅梅	0. 000	0. 000
10	蓝白小龙虾	0. 000	0. 000
11	泸州发布	0. 000	0. 000
12	馒头八宝	0. 000	0. 000
13	2592 多肉葡萄加脆波波	0. 000	0. 000
14	夏目家的小诗哥	0. 000	0. 000
15	半抹_ 甜度满分	0. 000	0. 000
16	河汉	0. 000	0. 000
17	YA_ 鼻涕泡	0. 000	0. 000

表 10　头条新闻中间中心度

Un – normolized centralization：52. 000

		1	2
		Betweenness	nBtweenness
4	少女大师姊	2. 000	0. 230
2	徐汇一只猹	2. 000	0. 230

续表

		1	2
		Betweenness	nBtweenness
4	少女大师姊	2.000	0.230
5	管鑫 sam	2.000	0.230
3	蓝盈莹 Lyric	1.000	0.115
8	咖啡奶茶星冰乐	1.000	0.115
12	大锅只是喝醉	1.000	0.115
11	叫兽易小星	1.000	0.115
7	孙宇晨	0.000	0.000
6	神得强 Steven	0.000	0.000
10	心理咨询师葵西	0.000	0.000
1	头条新闻	0.000	0.000
9	斯道	0.000	0.000
13	周末玩乐酱	0.000	0.000
14	展 DYC	0.000	0.000
15	演员刘冰	0.000	0.000
16	胡楚靓	0.000	0.000
17	多吃蜜桃啊	0.000	0.000
18	边总受	0.000	0.000
19	姜玖赤	0.000	0.000
20	龙猫自在	0.000	0.000
21	司马 3 忌	0.000	0.000
22	阿瑞啊	0.000	0.000
23	使徒子	0.000	0.000
24	许镇耀	0.000	0.000
25	橙雨伞微博	0.000	0.000
26	Elbereth 读作爱尔被累死	0.000	0.000
27	tinyfool	0.000	0.000
28	宣和一人	0.000	0.000
29	以后会养猫	0.000	0.000
30	王小愚儿	0.000	0.000
31	喵星人星球	0.000	0.000

表 11 平安万州中间中心度

Un - normalized centralization: 191.000

		1	2
		Betweenness	nBtweenness
2	江宁公安在线	6.000	0.568
13	辰音奈奈	2.000	0.189
4	平安重庆	2.000	0.189
20	动脉影	1.000	0.095
5	新京报	1.000	0.095
14	鸟窝里的猫妖	1.000	0.095
7	paingod	0.000	0.000
8	凤凰网	0.000	0.000
1	平安万州	0.000	0.000
10	写字楼大妈	0.000	0.000
11	成都市精神内科副主任	0.000	0.000
12	中国警方在线	0.000	0.000
9	差评君	0.000	0.000
6	中国警察网	0.000	0.000
15	微博辟谣	0.000	0.000
16	万州吧	0.000	0.000
17	一颗小小粒	0.000	0.000
18	折翼丛林	0.000	0.000
19	六欲浮屠	0.000	0.000
3	法医秦明	0.000	0.000
21	简桢	0.000	0.000
22	喜喜果	0.000	0.000
23	流民君	0.000	0.000
24	河汉	0.000	0.000

续表

		1	2
		Betweenness	nBtweenness
25	Tear_ 泪呆	0.000	0.000
26	CCTV 新科动漫频道	0.000	0.000
27	梦里着迷 ii	0.000	0.000
28	小剑老师	0.000	0.000
29	空间酱	0.000	0.000
30	来去之间	0.000	0.000
31	纱布蓝	0.000	0.000
32	奶奶扣	0.000	0.000
33	阿车	0.000	0.000
34	神猫罗尼休	0.000	0.000

点的中间中心度衡量的是一个点在网络中对信息的流动或传播的控制力大小。从结果来看，“央视新闻”的所有转发者中，只有“江宁公安在线”的中间中心度数值比较大，说明在整个传播网络中，“江宁公安在线”是影响力比较大的重要节点。

“平安万州”的所有转发者中，“江宁公安在线”“辰音奈奈”“平安重庆”“动脉影”“新京报”“鸟窝里面的猫妖”的中间中心度分别为6.0、2.0、1.0、1.0、1.0，说明这几个博主在整个传播中影响力比较大，在网络中拥有较多转发者。

“头条新闻”的所有转发者中，“少女大师姊”“徐汇一只猹”“管鑫Sam”“蓝盈莹 Lyric”“咖啡奶茶星冰乐”“大锅只是喝醉”“叫兽易小星”的中间中心度分别为2.0、2.0、2.0、1.0、1.0、1.0、1.0，说明在整个的传播网络中，以上的几个博主是重要的转发节点。

将以上几位重要节点博主按照ID，博主类型，以及中心度整理成下表：

表 12　节点微博博主类型及中心度

微博	性质	节点 ID	博主类型	中心度
央视新闻	媒体官博	江宁公安在线	媒体官博	4.0
头条新闻	网媒官媒	少女大师姊妹	草根名博	2.0
		徐汇一只猹	草根名博	2.0
		管鑫 Sam	媒体人	2.0
		蓝盈莹 Lyric	明星名人	1.0
		咖啡奶茶星冰乐	草根名博	1.0
		大锅只是喝醉	草根名博	1.0
		叫兽易小星	明星名人	1.0
平安万州	媒体官博	江宁公安在线	媒体官博	6.0
		辰音奈奈	明星名人	2.0
		平安重庆	媒体官博	2.0
		动脉影	草根名博	1.0
		新京报	媒体官博	1.0
		鸟窝里的猫妖	草根名博	1.0

对于三条热门微博来讲，影响力比较大的几种博主类型分别为媒体官博、草根名博、明星名人以及媒体人。媒体官博由于其权威性及专业性在突发公共事件传播中扮演着重要的角色，影响度最高。其次为草根名博，草根名博是微博平台的意见领袖，引导着受众的舆论及转发行为。明星名人本身有一定的粉丝基础，其对微博事件的关注，会吸引粉丝参与话题并转发支持。媒体人由于其对公共事件的关注度高，参与度高影响着微博网民对事件的看法，也是微博传播的重要节点。

对于“央视新闻”和“平安万州”而言，其微博转发中影响力最大的是媒体官博；而对于“头条新闻”而言，影响力最大的为草根名博。因媒体官博的关注者多为媒体官博，而网络媒体的关注者以草根博主居多，所以转发节点的类型性质也与原博的博主性质有关。

三、“重庆公交坠江”事件微博评论分析

框架的概念源自贝特森（Bateson，1955），由戈夫曼（Goffman，1974）将这个概念引入文化社会学。后来再被引入到大众传播研究中，成为定性研究中的一个重要范式。

（一）样本选择

本研究利用后羿爬虫软件将上文所选的三条热门微博下面热门评论爬虫并导出，共收集到了6028条评论，按评论数量排序并选择每条微博下面点赞量前300的评论，三条微博一共筛选出900条评论。

（二）框架构建

有关框架的判定标准，笔者参考了Semetko和Valkenburg的方法。Semetko和Valkenburg在测量框架时，提供了20个是非题用于判断一则新闻属于哪一框架。本文参考这20个是非题用于框架判定，笔者参照前人所使用的类型框架，确定了四个主题框架来做框架分析，分别为：责任归因、人情趣味、道德价值和对策建议。①

（1）责任归因框架，强调事件的责任和原因，通过对评论的归纳总结，主要讨论四个方面的原因：“谴责公交车司机”“谴责女乘客刘某“讨论私家车女司机的遭遇”“认为旁观者应该及时制止冲突”。

（2）人情趣味框架，主要强调对遇难者的同情，对肇事者的愤怒，对事件的感慨等，故采用了三个框架：同情、感慨、愤怒。

（3）道德判断框架，即网民和主流媒体从道德和态度层面对该事件中相关主体所做的感性判断，具体包括三个框架：“批评”“中立”“支持”。

（4）对策建议框架，即网民和主流媒体对该事件中相关主体提出的惩罚、改善等措施，包括三种措施：“安装司机隔离区”“乘客及时劝阻”“立法严惩干扰公共安全行为”。

这个框架用于分析新闻报道（或官方话语），同时也用于网络新闻跟帖、

---

① 孙海峰．对“李刚门”事件新浪微博报道与评论的框架分析［J］．南京邮电大学学报，2011（1）：20—26.

网友评论、民间话语。由于本文研究的评论数量庞大，因此确定框架内容时对框架判断的是非题制定了操作化标准。微博评论中可能存在多个框架，但因采取单选的方式，当存在多个框架时，本研究可根据主推发布内容主题句或者内容概要来确定最突出的框架。①

表 13 分析框架及操作化标准

	操作化标准	举例
责任归因框架	是否有关注事件责任和原因； 是否有某个具体的人为事件负责； 是否有单位、机构、组织对事件负责	@ Noryyy：我真的服了这个乘客，自己错过了下车的地方还动手打人，最后害了一车人。 @ DaYi·：作为公交车司机本来就是素质过硬的，出了问题大多是乘客打扰到司机，不过自己不想活了，为什么要带上这一车人。
人情趣味框架	1. 是否对事件表达了强烈的情绪，例如震惊、感慨和愤怒 2. 是否提到了和事件不相关的个人或组织对 事件表达了强烈的感情 3. 是否提到事件相关人员表达了强烈的感 情，如感慨、愤怒、同情支持等情绪 4. 是否关注受事件影响的当事人各方的遭遇	@ 白周：太可恶了这个女巫婆!!!!!!!!!!!!! @ 火星的守护者：该死的女泼妇 害死了十几条生命 @ 想了特别久的名字：气得我浑身发抖!!! @ lossmyorange：我的天啊!!!!!!!!!!!
道德价值框架	是否包含了任何的道德评价 是否关注对当事人各方的道德评价 是否援引一些道德标准	@ DaYi·：公交车司机本来就是素质过硬的，出了问题大多是乘客打扰到司机，不过自己不想活了，为什么要带上这一车人
对策建议框架	1. 是否提到事件给个人或某个组织带来了相 应的损失 2. 是否提出解决类似情况的方案	@ jshy_ ：应该把公交车驾驶位全部隔开，行车中绝对避免他人触碰驾驶员。 @ 我渐尘垢眼：太可怕了！人间惨剧！请争执时考虑无辜群众好吗！也请尽快安装司机隔离舱！ @ kitty 小杯：所以如果大家身边遇到这样的乘客，请不要冷眼旁观，一定要劝阻制止，因为下一秒你不知道会发生什么。 @ 女神图册：修法吧，严惩这种干扰公交司机开车危害公共安全的行为！让逝者生命更有价值

① 王国华．框架理论视域下的虚假新闻传播研究——基于“上海女孩逃离江西农村”事件的内容分析［J］．情报杂志，2016（6）：56—64.

表 14 原微博所采用框架

“平安万州”采用框架	“头条新闻”采用框架	“央视新闻”采用框架
责任归因框架	责任归因框架	责任归因框架
公交车在行驶过程中突然越过中心实线，撞击对向行驶的小轿车后冲上路沿，撞断护栏，坠入江中	重庆万州公交车坠江原因公布：乘客与司机激烈争执互殴致车辆失控（附车内黑匣子视频）	#重庆公交车坠江原因#【#重庆坠江车内视频#曝光!】重庆万州公交车坠江原因公布：乘客与司机激烈争执互殴致车辆失控。#坠江公交黑匣子#（附车内黑匣子视频）

表 15 头条新闻评论框架

责任归因框架（43.56%）			
谴责公交车司机	谴责女乘客刘某	讨论私家车女司机的遭遇	认为旁观者应该及时制止冲突
5.94%	31.68%	0%	5.94%
道德判断框架（3.96%）			
批评	中立	支持	
0.99%	1.98%	0.99%	
人情趣味框架（40.59%）			
同情	感慨	愤怒	
9.9%	21.78%	8.91%	
对策建议框架（11.88%）			
安装司机隔离区	乘客及时劝阻	立法严惩干扰公共安全行为	
6.93%	0.99%	3.96%	

表 16　央视新闻评论框架

责任归因框架（40%）			
谴责公交车司机	谴责女乘客刘某	讨论私家车女司机的遭遇	认为旁观者应该及时制止冲突
16%	18%	2%	4%

道德判断框架（16%）		
批评	中立	支持
4%	7%	5%
人情趣味框架（32%）		
同情	感慨	愤怒
11%	11%	10%
对策建议框架（12%）		
安装司机隔离区	乘客及时劝阻	立法严惩干扰公共安全行为
4%	2%	6%

表 17　平安万州评论框架

责任归因框架（66.34%）			
谴责公交车司机	谴责女乘客刘某	讨论私家车女司机的遭遇	认为旁观者应该及时制止冲突
14.85%	0.99%	50.5%	0%

道德判断框架（19.8%）		
批评	中立	支持
14.85%	3.96%	0.99%
人情趣味框架（13.86%）		
同情	感慨	愤怒
6.93%	4.95%	1.98%
对策建议框架（0%）		
安装司机隔离区	乘客及时劝阻	立法严惩干扰公共安全行为
0%	0%	0%

（三）分析总结

第一，原微博博主的框架比较单一，微博评论的框架多样化，多为责任归因框架。

微博网民对于微博突发性公共事件的评论多为责任归因的讨论。“平安万州”的原博中，将事件原因归结为公交车在行驶过程中突然越过中心实线，撞击对向行驶的小轿车后冲上路沿，撞断护栏，坠入江中。在该微博发出之前，舆论集中于对私家车女司机的谴责，而微博发出后，由于事件得到了澄清，评论中同情私家车女司机遭遇的人占了很大的比例。“央视新闻”的原博，将事件归结为乘客与司机激烈争执互殴致车辆失控，并附车内黑匣子视频，将重点转移到司机与女乘客的角度，而评论中对司机和女乘客的讨论也最多，其中对女乘客的谴责最为强烈。“头条新闻”采用了与“央视新闻”一样的责任归因，女乘客与司机的争执是车辆失控的主要原因。

第二，所选三条微博下面的评论虽多采用责任归因框架，但受原微博所用框架影响。

三条原微博未提及其他乘客，评论中虽有提及其他乘客但所占比例不高，存在沉默的螺旋现象——德国传播学者诺依曼认为，个人在表达自己的观点之际首先观察周围的意见环境，当发现自己属于“多数”或者“优势”意见时，倾向于大胆表达自己的观点，反之则迫于环境压力转向沉默或者附和。在这里，博主原博以及热门评论是影响网民发表观点的意见环境，评论中的观点受热门评论影响，整体对事件原因的讨论比较集中，观点不够多元。

第三，该微博评论中提及对于此类事件的建议和对策，但所占比例较小。

微博网民对于此类公共事件的讨论多侧重于责任归因及个人情感的宣泄，而缺乏理性建议。在虚拟的网络社会，技术的进步带来了表达的狂欢，当前的社会焦虑与社会的解禁效果进一步催生了公众表达的欲望。近些年结构转型期的各种矛盾情绪，以近乎爆炸的方式发泄出来。①

第四，网民的刻板印象对突发性事件的理性判断。

“刻板印象”由李普曼最早提出，即是指人们对特定的事件所持的固定化、简单化的观念和印象。在“平安万州”发布该事故的真实原因之前，由于人们对女司机的刻板印象，大肆地发起对私家车女司机的网络暴力。而在发布原因之后，虽发布了公交车司机及女乘客的争执是主要原因，但是大家更侧重于对女乘客的攻击，频繁出现“女性”“大妈”“妇女”等词语，并对该群体进行侮辱、谩骂等。

四、突发性事件舆论引导相关建议

通过对“重庆公交坠江”事件、中播节点的总结以及对于所选微博下面评论的分析，本文总结了该事件中舆论的基本特征。在此基础上，本文对于微博平台上的突发性公共事件的舆论功能进行总结，并提出了问题及建议。

首先，“官媒”“官微”及其他意见领袖在突发性事件发展中做好舆论引导。

在事件发展过程中，“官媒”“官微”不仅是事件的发布者，还扮演着转发者也就是传播者的重要角色，是传播中的重要节点。对于事件须正确报道，对于事件的归因需理性及慎重，因为“官媒”“官微”所使用的框架影响着舆论的走向。另外，草根名博及明星名人也是重要的传播节点，应鼓励拥有众多微博粉丝的博主积极参与公共事件的讨论，用积极理性的语言引导网民的参与讨论。

其次，普通网民社会责任感觉醒，面对突发公共事件理性发声。

通过对于微博评论进行框架分析发现，网民在公交车坠江事件发生后，评论多为对责任归因的探讨和非理性的批判，或因个人行为对整个群体的谩

① 焦德武．微博舆论中公众情绪的形成与表达［J］．西南民族大学学报（人文社会科学版），2014（3）：161—165.

骂和侮辱，而对于事件发生后如何规避该类事件发生的探讨较少，对于事件的深层思考也较少。网民易受群体感染，导致舆论整体极化。微博作为舆论的集合地，能够影响事件的进展，普通网民在发声时应多使用理性的框架，不应被刻板印象影响对事件真相的探讨。近年来的多个突发事件都有反转的情况发生，与网民带着刻板印象去评论而忽略对真相和证据的探讨有直接关系。

再者，微博运营商加强把关人角色，对不良言论进行把关。

微博舆情的监管目前还不够完善，对于突发事件传播中用户不良评论的监控、跟踪与检测有助于及时发现问题，进行正确的舆论引导，并尽早处理问题。由于微博的匿名环境、群体的法不责众的思想，许多微博用户将微博当成宣泄情绪的场所，无所顾忌、任性乱为的谩骂和攻击成了网络言谈常态，现实中没有攻击性的人在微博环境下会“换一副嘴脸”。可见，建立合理有效的微博用户实名制非常重要。另外，要对微博用户的评论行为进行监管，发现有大量辱骂、攻击及散布谣言的行为要进行纠正，引导微博其他用户进行举报；加大对“水军”的监管，防止“水军”进行错误的舆论导向；对于微博中的广告加盟商用户，提高准入标准，对于违法及不合理的营销行为及时进行清理。

参考文献

[1] 林淑苑. 突发公共事件中大众情绪传播研究 [J]. 新闻研究导刊. 2017 (8): 109.

[2] 重庆公交车坠江事故 [EB/OL]. https: //www. eefung. com/hot - report/20181109142755, 蚁坊软件, 2019 - 11 - 09.

[3] 张瑞波. 社会化问答社区“知乎”的舆论功能研究——以“魏则西事件”为例 [D]. 广东. 暨南大学. 2017.

[4] 付永升. 基于社会网络分析的微信朋友圈实证研究——以华中农业大学信息 1003 班为例 [J]. 情报探索, 2015 (1): 21—25.

[5] 孙海峰．对“李刚门”事件新浪微博报道与评论的框架分析 [J]．南京邮电大学学报，2011 (1)：20—26.

[6] 王国华．框架理论视域下的虚假新闻传播研究——基于“上海女孩逃离江西农村”事件的内容分析 [J]．情报杂志，2016 (6)：56—64.

[7] 焦德武．微博舆论中公众情绪的形成与表达 [J]．西南民族大学学报（人文社会科学版），2014 (3)：161—165.

微博用户劳动及异化*

随着微博兴起，用户通过创造性内容生产参与到平台的生产、流通、分配和消费中。平台成为用户的劳动新场所，但是并没有肯定用户的劳动者身份和劳动价值。为了使用户创造更多的产品，平台通过限流、晋级等方式激励用户，通过泛娱乐化内容粘合用户。在这样的制度下，用户的主观能动性降低，劳动出现异化，生产的产品越多，用户劳动者的地位越低，劳动受到束缚，劳动关系失衡。

一、社交媒体时代的用户劳动

（一）劳动及异化劳动

马克思主义认为，劳动是劳动者使用劳动力创造使用价值，将体力、脑力物化于生产资料生产出劳动产品的过程。劳动力是人的劳动能力，是人用来生产使用价值的体力和脑力的总和。由于人的类特性，人类在改造客观世界时不是完全按照自我需要开展生产，而是根据自己的认识、审美等多重思考来进行生产。马克思说：“动物只是按照它所属的那个种的尺度和需要来建造，而人却懂得按照任何一个种的尺度来进行生产，并且懂得怎样处处都把内在的尺度运用到对象上去；因此，人也按照美的规律来建造。”① 在马克思看来，人的感觉之所以会囿于实际的需要，是因为私有制度。他说：“私有制

* 本文作者宁丽丽，大理大学副教授。本文为作者的清华大学博士论文的一部分，指导教师为王君超教授.

① 马克思.1844 年经济学哲学手稿［M］. 北京：人民出版社，1985：53.

使我们变得如此愚蠢而片面，以至一个对象，只有当它为我们所拥有的时候，也就是说，当它对我们说来作为资本而存在，或者当它被我们直接占有，被我们吃、喝、穿、住等等的时候，总之，在它被我们使用的时候，才是我们的。”① 私有制带来拜物教的存在，当人的劳动变成积累财富的纯粹的工具，而就成为异化劳动。马克思指出：“异化劳动把自主活动、自由活动贬低为手段，也就是把人的类生活变成维持人的肉体生存的手段。”他还强调，异化劳动造成了这样的结果，“人的类本质……变成了维持他的个人生存的手段”②。

劳动者的劳动背离了自由自觉的中心而变成了异化劳动。马克思在《1844年经济学哲学手稿》中对异化劳动做出了四重界定。（1）劳动产品的异化。工人生产的产品越多，资本实力越雄厚，工人地位越卑微，劳动产品反过来成为压迫工人的力量。（2）劳动本身的异化。劳动是人本质力量的对象化。通过劳动，人的智慧和体力内化于劳动产品，感到一种劳动满足感带来的幸福和愉悦。但是，在异化劳动中，劳动者“在他的劳动中不是肯定自己，而是否定自己，不是感到幸福，而是感到不幸，不是自由地发挥自己的体力和智力，而是使自己的肉体受折磨、精神遭摧残”③。（3）人的本质的异化。马克思认为，人的本质是自由自觉的活动。这里说的“自由”，是指人对规律的认识和把握，是指“按照任何物种的尺度来进行生产”的能力；而“自觉”则是指摆脱了本能冲动和肉体需要的状态以后，能在理性支配下自愿从事某种活动的心理状态。然而异化劳动则使人的自由自觉的特性丧失，变成了像动物一样的生存。④（4）人与人的异化。马克思认为：“人同自己的劳动产品、自己的生命活动、自己的类本质相异化的直接结果就是人同人相异化”⑤，从劳动异化中马克思看到人与人之间的剥削关系是阶级之间的对抗关

① 马克思.1844年经济学哲学手稿［M］.北京：人民出版社，1985：53.

② 马克思.1844年经济学哲学手稿［M］.北京：人民出版社，1985：81.

③ 马克思.1844年经济学哲学手稿［M］.中共中央马克思恩格斯列宁斯大林著作编译局，译.北京：人民出版社，2000：54—55.

④ 侯晓敏.马克思与卢卡奇的异化理论之比较［R］.长春：吉林大学，2004.

⑤ 马克思.1844年经济学哲学手稿［M］.中共中央马克思恩格斯列宁斯大林著作编译局，译.北京：人民出版社，2000：59.

系，主张通过实践革命达到人的自由解放和全面发展。①

马克思认为，人类社会的发展史本质上是物质生产发展史，异化在物质生产发展到一定历史阶段出现，也将在物质生产的进一步发展的基础上消除和扬弃，物质生产始终是异化产生和消亡的前提和条件。② 同时马克思指出，任何事物都有两个不可分割的方面，如果把历史的辩证运动只是归结为简单地对比善和恶，那么事物自身的内在生命和独立运动就不复存在，它们将只作为价值评价的材料而具有纯粹道德的意义。因此，马克思在一定程度上肯定了异化在人类历史和社会发展中的必然性和积极性。③

（二）数字劳动及用户劳动

所谓的数字劳动，是指以数据信息、数字技术和互联网为技术支撑，囊括各行各业，消耗人们时间的数据化、网络化工作形式。④ 数字劳动包括互联网产业专业劳动、无酬数字劳动、受众劳动和玩乐劳动。这四种劳动形式体现了数据化时代“劳动”的普遍化和常态化、劳动工具的数据化和技术化、劳动时间和空间的扩大化和自由化、劳动形态的多样化和智慧化。⑤ 虽然数字劳动的具体劳动形式和种类更加多元，但是创造价值的仍然是抽象的一般人类劳动。

丹·席勒（Dan Schiller）的《传播理论史：回归劳动》延伸了马克思的生产性劳动概念，把家务劳动、休闲，以及观众、听众和读者的活动均视为生产性劳动。⑥ 互联网时代，世界各地的人们处于数字网中。以信息技术为依托的社会劳动形式也发生改变，劳动力市场的场域也延伸到互联网平台。为平台提供内容、数据的用户也成为劳动者。在数字化、网络化的大工厂中，

---

① 侯晓敏. 马克思与卢卡奇的异化理论之比较［R］. 长春：吉林大学，2004.

② 代蕊. 异化资本逻辑的双重维度及其内生否定性力量［J］. 绵阳师范学院学报，2014（6）：58—61.

③ 侯晓敏. 马克思与卢卡奇的异化理论之比较［R］. 长春：吉林大学，2004.

④ 燕连福，谢芳芳. 简述国外学者的数字劳动研究［N］. 中国社会科学报，2016－05－17（2）.

⑤ 吴欢，卢黎歌. 数字劳动与大数据社会条件下马克思劳动价值论的继承与创新［J］. 学术论坛，2016，39（12）：7—11.

⑥［美］丹·席勒. 传播理论史：回归劳动［M］. 王维佳，译. 北京：北京大学出版社，2012.

固定的劳动场所被可移动的电脑、手机等网络工具所代替，固定的劳动时间从办公室、车间延伸到劳动者的卧室、客厅，从而占用劳动者的自由时间，劳动者从另一个工作场所换到休息场所继续开展劳动，利用休息时间为互联网企业生产和传播数据信息，不知不觉成为免费劳动力，创建了庞大的数据库，给互联网企业带来了丰厚的利润。

在生产信息的过程中，劳动者消耗了时间和劳动力。用户的信息和数据参与了市场交换，按照马克思劳动创造使用价值、价值量，由生产劳动时间决定、商品经济规律的理论，这些劳动形式能够产生使用价值。因此，数据劳动也属于一种复杂的知识劳动，是一种以数据为基础生产要素，囊括各行各业的劳动。

此外，数字劳动在数据时代商品经济社会中具有新的劳动“剥削”本质，即数字剥削、技术剥削。比如，广大的无酬用户劳动者，他们从雇佣劳动场进入休闲劳动场，他们被剥削的地点更加隐蔽，被剥削的程度更深。不管是有酬还是无酬数字劳动，在商品经济社会，只要企业在赚取剩余价值或利润，对数字劳动者的剥削就会存在。但是劳动者被剥削的同时，也增强了数据技术和专业技能，形成团结一致的意识，使他们有可能反抗数字剥削，为马克思所预言的未来共产主义的实现提供坚实的阶级基础。①

二、微博上的用户劳动

微博作为全国目前用户量最大的内容分享、兴趣聚合的自媒体平台，截至2019年3月，微博月活跃用户数已增至4.65亿，日活跃用户则增至2.03亿；2019年第一季度净营收3.992亿美元。② 2017年12月5日，微博宣布2017年自媒体通过微博而获得的收入超过207亿元，其中内容付费收入13.3亿元，较去年增长明显。③

---

① 吴欢，卢黎歌．数字劳动与大数据社会条件下马克思劳动价值论的继承与创新［J］．学术论坛，2016，39（12）：7—11.

② 微博发布2019年第一季度财报［EB/OL］．新浪科技，2019－05－23.

③ 锡安．微博：2017年自媒体通过微博总收入超过207亿元［EB/OL］．网易科技，2017－12－05.

微博劳动者包括微博平台的雇佣劳动者和用户劳动者。在微博平台，根据用户在平台的动机分类，可以分为营销型用户、消遣型用户。营销型用户以微博为营利平台，意图获得经济收入。消遣型用户以微博为娱乐，免费创造信息内容。随着用户动机的转换，用户的身份属性也发生变化。当营销型用户在消遣时就转换为消遣型用户，消遣型用户打算或正在微博上开展销售行为时就转换为营销型用户。营销型用户不一定会获得收入，但消遣型用户的创作都是无酬的。看上去用户在平台创作是在消遣，实质上他们为平台付出了时间、精力、智慧和情感，生产了信息产品，即提供了劳动，生产了价值。这是一种披着消遣外衣的隐形劳动。

在内容付费时代到来之前，微博用户一旦注册使用微博，就无酬出让了自己的劳动产品。微博在《微博服务使用协议》1.3.1 要求用户同意："微博运营方对微博内容（微博内容即指用户在微博上已发布的信息，例如文字、图片、视频、音频等）享有使用权。"① 于是，微博免费获得了用户劳动力和用户的劳动产品。相比平台的雇佣劳工或签约用户，消遣用户劳工由于没有经济回报，他们遭到的剥削更为严重。不仅于此，微博还根据粉丝网络活动数据为其精准投放广告和短视频，在游戏、超级话题中设置晋级规则，使用户为了虚拟的升级每天打卡，犹如精神上被控制的工人。这些方法延长了用户的劳动时间，增加用户活跃度，以获得更佳的市场竞争力。可以说，用户看似自由的活动受到商业利益的捆绑和控制，成为微博盈利的工具和手段。

因此，本文更多关注的是占比最大、无酬提供创造性劳动的消遣型用户，因为他们受到的剥削程度最深。

（一）微博用户劳动：创造性劳动

根据马克思主义观点，劳动是劳动者消耗劳动力和生产资料使用生产手段生产出新的使用价值过程，是劳动者在劳动中注入个人意志、改造劳动对象的赋形活动，同时，也是劳动者的自我赋形、自我改造的过程。

微博用户劳动属于对精神文化信息世界的改造，属于非物质劳动。非物

---

① 锡安．微博：2017 年自媒体通过微博总收入超过 207 亿元［EB/OL］．网易科技，2017-12-05.

质劳动最先是由意大利左翼学者拉扎拉托提出的，他把非物质劳动界定为生产商品信息和文化内容的劳动。① 作为非物质劳动，微博用户劳动是具有社交媒体使用能力的微博用户在社交媒体平台上消耗时间和劳动力，生产信息和数据的活动。

按照用户与信息的关系，微博用户分为信息生产者、信息传播者、信息接收者。在微博平台，这三种角色往往是交替进行的。有时，微博用户发布博文，或浏览他人信息，也可能会对他人的信息进行点评。根据德国新媒体研究学者特雷博·肖尔茨（Trebor Scholz）关于数字劳动的定义——“个体消耗在社交网络上的创造性工作”②，笔者认为，微博用户在微博平台发布原创信息以及对他人信息作品做出评价、升华，将个人能力内化于文字、图片等载体，产生新的赋形产品的活动，被称为用户劳动。

在《资本论》的第五章里，马克思指出：“劳动过程的简单要素是有目的的活动或劳动本身，劳动对象和劳动资料。”③ 根据这一劳动要素的划分，微博用户劳动要素是开展创造性信息生产的劳动者以平台技术、手机、客户端等为工具对人的精神文化世界进行改造获得信息和数据劳动产品集合。详见表1。

表1 微博用户劳动要素

劳动的要素	微博用户劳动的要素
劳动主体	进行内容创造性生产的微博用户
劳动本身	生产信息、文化的非物质劳动
劳动对象	精神文化信息世界
劳动资料	微博平台客户端、手机、信息通信技术
劳动产品	劳动产品的集合。原创的信息和文化产品、编辑式信息传播和附带产生的网络痕迹数据

① ［意］毛里齐奥·拉扎拉托．非物质劳动（上）［J］．高燕，译．国外理论动态，2005（3）：41—44.

② Scholz T. Digital labour：The Internet as Playground and Factory ［M］. New York：Routledge Press，2012.

③ 马克思．资本论［M］．郭大力，王亚南，译．上海：上海三联书店，2009：208.

对于劳动者而言，创造性信息劳动表达和交流了观点，释放了情绪，促进了思考，提高了认识世界的能力。

对于其他用户而言，信息文化产品可以为他们提供信息、知识和文化，使他们获得资讯，产生情感；点赞、评论等编辑式信息传播以及网络痕迹数据为他们提供导读。

对于平台而言，用户信息文化产品为他们提供吸引其他用户，从而获得更多用户劳动和经济收入的商品；以用户个人背景信息和网络活动数据为依据进行广告的精准投放，获得广告收入。

有研究表明，微博用户使用微博的目的是获取资讯、与朋友交流沟通、营销。① 他们耗费体力和智力以及个人时间生产的信息内容、构建的社交关系或情感联系、被技术跟踪的活动痕迹为其他用户、广告商提供了使用价值。微博以用户生产的信息产品为商品与其他用户做交换，从付费产品中赚取平台使用费；以用户的点赞、评论、转发的微博等活动痕迹与其他用户的注意力和在线时间做交换，获得更多用户的在线劳动时间；以用户背景信息和网络活动痕迹数据作为广告精准投放的依据吸引广告商，获得广告收入。

按照创造性劳动是否获得直接或间接的经济回报，微博用户劳动分为有酬用户劳动和无酬用户劳动；按照劳动者的创造性劳动是否具有营销的动机，分为营销型用户劳动和消遣型用户劳动。以微博为营利平台的用户就是营销型用户，他们在微博上发布商品信息、推广品牌、售卖产品、做代言打广告或获得微博内容变现的机会，但是有的获得报酬，有的没有获得报酬。随着使用动机的转变，营销型用户在消遣时又转变为消遣型用户，在营销时又回归原来的身份。与有酬用户相比，无酬进行内容创造的用户受到的剥削更深。

参与的免费用户越多，平台劳动成本越低，平台利用率越高，产生的单位产品就越多，劳动效率随之而提高。微博资本方以劳动者创造的注意力资源、网络数据、社交关系和信息产品作为商品与其他商人的货币进行交换，获得的货币大于资本方支付的工资和生产资料费用（即原始资金），实现了原

① 汪彦．对社会化媒体盈利模式及功能局限性的思考——以新浪微博为例［J］．中国科技信息，2013（7）：166—168.

始资金的增值。这些大于原始资金的货币积累成资本，投入到下一轮的商品生产中，实现扩大再生产。马克思论证认为，这多于原始资金的货币就是劳动力生产的超过劳动力价值的那部分价值，即剩余价值。

由于微博资本方没有支付无酬普通用户劳工工资，所以，他们创造的价值全部都是剩余价值，这部分价值是平台原始资金获得增殖的一部分。

劳动时间包括必要劳动时间和剩余劳动时间。劳动力价值是劳动力在必要劳动时间生产的，剩余价值是劳动力在剩余劳动时间生产的。劳动力生产出工资部分支付的劳动力价值和无酬的剩余价值。劳动者的劳动量是生产产品所需要的社会必要劳动时间决定的。“社会必要劳动时间是在现有的社会正常的生产条件下，在社会平均的劳动熟练程度和劳动强度下制造某种使用价值所需要的劳动时间。”① 当劳动者的个人劳动时间低于社会必要劳动时间，劳动耗费就能得到补偿，还能获得额外收入；如果劳动者的个人劳动时间高于社会必要劳动时间，多出来的劳动耗费就得不到补偿；如果劳动者的个人劳动时间等于社会必要劳动时间，劳动耗费就能全部得到补偿。

由于无酬用户劳工的劳动是经济报酬的，他们的劳动时间都没有得到补偿。他们在线时间越长，劳动耗费越多，剩余价值被占有的越多，被剥削的程度就越深。

总之，劳动是劳动者消耗劳动力和生产资料使用生产手段生产出满足社会需要的使用价值和资本方需要的交换价值的过程。使用价值是在生产过程中形成的，交换价值是在流通过程中实现的。社交媒体用户消耗了劳动力和自由时间，使用手机或电脑等工具产出满足社会需要的创造性信息内容和平台需要的数据商品，这一过程是社交媒体用户在平台的劳动。信息和数据是在生产过程中完成，信息和数据与客户之间的交换是在流通过程中进行的。

（二）劳动产出：信息、数据

微博用户劳工由于对平台的依赖性而生产内容。他们投入体力、脑力和劳动时间，在自己的场地运用电脑、智能手机等工具在微博上产生大量的文

① 马克思，恩格斯．马克思恩格斯全集（第 44 卷）［M］．中共中央马克思恩格斯列宁斯大林著作编译局，译．北京：人民出版社，2001：52.

字、图片、视频等，留下网络活动痕迹，在满足自己信息需求的同时也为微博创造了丰富的信息产品，促成产品交易。微博资本方使用凝结着用户劳动的产品以及用户数据与其他用户、广告商交换，获得平台管理费和其他商业收入。

集体用户劳工在微博平台主要生产五类信息和数据，它们之间是垂直层叠的关系，即人口学的、个人的、社交的、网络活动信息和社群信息。①

第一，用户劳工的个人背景数据。在注册微博时，微博用户就需要提供这些个人背景信息，如年龄、性别、婚姻状态或学历、地理位置、兴趣爱好、学习工作经历等。这些信息可称之为人口信息数据。这些信息对于消费者行业的企业具有重要的价值，可以帮助这些企业精准定位，为企业的目标受众进行集中式的营销推广。微博等社交平台成为记录、聚合、组织这些统计学人口信息的主要网站。

第二，个人日常信息和情感信息。微博的匿名性使一些用户劳工把微博当作公开的日记本。他们把享受美食、旅途见闻、与爱人的交往经历当作生产资料制作为一个个鲜活的故事。这些记录日常生活、情感历程的信息具有很强的个人色彩、情感色彩，使普通人的生活故事也成为消费品。

第三，用户劳工之间的交流产生的社交信息。用户劳工通过互动与其他用户劳工搭建社会关系网。用户劳工之间发表博文、相互关注、评论、聊天等，都可以被用于社交网的内容数据分析，从而了解他们的意见、态度和意向性行为。经过分析的社交内容能够与人口背景信息或网络活动信息（如消费行为）联系在一起，从而产生有价值的商业导向信息。这样的信息是高度个人化的，能够反映特定内容与特定的人之间的指向性关系。比如，做电商的网络红人滕雨佳就说，微博是沟通网红和粉丝直接的桥梁，无论是塑造网红形象、店铺运营还是产品信息反馈，微博都扮演着至关重要的角色。微博

① ［以色列］伊安·费舍尔．如何以更少的异化创造更多的剥削——社交网络中的受众劳动［C］．俞平，译．吴畅畅，校．见［瑞典］福克斯，［加］莫斯可主编．马克思归来［M］．传播驿站工作坊，译校．上海：华东师范大学出版社，2016：92—115.

能够让店家与粉丝近距离接触，通过粉丝的反馈找准产品定位，提升产品质量。①

平台刻意打造的社交信息可以制造热点、引导意见和行为趋势。比如，老牌企业纳爱斯集团旗下的日化品牌雕牌自创 IP（Intellectual Property）品牌形象在微博注册账号：@雕牌雕兄说。2017 年 2 月 26 日，该微博账号一上线，就携手 8 位企业蓝 V 为粉丝派送福利，仅用了一周的时间，该账号迅速晋升微博金 V，截至 2017 年 3 月 8 日，已聚集 50 多万的粉丝。微博还邀请 13 位 KOL（关键意见领袖，Key Opinion Leader）和 9 位明星以及蓝 V 与雕兄互动，（V 影响力峰会，2017）共同推广“雕兄”这一品牌，使“雕兄”成为微博当时最活跃网红之一。②

第四，网络活动数据。用户劳工在微博上的网络活动数据是他们刷微博、写微博、转微博以及与网友互动、讨论话题留下的痕迹，比如，关注人的数量、粉丝的数量、使用微博的频率和时长以及劳动的内容（发帖数、使用头条文章和微博故事的数量、兴趣标签和消费类型）等。这些数据是微博用户劳工的个人数据，但是成了平台的数字资本。这些数据也是在微博财报里经常出现的内容。用户劳工活跃度、在线时长、产生数据的规模、消费能力都是衡量微博生产力、生命力以及市场价值的指标。

第五，社群信息。用户劳工因兴趣不同，关注的圈层各不相同。这里说的圈层是社交媒体的次生网络，是以某一大 V 为首的众多拥护者形成的社群，也是用户与其他用户、与商业和政府等其他机构微博等之间的衔接，如微博群、超级话题等。通过建立关联网络，用户生产出门类不同的、象征性的部落和语义场。社群信息对于进一步辨识和区别个体具有重要的作用。在后现代文明中，身份是通过各种标签建构起来的，用户“爱好”编织起的网络可

① Iwangshang. 走戛纳红毯，一年微博吸粉 200 万，网红滕雨佳的明星进阶故事［EB/OL］. 天下网商，2016-05-09.

② 社会化营销快讯. 8 大获奖案例微博荣登金投赏全国媒体组前三甲，这只雕把所有人都惊了［EB/OL］. 新浪微博，2017-10-20.

以成为辨别其身份的指标。因此，社群信息利于揭开各指标之间的关系。① 由于这些圈层或社群式用户劳工自愿选择，可以真实体现用户劳工的个性需求，这也利于微博利用这些数据售卖给广告商、电商，实现精准的广告投放，促进产品、服务的销售。微博平台也有机会参与到这些组群或者话题中，通过营造热点话题和造势，把营销推广的任务潜在地众包给用户劳工。

（三）劳动性质：精神生产

用户消遣劳动生产数据和信息，他们的信息通过发布博文、交流来传达他们的思想、意识和观念，属于精神生产。关于精神生产，马克思、恩格斯在《德意志意识形态》中对这一概念进行了唯物主义阐释："思想、观念、意识的生产最初是直接与人们的物质活动，与人们的物质交往，与现实生活的语言交织在一起的。人们的想象、思维、精神交往在这里还是人们物质行动的直接产物。表现在某一民族的政治、法律、道德、宗教、形而上学等的语言中的精神生产也是这样。"②

微博用户劳工的精神生产既包括日常意识活动记录，也包括基于政治法律观点、哲学、宗教、道德、艺术等方面的思考和认识而产生的高级的意识生产。

日常意识活动记录是用户劳工物质生活的记录，他们在微博消遣时截取物质生活的部分内容予以发布和保存。这些信息反映和评价社会生活，一般是碎片化、表层化、简单的思想意识的体现。笔者参与观察时发现，用户劳工在自己的"小号"里喜欢将真实、不易在生活中吐露的心声和真实画面呈现出来，而在自己公开化的"大号"则呈现美化、包装后的自己和掩饰后的心路历程。

而在平台上通过深度点评、与博友观点的交锋、思想的碰撞产生的精神生产，则属于高级的意识生产。这体现用户劳工已经定型、自觉化的审美趣

---

① ［以色列］伊安·费舍尔．如何以更少的异化创造更多的剥削——社交网络中的受众劳动［C］．俞平，译．吴畅畅，校．见［瑞典］福克斯，［加］莫斯可主编．马克思归来［M］．传播驿站工作坊，译校．上海：华东师范大学出版社，2016：92—115.

② 马克思，恩格斯．马克思恩格斯全集（第30卷）［M］．中共中央马克思恩格斯列宁斯大林著作编译局，译．北京：人民出版社，1995：72.

味、价值倾向、道德情操和思想认识等。

除了网友之间意见的争锋，微博用户上传的文学作品、视频、电影、音乐、新闻报道等作品开拓了人们的眼界、丰富了人们的精神生活；微博反腐、微博公益等信息的发布以及对国家大事的讨论体现了人们的诉求，推进了社会问题的解决。

但是用户劳工的精神生产不是完全自由的，受到社会生活、历史传承、国家法制、平台制度、社会风气的管理。在平台商业化的驱动下，平台与MCN机构合作，生产政治风险低、黏合用户程度高的泛娱乐作品。有些用户劳工有了增长微博的人气，迎合人们猎奇、窥视等心理进行博文发布，其中有些是低俗的，有些甚至是虚假的。笔者观察到，有位时而卖些产品的情感博主看到自己粉丝访问量下降，就发布性感照片和爆出自己的恋情等私生活记录，来吸引粉丝的点击率。在这样的氛围下，用户劳工的精神生产出现娱乐化、功利化、低俗化等特点。

精神生产虽然由物质生产所决定，但是也会对物质生产发生反作用。过于功利化、表层化、娱乐化的精神生产，使人们不能全面、客观、深刻地看待外在世界，也不能以内在美的尺度去创造社会生活，实现对事物的改良和精神的升华。人的生产区别于动物式的生产，除了满足生存需求，还需要满足精神、情感、道德等方面的需求，即不能局限于短暂的刺激和快乐，应当追求长久的身心健康和精神富足；不能为追求一己私利，而伤害他人，应当体现对人、自然的尊重，维护社会的和谐。

（四）微博用户劳动的平台商业价值

微博平台本身不创作内容，它把用户转化成劳工，让用户劳动者为平台生产内容和数据。这种包含数据和信息的劳动产品集合在平台可以被多次售卖，使平台资源社会化和货币化。微博用户劳动者的存在改变了平台的资本有机构成，降低了微博平台的人力成本，同时，微博庞大的用户群体还是微博的消费群体，为微博及商家带来了粉丝经济。

微博用户劳工是具有一定文字、图片、视频等处理能力的数字劳动者，他们在平台生产具有使用价值的产品和资源。当他们的信息产品公开化，不仅满足个人被关注的需求，也满足了社会大众的信息需求，将自己的信息产品与大众的注意力资源相交换。同时，用户劳工将自己的在线时长、网络活动痕迹等信息内容与微博相交换，微博用户获得某种精神满足，微博获得用户的注意力资源和信息资料，用这些资源与广告商相交换，获得经济收入。这时，微博用户的私人劳动变成了社会劳动，个人数据变成了平台的数字资本，具有交换价值。这就实现了微博用户劳动的社会化和货币化。

用户劳动产品的多次售卖源于微博市场的开放性。微博是具有公共性、门槛低、空间相对开放的信息聚合平台。用户劳工可以相对自由地开展活劳动，撰写文字、编辑内容、附上图片或视频，在平台发布和分享信息。信息这样的非物质生产资料通过多次被分享或售卖，也增加了信息的使用价值和交换价值。随着微博商业化，用户劳工的对象化劳动的多次售卖，带来微博人力资本的N次增值。

由于微博有PGC和UGC这两个重要的内容生产渠道，微博投入内容生产的可变资本可以相应减少，用于购买生产资料的资本可以相应增加，从而改变微博平台的资本价值构成，为微博扩大再生产、资本增值提供了盈利空间。

微博的盈利依赖于微博用户私人劳动的社会化和劳动成果的多次售卖。微博用户超过4亿，他们来自各行各业，产生的信息是多元化的。当他们的信息被不断讨论、更新、推进、传播，就会形成一个大数据库。这个数据库又被分发、出售给第三方，使微博从中实现内容的货币化。为了确保用户劳工源源不断地为微博带来商业利润的机会，微博采取了内容变现计划，扶持大V在微博平台内容变现，微博从中抽取一部分货币。

微博自媒体内容变现计划已经逐步让一些微博普通用户将其作为一种致富的渠道，计划从非正式劳动向正式劳动逐步转变，但是，微博也声称，如果流量上不去，微博与自媒体的签约也会宣告终止。因此，打算从非正式劳动者转向正式劳工的道路完全是由流量为王的商业逻辑决定的。

（五）消遣劳动的愉悦性

人们对劳动一词既熟悉又陌生，在传统中国的惯常理解里，“劳动”具有“苦痛”“辛苦”“功劳”之意。因此，在焦点小组访谈、深度访谈中，有些受访对象总是用“劳动受强迫，很辛苦，需要付出，是痛苦的；而在微博是自愿的，是愉快的，没有付出什么”，因而判断在微博的信息生产活动不是劳动。

喜欢在微博上关注体育明星的 F 同学认为，以运营微博账号为工作的是劳动，以刷微博为消遣的不是劳动，因为，“我觉得是种享受。劳动不使我快乐，但是享受使我快乐。我觉得博主运营账号是劳动，有的是专职在做这些博文。他们是劳动，因为那是他们的工作。比如我关注的体育博主，他们是团队运营，是一种宣传，他们的是劳动”。

化学实验室技术员@余先生每天工作、生活都比较辛苦、忙碌，他认为，“使用微博不是劳动，准确地说是娱乐，毕竟使用它能一定程度上让人快乐。”

每天因为工作和生活使用微博超过八小时的某平台的微博管理员@小猫认为，“我不认为是一种劳动，只能算是一种休闲的方式吧。我觉得付出体力和脑力的活动才算是劳动”。

上述访谈对象以情绪来判断活动是否属于劳动，是因为人们的劳动观受到传统文化中关于劳动的集体记忆的影响。消遣劳动与以往传统劳动不一样，在于其让用户在愉悦的消遣劳动中创造了价值。

从物质生产到非物质生产，劳动形式越来越多。信息时代，非物质生产中的劳动者投入的脑力、情感相比物质生产的劳动者要更多。他们需要将更多的创意、激情和想法融入自己的产品设计和开发当中。当进入社交媒体时代，交互式的信息交流满足了用户劳工的情感需求，使他们迸发出更多创作的欲望，从而创作更多的产品。

例如，把微博用来追星的访谈对象@追星 girl（化名）谈到，她投入五六个小时的时间将自己喜爱的明星饰演的角色串联在一起，编成一部新的小说，故事受到粉丝圈其他博友的盛赞，这使她更有创造的动力，打算创作很多的作品。另外，有个每天刷微博一百多次的访谈对象@微博控（化名），每天平均发七条以上博文，除了把微博当作一个“树洞”，往里面倾诉自己的喜怒哀乐，更是期待获得与人交流的喜悦和满足。

由此，消遣劳动与以往的劳动之间，相同的是，劳动者都耗费体力、智力、时间和情感，生产了信息；不同的是，消遣劳动带给微博用户情感上的愉悦，精神上的放松。而正是消遣带来的这种愉悦感，让微博用户不知不觉就接受了微博的剥削和控制，让其无偿占有自己的内容和数据。

微博用户劳工的对象化劳动在丰富人们的精神文化生活、促进商品经济信息的流通、解放生产力等方面，具有重要作用。一方面，他们的自由时间成了在微博平台的剩余劳动时间，他们无偿创造的价值实现了微博的价值增殖，促进了商品的流通和生产力的发展；另一方面，他们通过在微博的劳动满足了自己的信息需求、兴趣需求、情感需求，特别是在与其他用户劳工的思想碰撞中引发思考，一定程度上打破思维茧房，获得自我发展。

鉴于微博在社交媒体商业化中的典型代表性，本研究将以微博的商业化为案例探讨社交媒体用户的创造性信息劳动，以及微博在商业利益的驱动下牺牲平台的公共性和劳动者利益为代价出现的异化和用户劳动的自我异化。本文将以马克思对异化的四个界定为理论指导，对微博用户劳动中的异化和自我异化进行分析。事实上，马克思对异化的四个界定包括劳动产品的异化、自我在劳动过程的异化、人的类本质的异化、人与人关系的异化，微博用户的异化劳动也具有这四方面的表现。

三、微博用户劳动的异化

马克思的异化概念既不同于以卢梭为代表的社会契约论者的权利的异化，也不同于黑格尔所说的精神的异化及费尔巴哈所谓的宗教是人的本质的异化。“异化”这个词汇在马克思的语境中，除了有经济学的让渡、转让之意外，更多地包含着“剥夺”“与主体分裂”等消极含义。

在《资本论》及其手稿中，马克思引入了“剩余劳动”“剥削”等概念来说明资本主义生产劳动的异化性质。“劳动过程的第二段时间，工人超出必要劳动的界限做工的时间，虽然耗费工人的劳动，耗费劳动力，但并不为工人形成任何剩余价值，剩余价值以从无到有的全部魅力引诱着资本家。我把工作日的这部分称为剩余劳动时间，把在这段时间内耗费的劳动称为剩余劳动（surplus labour）。”在马克思看来，剩余劳动本身就是异化劳动，因为剩余劳动不归工人占有，而是在法权上属于资本家，“所有权对于资本家来说，表现为占有他人无酬劳动或它的产品的权利，而对于工人来说，则表现为不能占有自己的产品。所有权和劳动的分离，成了似乎是一个以它们的同一性为出发点的规律的必然结果”①。

马克思不仅看到了劳动创造价值、肯定自身的积极方面，而且看到了在现实社会中劳动给劳动者带来屈辱和痛苦的异化的现实。

在《1844年经济学哲学手稿》中，马克思认为异化劳动表现在三个方面：一是劳动者同他们产品的异化；二是劳动者同他的生产活动本身相异化；三是劳动者同自己的“类生活”“类本质”“类特性”这些概念相异化。而由这三个方面的异化劳动表现所造成的直接结果就是人与人的异化。

微博的平台管理、用户劳动也存在着这样的异化现象。微博平台凭借其对平台的所有权，占有劳动者创造的“物”；为了鼓励劳动者多生产“物”，用建立在流量基础上的内容变现等制度捆绑劳动者；为了刺激用户多消费“物”，微博用泛娱乐化信息黏合用户劳工和制定虚拟晋级规则束缚用户劳工，使用户劳工依赖于平台营造的虚拟快乐空间，忽视自我成长，导致自我异化；微博用户本来是平等的关系，但是由于内容生产力、影响力、经济能力的不同，用户群出现阶层，身份被重新政治化，用户与用户之间的关系被物化。

在网络时代，平台营造了轻松愉快的虚拟消遣空间，以五光十色的、富有冲击力的视频、照片等视觉符号从精神上控制用户，刺激用户消费，使用户沉迷于虚拟空间，服从精神剥削。用户对平台的依附性使资本方越过工资这一成本直接获得无酬用户劳动，得到他们带来的剩余价值。相比较以工资为中介的雇佣劳动，资本方在数字时代赚取的剩余价值更多。用户劳工规模越大，资本方赚取的剩余价值也随之增长。这是由于“微博免费提供平台，用户自由免费劳动”的假象遮蔽了微博的剥削事实。

“用户需求什么，微博的算法就推荐什么”的信息呈现方式使用户不知不觉地沉浸在泛娱乐化的内容里，不断地将微博“刷下去”。可以说，微博的剥削是隐蔽的，大部分用户劳工浑然不觉自己在消遣的同时也付出了劳动，并且为微博提供了商品。

（一）“物”的异化：用户劳动者私人产品的平台化

劳动者不能拥有自己活动带来的对象化劳动，属于“物的异化”。在异化

① 马克思．资本论［M］．郭大力，王亚南，译．上海：上海三联书店．2009：251.

劳动中，“工人把自己的生命投入对象；但现在这个生命已不再属于他而属于对象了。因此，这个活动越多，工人越丧失对象”，“它本身的东西就越少”。① 在现实生活中，工人把自己的生命“异化”在对象（产品）中，“意味着他给予对象的生命作为敌对的和异己的东西同他相对抗”。② 产品造成的力量反过来要支配和摆布工人。

微博用户劳动者同他们的劳动产品的异化，是指用户劳动者在所属微博账号下所生产的信息产品和社交关系，作为一种异己的存在物，作为不依赖于劳动者的独立力量而同劳动者相对立，成为一种统治劳动者的社会力量。而且，这种异化已经发展到如此程度——劳动者生产得越多，这种统治力量也就越大。比如，微博用户劳工与粉丝的互动指数排名、点赞和转发都是用户创造性劳动带来的附带性产品，有些是用户不愿意公开的数据，但是却成为微博用来引导阅读、带来流量的商业化工具。简言之，在商品经济下，用户劳动者生产的信息越多、构建的社交网络越多，微博的免费或低廉的信息产品资源和注意力资源就越多，获得的剩余价值就更多。剩余价值积累转变成资本，使微博能投入更大规模和更多功能的再生产。随着微博垄断地位的形成，微博具有决定权和议价权，由此可见，用户劳动产生的产品越多，质量更精良，用户的价值和地位反而越低，产品日益强化地统治着它的创造者。

微博用泛娱乐化信息控制用户是最隐蔽的方法。2009 年，新浪微博诞生。如今，微博称为国内最大的公共信息发布平台，人们着迷于这种各抒己见、言论多样化的平台。面对市场的竞争和监管压力，微博从言论平台、信息发布平台向兴趣社交网络转变。微博搭建兴趣社交网络，用户在消遣中既可以获取资讯，也能消费兴趣内容，平台还能够吸引更多用户注意力，获得用户更多的劳动时间和产品。

目前还在微博存留的客户都属于深度用户，月均登录天数在 15 天以上的高黏性用户比例最高。这一批用户尽管没有为微博创造更多的 UGC 内容，但

① 马克思，恩格斯．马克思恩格斯选集（第 42 卷）［M］．中共中央马克思恩格斯列宁斯大林著作编译局，译．北京：人民出版社．1979：91.

② 马克思，恩格斯．马克思恩格斯选集（第 42 卷）［M］．中共中央马克思恩格斯列宁斯大林著作编译局，译．北京：人民出版社．1979：92.

浏览微博的活跃度没有下降反而上升了。从2017年度微博用户报告可见，明星、美女帅哥、动漫等泛娱乐大众领域成为吸引用户的重头戏。微博的社交价值和媒体价值相比更弱，但是内容的传播和互动则是其强项。微博这几年打造的粉丝生态圈正在呈现更大的价值。粉丝用户紧密关注自己感兴趣的明星、专家等大V的动向，有的加入大V粉丝群，建立以兴趣群体以及和名人明星之间的弱连接为基础的内容传播和互动。(数据来源于微博数据中心)

在笔者进行焦点小组、深入访谈时发现，有些微博用户刚开始是因为工作或学习疲惫以刷微博来缓解压力，但是随着信息流的不断输出，用户逐渐沉浸在泛文娱信息里不可自拔，由刚登陆时计划“刷”一下、关注一下偶像的消息变为“刷”上半小时甚至一小时，关注完偶像的消息，还关注热门消息或者留言评论“抖机灵”，开展群内的讨论或参加群组织的活动。无意识中，用户已经盲目地超过自己所需要的在线时间。

微博平台，劳动产品对劳动者的支配表现为长年积累的博文和多年搭建的社交关系成为用户劳动者的沉没成本，因无法割弃这些资源而服从于平台的管理；泛娱乐化的劳动产品从精神上束缚了劳动者，将其控制于平台；低劣的劳动产品浪费了劳动者的注意力，影响了劳动者的劳动环境。

微博有用户感兴趣的人物、资源，他们的账号有着长年累月积攒的知识和记忆，对于大V而言，微博更是他们获得商品、货币的渠道。在商品经济时代，商品、货币的占有成为身份、实力的象征。因而，微博用户劳动者揣摩如何避开微博禁区，或许就是担忧自己在微博上的生财之道或消遣之门被关闭。

（二）劳动者的自我异化：用户劳动受到束缚

劳动过程中的自我异化是指劳动过程中，劳动者的自主自觉意识弱化，个体被资本方所操控和支配。劳动者在劳动中不是感到幸福，而是感到不幸，他的肉体受损、精神受到摧残。① 微博通过硬性制度和软性娱乐内容使用户依附于微博平台，被平台所控制。当用户对微博的依赖加剧，微博对用户的控

① 马克思，恩格斯．马克思恩格斯选集（第42卷）[M]．中共中央马克思恩格斯列宁斯大林著作编译局，译．北京：人民出版社．1979：93.

制愈深，用户的自由自觉意识也会不同程度地被消解。

微博以对生产资料的占有及对用户劳动过程进行控制，主要通过控制信息呈现顺序来刺激用户增加博文阅读量和互动量，从而提升微博活跃人口数；设置晋级制度，激励用户加强内容创作和网友互动，从而增加微博信息容量和增加微博社交网；过滤信息、控制用户议题；推送泛娱乐信息，从精神上控制用户等。随着精神上对平台的依赖，用户使用手机等电子产品的时间增多，对眼睛、颈椎、手等造成一定损伤。

（三）用户劳工类本质的异化：人的尺度的丧失

人的类本质（Species - Being）是人类的本质特征，与动物相区别。人的生产生活（生命活动）是一种“类生活”，“人的类特性恰恰就是自由自觉的活动”。这种类生活的特点在于“通过实践创造对象世界”。①

人的类本质活动就是劳动，人出于自己的需求去劳动，获得精神的内在升华和尊严。类本质在人的劳动活动中表现出自由自觉性、主动创造性和自我意识性。劳动者运用自己的聪明智慧改变客观世界，不仅仅是满足生存需求，还是以美的内在尺度改造外在世界，收获的不一定是逍遥快乐，但一定是精神充实感。而满足这样一种条件的劳动，在马克思看来是最为贴合人类本质的，所以被命名为“类本质”的生产。“异化劳动”正是对以上这种理想的生产方式的剥夺。

微博用户劳动者类本质的丧失体现于劳动者违背美的规律去创造内容，甚至为了货币去剽窃和捏造内容；劳动者为了满足其本能欲望或利益需求而忽视人的尊严和真实感受，只是把人当作满足欲望和获得利益的手段，推崇以得到快乐和满足欲望为终极目的的功利主义价值观。

除了某些微博内容的同质化、低俗化、虚假性，微博信息的碎片化、信息的浅阅读也占用了微博用户的时间，使微博用户得不到应有的价值回报。

用户劳工只能获得短时间的消遣快感，而不能获得长时间的精神满足感。长期使用微博的用户不仅影响了正常的学习生活而产生挫败感，还会造成视

① 马克思，恩格斯．马克思恩格斯选集（第42卷）[M]．中共中央马克思恩格斯列宁斯大林著作编译局，译．北京：人民出版社．1979：96.

力下降、肌肉酸痛。而且在劳动过程中，由于用户个体与大 V 相比，影响力微乎其微，所以他们的体验往往被忽视。因而，用户劳工的劳动被异化了，与理想中“既满足其劳动目的，又获得尊严和精神满足”的劳动相去甚远。马克思悲叹到：“（‘被异化的’劳动者）在自己的劳动中不是肯定自己，而是否定自己，不是感到幸福，而是感到不幸。”①

（四）用户劳动者之间的异化：人与人关系的异化

人与人的异化，是指劳动者与对象化的人的异化。对象化的人是“异己的、敌对的、强有力的、不依赖于他的人”，是通过工人的痛苦而给他“带来享受和欢乐”的人。马克思对异化劳动做了总结，“我们已经看到，对于通过劳动而占有自然界的工人说来，占有就表现为异化，自我活动变为替他人活动和他人的活动，生命过程变现为生命的牺牲，对象的生产表现为对象的丧失，即对象转归异己力量、异己的人所有”。这样的人，只能是资本家。②“总之，通过异化的、外化的劳动，工人生产出一个跟劳动格格不入的、站在劳动之外的人同这个劳动的关系。”③这就是经济领域里的阶级的对立。

在微博领域，微博资本方与微博营销型用户劳工、消遣型无酬用户劳工形成复杂的经济关系。用户把自己的注意力资源、信息产品形成了对微博自媒体、广告商、营销号、微博等多方的支持，用户生产的资源越多，资本方的实力越强大，用户劳动者的地位也就更加低微。

微博平台与用户劳动者的地位是不平等的。微博平台占有生产资料，而用户劳工在微博平台只抽象为“用户总数、月活跃或日活跃人数”中的一个数字。微博资本方市场地位越高，对用户的态度就越强势，成为用户劳动者“异己的、强有力的、不依赖于他的对象”。

在现实生活中，由于微博大 V 其个人能力、社会背景和掌握资源的不

① 马克思，恩格斯．马克思恩格斯选集（第 42 卷）［M］．中共中央马克思恩格斯列宁斯大林著作编译局，译．北京：人民出版社．1979：93.

② 马克思，恩格斯．马克思恩格斯选集（第 42 卷）［M］．中共中央马克思恩格斯列宁斯大林著作编译局，译．北京：人民出版社．1979：102.

③ 马克思，恩格斯．马克思恩格斯选集（第 42 卷）［M］．中共中央马克思恩格斯列宁斯大林著作编译局，译．北京：人民出版社．1979：100.

同，使得微博大V和普通用户之间的关系是政治化的，这种关系源于他们拥有权力的多寡，而形成不同级别的阶层。在微博平台，大V也因为其现实身份、个人能力和粉丝数量的不同，而拥有比普通用户更多的资源、盈利机会和权力空间。微博大V和粉丝之间关系在微博平台重新政治化了，变得不平等。

目前，微博大V一般是具有一定经济实力、社会影响力的群体，因支付能力高于普通用户而容易获得特权。微博通过售卖超级粉丝服务、认证为“大V”设立了特权。购买超级粉丝服务包的用户可以享受“申诉绿色通道”和“电话客服优先服务”的身份特权，即超级粉丝服务包用户向@微博客服私信进行相关申诉和咨询，客服将会进行优先回复和处理；如因使用超级粉丝服务包内商业工具特权涨粉后，被误举报为虚假涨粉，微博站方会提供相关证明，帮用户进行申诉；购买超级粉丝服务包的账号所绑定的手机号自动进入优先客服系统；拨打客服电话优先接听，用户需求优先处理。

微博大V在微博平台实现货币化的过程中具有举足轻重的影响力。微博为了获得微博大V的独家内容，采取与微博大V合作的内容变现方式留住微博大V，从而导致微博大V和普通用户劳动者劳动力市场分割。微博资本方作为信息平台，主要通过推广受益。广告商、营销号等为了宣传品牌和产品支付广告费给微博。微博把从广告商那里获得的收入与微博大V分成，使微博大V从劳动者的身份上升为资本的分享者。

因此，微博赋予微博大V的特权，粉丝用户的关注度越高、关注群体越大，微博大V变现的机会就越大。越来越多的粉丝用户提供注意力资源和盲目崇拜给微博大V，使微博大V与粉丝的地位失衡。

微博劳动主体包括平台雇佣劳动者、用户劳动者。微博用户劳工在微博平台使用自己的电脑或手机，投入体力、智力、情感和自由时间为微博生产信息，微博以用户的信息为商品与其他用户的注意力、流量和消费相交换，孕育粉丝经济；以用户的网络活动数据、背景资料和社交关系为商品，与广告商进行交换，获得广告收入。用户劳动者又包括营销型用户劳工和消遣型用户劳工。从微博用户创造具有使用价值的信息产品的角度来看，微博用户的这种消遣属于一种劳动。

微博根据对平台生产资料的所有权，使用户与劳动条件相分离，从而占有用户的产品。微博用户的消遣劳动是自由免费的劳动，微博从中赚取其剩余价值，从而实现剥削。微博用户生产的产品越多、用户规模越大，微博积累的资本就越多，经济实力也就越雄厚，从而使微博具有话语权和议价权。微博的地位越高，用户的地位越低。微博以硬性制度和软性娱乐内容黏合用户，使用户自由自觉意识消解，出现自我异化。为追求流量和货币，一些微博用户在内容生产和运营中挑战道德底线，丧失内在尺度，把人作为赚钱或满足私欲的工具和手段，使人的类本质异化。微博在商业化过程中卖粉丝、卖热搜等作法把商业利益扮成公共利益，消解了平台的公共性，使微博这一公共空间重新封建化。在微博平台，具有较强创造能力、影响力的用户具有特权资源和营利机会，用户与用户之间的关系再政治化。

总而言之，这些异化现象使微博用户劳动得不到应有的尊重和保护，也使微博这个具有公共领域性质的平台变成了电子商场。

异化只是对象化劳动的一种特殊形式。"劳动的实现就是劳动的对象化。在被国民经济学作为前提的那种状态下，劳动的这种实现表现为工人的失去现实性，对象化表现为对象的丧失和被对象奴役，占有表现为异化。"① 这就是说，人的劳动就是把自己的本质力量对象化，是人类社会中早就存在的事实；而异化作为其结果和对象反过来否定自身的一种特殊现象，只有到了人类社会的一定发展阶段上才会出现，异化是需要扬弃的。②

马克思通过异化和扬弃这两个中介环节，考察人类历史的发展，批判资本主义社会现实中的异化劳动，指出无神论是对于宗教的扬弃，共产主义是对于私有财产的扬弃。

微博在用户劳工对象化劳动过程中占有了用户劳工创造的剩余价值，这是异化的表现。货币拜物教的存在会让平台无法停止追逐利润的步伐，迫于

---

① 马克思，恩格斯．马克思恩格斯选集（第42卷）[M]．中共中央马克思恩格斯列宁斯大林著作编译局，译．北京：人民出版社．1979：91.

② 夏之放．异化的扬弃——《1844年经济学哲学手稿》的当代阐释[M]．广州：花城出版社，2000：150.

社会的压力，平台会调整剥削的形式和程度。但是随着平台对用户劳动的剥削形式的变换，用户劳动的异化现象也会此消彼长，因而，用户异化劳动的扬弃不能一蹴而就，而需要物质文明和精神文明的高度发展，消除私有制带来的物化关系，建立促进人自由全面发展的生产机制。

“微时代”新闻传播的“合理使用”与传播权益

——以“甘柴劣火”为例*

本文以2019年1月12日微信公众号“呦呦鹿鸣”《甘柴劣火》一文引发的争议为例，从新闻传播的角度对著作权法中“合理使用”制度的概念进行了分析，发现合理使用制度在互联网新的、复杂的环境下亟待进一步细化。此外，本文还对微信时代新闻传播权力的转移与权益的平衡进行了剖析与思考。

一、新闻事实引述与作品抄袭的判断困境

2019年1月12日，微信公众号“呦呦鹿鸣”的一篇《甘柴劣火》刷屏朋友圈，不到半天时间即成为互联网上的“爆款”。该文讲述了尘封已久的甘肃政经往事，文章一开篇就有一句提示性的信息：“本文所有信息，均来自国内官方认可、可信赖的信源，敬请诸君知悉。”一句话交代该文的信息源非独家采集。当天，“三言财经”微信公众号发布——《刷屏文章〈甘柴劣火〉被质疑洗稿》，消息很短，直接呈现了财新记者王和岩对《甘柴劣火》作者的专业操守进行强烈指责的微信截图。随后，呦呦鹿鸣微信公众号推出了一篇措辞尖锐的文章《社会在崩塌——关于财新网记者攻击呦呦鹿鸣一事的说

* 本文作者王思文，中国人民大学新闻学院博士研究生，大同大学教师。本文系山西省哲学社会科学规划课题《“平安山西”建设中的网络舆情治理研究》（项目编号：2019B314）的研究成果。

明》，列出《甘柴劣火》文章的信息来源。特别说明“本文是一种独家叙事，讲述的并非新闻，而是媒体与党政系统持续的冲突，这是呦呦鹿鸣的独家发现。财新网只是其中的一部分，其报道本身也是公共行为，呦呦鹿鸣将媒体作为报道主体，理所当然”①。由此可见，“呦呦鹿鸣”并不认为自己的稿件属于“抄袭”，而自己稿件中所用的信息都属于“事实”，属于“公共行为”，谁都可以拿来为自己所用。

《著作权法》第二十二条规定：“在下列情况下使用作品，可以不经著作权人许可，不向其支付报酬，但应当指明作者姓名、作品名称，并且不得侵犯著作权人依照本法享有的其他权利，包括‘为报道时事新闻，在报纸、期刊、广播电台、电视台等媒体中不可避免地再现或者引用已经发表的作品。’”那么，在《甘柴劣火》中，什么属于“时事新闻”，哪些又是所谓的“独创”？两者的界限在哪里？

（一）《甘柴劣火》文本分析

2019 年 1 月 23 日，微信公众号“小强传播”发文称，利用相关数据相似性检测系统对《甘柴劣火》进行比对检测，结论是总相似比为 0.1119，初步认定《甘柴烈火》存在涉嫌抄袭的行为。但该结果可信度有多高，值得商榷。首先，“小强传播”主要将《甘柴劣火》与财新这一家媒体的文章进行比对，但公众号“呦呦鹿鸣”后续的文章《社会在崩塌》明确表示他们引用了包括《中国青年报》在内 18 个信息源，相同的事实，不同的媒体写作方式亦不相同，就一篇文章进行对比似乎有失偏颇；其次，众所周知，大多数常用查重软件的原理是将文章置入数据库，查找相同的字词与相似的句子、相似结构与段落，但如果文章词语用相近词代替，句子结构发生变化，查重软件一般是无能为力的；最后，查重软件一般是由所谓的算法操纵，而算法背后则是精英集团的设定。

有更仔细者运用了看似更可靠的方法“信息块”比对方式，将《甘柴劣

① 社会在崩塌——关于财新网攻击呦呦鹿鸣一事说明［EB/OL］. http://tech.ifeng.com/a/20190112/45287999_0.shtml.

火》与其他信息源稿件进行一一比照，称这种方法叫“霍炬识别法”。① 根据该方法比对，《甘柴劣火》的信息源确实很多，而且其统计结果相似比例都不低，但就其列出的每一小节看，这些相似内容大多是新闻事实，《甘柴劣火》的字词、句式与其引用信息源并不完全一样。因此，客观很难判别其是否存在抄袭现象。再加上著作权法并没有给予时事新闻保护，因此，《社会在崩塌》中辩解理由“不能把新闻事实当成生意”看似有道理。

既然是新闻事实，《甘柴劣火》又都以自己认为已经明显注明的方式标明了引用的出处，“拿来为我所用”显得理所应当。但是，先不说新闻事实的判断标准，就微信文章的表达方式看，其并没有学术论文标准的“引用格式”，因此《甘柴劣火》文章开头的一行小字即被默认为已经标明了引用，那么，“引用”与“抄袭”的区别在哪里？是否只要承认“我的文章是引用的”就不构成抄袭？

（二）事实引用与作品抄袭的界限

关于引用，学术文章中确实屡见不鲜，特别是综述性文章，大篇幅都是前辈的观点。但对于新闻事实的引用，情况较为复杂。首先，新闻报道的卖点与看点主要在于事实，每家媒体都非常珍视自己采集到的信息，业界将其称为“独家报道”。但由于新闻事实并不像简单的商品，只允许单个主体拥有，同时又与公共利益密切相关，甚至需要牺牲一部分人的其他部分权利为代价，如肖像权、隐私权，因此，新闻信息并不完全是某家媒体的私有物。②

《著作权法》第二十二条规定：在下列情况下使用作品，可以不经著作权人许可，不向其支付报酬，但应当指明作者姓名、作品名称，并且不得侵犯著作权人依照本法享有的其他权利：……（三）为报道时事新闻，在报纸、期刊、广播电台、电视台等媒体中不可避免地再现或者引用已经发表的作品；（四）报纸、期刊、广播电台、电视台等媒体刊登或者播放其他报纸、期刊、广播电台、电视台等媒体已经发表的关于政治、经济、宗教问题的时事性文

① 李晓蕾，徐晶琳，罗语喜，抄袭还是洗稿？我们把《甘柴劣火》和财新原文仔细对比了一下［EB/OL］. 腾讯网，2019－01－16.

② 吕婉婷．爆款《甘柴劣火》带来新争议：整合新闻报道，算“洗稿”吗？［EB/OL］. 新京报，2019－01－14.

章，但作者声明不许刊登、播放的除外；（五）报纸、期刊、广播电台、电视台等媒体刊登或者播放在公众集会上发表的讲话，但作者声明不许刊登、播放的除外……①

可见，法律允许新闻信息的引用，关于引用的方式，法律规定“不得侵犯著作权人其他权利”，很难应对各种各样的情况。那么，将他人的新闻报道打散、整合、重新加工，看似已经违背了著作权法中关于“保护作品的修改权与作品完整权”。因此，在内容从业者越来越多，但传统记者，特别是调查记者越来越稀少的今天，单凭法律中的一句“保护作品完整权”远远无法应对非专业机构“灵活”的、“更带情绪”的“引用方式”。那么，在“允许引用”和“保护著作权人其他权利”之间如何寻找平衡点。实际上，立法部门是有考量的。

著作权法所体现所追求的目标之一即利益平衡，合理使用恰恰是这种价值目标的精髓所在。② 我国在2010年颁布的《著作权》（第二次修正）第22条通过列举的方式展示了12种合理使用的情况，但其明显跟不上网络技术带来的巨大挑战。2014年关于著作权修改草案第三稿第42条，增加了第13项“其他情形”③，即赋予了法官更多自由裁量的权力，但也增加了审判的困难。

二、“合理使用”制度的实践困境

“合理使用”制度发端于英国“合理节略”，法官判定允许具有创新意义的使用，但没有定义合理使用的标准。1841年美国Folsom V. Marsh案被认为是合理使用发展的一个里程碑，该案的判决结果是美国关于公平使用制度的第一个全方位的表达，拥有一套完整的公平使用制度的理念，也奠定了美国著作权法的基本，并推动了各国相关立法的建立。④ 其中，最核心的是美国法官Joseph Story提出的关于判断合理使用的四条经典标准，给“合理使用”制

① 中华人民共和国著作权法［Z］. 2012.

② 吴汉东. 著作权合理使用制度研究［M］. 北京：中国人民大学出版社，2013：211.

③ 中华人民共和国著作权法［Z］. 2012.

④ 唐.R. 彭勃. 大众传媒法［M］. 张金玺，赵刚，译. 北京：中国人民大学出版社，2005：483.

度以清晰的、划分界限的标准，但随着时代的发展，在今天的网络环境下，其面临着新的挑战。

（一）使用的目的和性质的判定，一般非营利性构成合理使用的可能性大。

今天个人或团体运营的微信、微博大多不直接从事营利性经营，它们主要通过吸引用户注意力，从而为其运营的平台带来潜在的网络广告利益，即媒介经济学所说的“买卖受众的二次注意力”。这就使得“合理使用”制度很难对其作品的使用目的和性质加以界定，而在这些平台上传播的新闻就更加难以界定。

我国《著作权法实施条例》规定，时事新闻是指“通过报纸、期刊、广播电台、电视台等媒体报道的单纯事实消息”，而单纯的事实信息一般仅指有事实本身，只包括事实要素，就现在的新闻报道看，时事性文章不仅仅包含了时事信息，它们大多会夹带对事实的独创性表达，而独创性表达运用的主要方式之一即事实要素的选择和使用，两者的界限很难划定，特别是整合类的文章，将多个事实运用到一篇稿件中，将事实要素重新整合，就更难以界定其独创的性质。

新闻信息的主要特性在于客观、及时、全面地反映事件和信息，并在此基础上对信息内容置于不同的情境下进行解读和分析。正因为此，新闻的客观真实与广泛传播被认为是其重要的价值所求，就像《社会在崩塌》一文陈述的：“不能把新闻事实当成生意”。但是，反过来，在数字技术迅速发展的现在，正因为有太多将新闻事实迅速转载、加工，快速获得利益的平台，使得传统媒体真正花时间、花成本去做采集、做调查的工作者越来越少。“新闻不是生意”，但付出大于回报的信息采集，谁愿意去做？“合理使用”制度在保护信息正常流通的同时，也需要保护信息生产者的利益。

（二）现有著作权作品的性质，一般对已经出版的事实性记述作品的利用构成合理使用的可能性大。

该准则的提出主要是因传统媒体的环境，考虑到作品的财产权，对于已经出版的作品，其著作权人大多已获得了相应的报酬，即使有损失，比例也相对较小。但在数字技术的环境中，该准则没有考虑到另外一个情况，即近年来屡见不鲜的“洗稿”现象。

“洗稿”即洗稿者通过改写标题、改变段落顺序、个别语句替换等方式将原作洗完发表。这种行为从法律上认定有一定的难度，剽窃大段大段的文字用机器就可以发现，但“洗稿”要真正从法律上认定侵权过程会比较长，技术要求难度比较高，维权的成本也比较大。① 虽然中国法律对于该现象有所规制，即对保护的作品类型进行了限定，但远远无法满足层出不穷的“花样”。

2006 年实施的《信息网络传播权保护条例》针对《中华人民共和国著作权法》规定做了补充，即“通过信息网络提供他人作品，属于下列情形的，可以不经著作权人许可，不向其支付报酬……（七）向公众提供在信息网络上已经发表的关于政治、经济问题的时事性文章”②。若网络新闻转载的内容为政经类时事性文章，则适用合理使用的规定，网络平台可自由转载。但政经类时事性文章的概念未予准确的界定，除了单纯撰写政治、经济类内容的新闻报道，还有许多综合类报道，是否亦属于政经类报道？另外，“时事”的时间限定也没有明确说明，导致了司法认定的混乱。如《甘柴劣火》的开篇即追溯到“2016 年 1 月”，时间跨度长达三年，那么，其算“时事性文章”还是过往历史性事件就值得商榷。如果文章既缺乏时事性，也缺乏时效性，在性质上不能称为时事性文章，那么，根据著作权法上合理使用规定免除著作权侵权责任的主张即不能成立。

（三）相对于整个享有著作权的作品，一般被使用部分的数量越少、内容重复度越小，合理使用的可能性越大。

相对于浩渺的信息海洋，作品使用的潜在数量和质量等虚化的内容往往很难辨别其引用的程度。总共 10000 字的《甘柴劣火》明确指明自己的信息来源有 18 处，且根据网络资源比对，其内容都是打碎了，重新整合并再次加工的，很难确定其使用的数量与内容。目前常用的查重软件很难就打乱的文章做比对，人工查重又没有统一标准，常常带有很强的主观性。

---

① 高磊，韩文旸．网络“洗稿”成产业链：几秒炮制爆款文章，月入十万［EB/OL］．百度网．2018－08－29.

② 吴旭阳．网络新闻的特点［J］．新闻传播，2013（6）：267.

相似内容，某人做调查性新闻，有他者也来一篇调查性新闻。某人经过辛辛苦苦甚至冒着风险调查写出来的，另外一人却没有调查，而是将某人的调查内容改头换面再写一遍，至多添上一些原文本身就蕴含着的人所皆有的感想，就变成他的了。这是激起业界公愤的根本原因。①

但是，在著作权法中还存在一个可以看作“洗稿”现象庇护伞的原则，即“思想与表达二分原则”，其主要用于判断作品的独创性特征。用美国版权法上的一句名言，即“受到保护的是瓶子，而不是瓶子里的酒”。依据该原则，“洗稿”明显“洗”的是瓶子，相同的酒，换了瓶子，根据“二分原则”，法律应予以保护。特别是时事新闻的“洗稿”，事实就摆在那里，只是谁到了现场、谁获得了第一手资料的问题，并不涉及具体的文字表述，“洗稿”者认为自己只是搬运了事实，根本不承认自己属于这个被大多数人认为是贬义的“洗稿”。“思想”和“表达”在具体的司法实践中很难划定清晰的界限，在以往的判例经验将“思想”与“表达”简单理解成“内容”与“形式”的关系，从这一平面理解并判定过于静态与固执，也容易在具体的司法判定过程中使原创者处于不利的局面。②

（四）该使用对享有版权作品的潜在市场或价值的影响，使用越“善意”，构成合理使用的可能性越大。

这一点主要围绕使用者的“善意”与否展开，带有很强的主观判断，同时是法官首要考虑的因素。

首先，它是一种尽到注意义务的主观状态。如果应当注意而未能注意，从而构成主观上的故意与过失，这种过错即体现了使用者主观上的应受非难性。但“注意”的方法在新媒体的环境下也是越来越“巧妙”，像《甘柴劣火》这种在开头即综合“出处”，在文中贴出财新记者的照片，并顺势喊出致敬口号的作品已算“著作权”意识比较好的。更有甚者，在读者根本不会注意的地方标出作品的引用，潜意识即希望读者不要注意到。

---

① 魏永征．关于洗稿［EB/OL］．财新网，2019－01－15．

② 范海潮，顾理平．自媒体平台“洗稿”行为的法律困境与版权保护［J］．出版发行研究，2018（11）．

其次，它表现为受使用者主观意志支配的外在行为。对善意的评价要采取客观标准，即根据某种行为标准来衡量其行为是否合理、正当。而这种行为标准应该是法律赋予的。

再次，善意是法律和道德对使用者行为的肯定评价。善意的概念本身体现了一种社会道德评价和法律价值判断。凡漠视法定义务和公共行为准则的，即可对其作出过错评价，责令其承担相应责任。总之，善意是一个主客观相结合的概念。① 虽然其判别难度很高，但对于判定该作品是否侵权具有极其重要的意义。

著作权法的一个基本作用就是调整各方权益，合理使用制度的宗旨也是整合各方权益，在保证信息流通与知识进步的同时，最大限度地保护原创者的利益。但由于技术的发展，原有合理使用原则的环境已经被打破，面对当今复杂的环境，亟须对合理使用制度做一些补充性司法解释，以更好地实现其所该有的价值。而此类司法解释的前提条件是将权力与权益划分清楚，在公平公正的环境下，使合理使用制度更好地发挥作用。

三、权力之争？权益之争？

因为各自传播特点的不同、用户群体的差异，传统媒体与自媒体原本就是两个差异较大的舆论场，传统媒体用户大多是精英阶层，他们更看重的是事实，而自媒体的用户大多是普通阶层，除了需要获取信息更倾向于看到带有情绪的表达。两大舆论场本可各自为政，无直接竞争，但随着大量专业自媒体人的出现，网络媒体对市场大份的侵蚀，网络新闻转载侵权现象愈演愈烈。同时，网络新闻转载活动本身并不会导致新闻资讯内容的增加，相反却在减损传统媒体的广告或者付费订阅收入，并在一定程度上构成了对传统媒体新闻的实质性替代。② 如何调整两者之间的关系，成为“合理使用”制度解释平衡双方利益的关键。

---

① 吴汉东．著作权合理使用制度研究［M］．北京：中国人民大学出版社．2013：218.

② 冯晓青，周鹏博．网络新闻专责及其法律规制探析［J］．南都学坛，2019（1）．

(1) 权力之争?

虽然近几年国家政策有所放宽，但无论是商业性的还是非商业性的网络平台，大部分并没有获取时事新闻特别是时政新闻的资格，也没有付出任何劳动、通过转载获得新闻的资格，即国家机关没有授权该组织工作人员前往新闻报道第一线的权力，更别说自媒体平台。显然，在获取新闻源的权力上，两者明显具有不对称性。

但与之形成鲜明对比的是用户在各平台获取新闻的需求量。第42次《中国互联网络发展状况统计报告显示，截至2018年6月30日，我国网民规模达8.02亿，普及率为57.7%。其中手机网民规模已达7.88亿，网民通过手机接入互联网的比例高达98.3%。其中，截至2018年6月，我国网络新闻用户规模为6.63亿。①

就目前的实际情况看，网络平台不论是发布新闻信息的数量还是需求量，都明显多于传统媒体，当然，这里面既包括其通过各种途径采集的奇闻轶事，也包括大量转载的时政新闻。虽然没有新闻的一手获取权，但自媒体记者的优势在于他们与受众直接和交互的关系。网络媒体特别是移动终端的友好和迅速的信息反馈系统使自媒体发布的信息和新闻会即刻得到受众的赞扬或批评，通过与受众的交流，作者可以更敏锐的思考，更知道受众想要什么，更好地博得受众眼球，获取流量。而由于技术的便捷性，受众也越来越习惯于通过网络获取新闻资讯。

权力的限制与大量的市场需求使网络媒体特别是自媒体只能想办法对新闻事实进行转载。同时，中国《信息网络传播权保护条例》将转载政经类实时性文章的合理使用延伸到网络空间。然而，从目前实际看，就政经类以外的时事性作品及网络新闻而言，合理使用制度并没有合理存在的空间。一般的授权许可制度导致传统媒体与网络媒体的权力不平衡，对传统媒体来说，其权力相对较大，但新闻生产的成本也相对较高；而网络媒体由于“本就无权”导致转载与使用其他侵权途径获得关注似乎成为理所当然。在新闻采写

① 花子健．2018中国互联网报告：网民首次超8亿，98%用手机上网［EB/OL］．百度网，2018－08－20.

授权许可制存在的情况下，权力的不平衡必然会导致合理使用制度使用下权益的不平衡。

（2）权益之争?

1. 经济成本的差异

传统媒体的工作者不仅要在报道一线竞争拿新闻材料、多方核实新闻信息，还要应对编辑发来的未经核实的自媒体稿件。因此，传统媒体的工作者特别是调查记者越来越少，愿意加入调查记者队伍的人也越来越少。

在庞大流量和读者追捧为新闻优劣标准的当下，“呦呦鹿鸣”从在《甘柴劣火》中向财新调查记者致敬到在《社会在崩塌》中直指“现在污蔑《甘柴劣火》一文抄袭的人，非蠢即坏。社会在崩塌，一些人坏透了。新闻应有价值，贵圈不值得”①。其明显认为传统媒体根本没有能力发出“震撼人心”的表达，根本不可能写出此“爆款”。

确实，从表达来讲，小说式的写法是传统调查报道的大忌，特别是对于政治性强、话题敏感的信息，从标题到调查的细节，都需要层层把关，春秋笔法、没有逻辑关联的事情，不管凑在一起看多么大快人心，都是传统新闻制作流程所不允许的。②

此外，就安全问题讲，调查报道中，未经三方证实的消息都是不能引用的，特别是没有信息源的消息及未经官方核实的重大消息。因此，传统调查报道一般都会出现“×××称”“据记者向×××了解”，除此之外，调查类记者还会保留采访录音，甚至在写完稿件后交给相关采访对象签字，以备不时之需。而自媒体明显不会太在意这类问题，即使其最后引用的文字确实存在问题，处理结果大多是稿件在该平台被删除而已，即使摊上官司，第一新闻源也不在自己。因此，《甘柴劣火》才敢在开篇不用点名直接写“本文所有信息，均来自国内官方认可、可信赖的信息源”。就此看，两者生产成本明显不成比例。

---

① 呦呦鹿鸣．社会在崩塌——关于财新网记者攻击呦呦鹿鸣一事说明［EB/OL］．凤凰网，2019-01-12.

② 折飞机．财新为什么写不出刷屏的“甘柴劣火”［EB/OL］．新浪网，2019-01-14.

2. 经济效益比例的差异

从技术上说，网络媒体与传统媒体的传播技术有很大区别。传统媒体一般以有偿模式供消费者阅读，其不仅制作成本高，传播成本也高；而网络媒体则以数字信息的形式传递，复制成本低，传播速度快，两者在传播的效益上明显不平衡。

就传播的获益来说，虽然网络媒体看似是非营利的，但在“眼球”经济迅速发展的今天，公众一旦选择在网络上获取信息，大多数受众就不会再选择去消费该类信息，这就相当于网络转载的行为直接替代了传统媒体的报道。网络媒体低成本转载即获取了眼球，扩大了影响力，取得了经济利益；而传统的新闻内容生产者，却因为付出与回报不相匹配，盈利不足，无法继续生产，形成恶性循环，最终无法再采写出受众需要的新闻信息。当然，网络平台最终也因为没有质量优质的信息而产生类似的情况。因此，若任由网络媒体借“合理使用”之名任意使用原创媒体的新闻作品，最终会违背合理使用制度的初衷。

因此，要给予合理使用制度以适当的司法解释，首先要为权利主体创造公平公正的竞争环境，讨论“呦呦鹿鸣”是采用了洗稿方式还是独创性综述实际上并没有太大的意义，毕竟其对开启民智还是有好处的。在中国目前的著作权保护制度下，更需要讨论的可能是该如何给合理使用制度一个较好的使用环境，以更好地实现社会利益的平衡。

微博“善治”视域下灾难报道中主流媒体的角色担当

——以四川凉山州木里县森林火灾事件为例*

微博以其特殊的传播效果与舆论影响力，正成为重要的公共舆论空间。灾难事件是突发性公共事件的一种，可能在微博平台引发舆论浪潮，为公共危机应急管理提出新挑战，也为微博的“善治”带来一定难度。灾难事件中，主流媒体主动设置议程、搭建官民互动桥梁、回应公众诉求、积极释疑解困等能力对微博舆论场的激浊扬清起着关键作用。四川凉山州木里县森林火灾事件中，31 名救火人员不幸牺牲，舆情迅速在微博发酵，其中不乏质疑之声甚至违法违规言论。本文通过内容分析法，借助框架理论重点剖析@人民日报、@新华视点、@央视新闻三家代表性的央级主流媒体微博的报道策略，对灾难事件报道中主流媒体的角色担当提出相应建议，从而为微博“善治”中主流媒体应发挥的作用提供借鉴。

社会化媒体已成为重要的信息集散地和公共讨论空间。截至 2018 年 12 月，我国网民规模达 8.29 亿，网络普及率达 59.6%。① 社会化媒体的兴起与发展推动建立了多元社会主体之间的对话机制，也使得民众话语对主流话语

* 本文作者吕婷，清华大学党委宣传部（新闻中心）.

① 中国互联网络信息中心．第 43 次中国互联网络发展现状统计报告［R/OL］．中国网信网，2019-02-28.

形成挑战，在一些危机事件中，若处理不当则有可能形成舆论风暴。① 微博作为重要的社会化媒体之一，截至2018年年底，月活跃用户已达4.62亿。② 微博正以其特殊的传播效果与舆论影响力成为重要的舆论载体。而在微博舆论场中，主流媒体微博又以其长期积累的权威性和专业性获得强大影响力，不仅拥有庞大的粉丝量，而且在各类新闻报道中拥有重要的话语权，阅读量和关注度居高不下。在突发性公共事件中，主流媒体如何助力微博舆论场实现“善治”，是值得探索的课题。

2019年3月30日17时，四川省凉山州木里县雅砻江镇立尔村发生森林火灾，31日下午在扑火行动中，受风力风向突变影响，突发林火爆燃，31名扑火队员不幸牺牲，其中大部分为“90后”，还有2位“00后”。4月1日，经全力搜救，30名失联扑火人员遗体全部找到。4月5日，新发现一名扑火人员遇难，火灾确认为雷击木所致。4月7日，木里火场出现复燃。

凉山木里火灾事件迅速在微博引起舆论关注，主流媒体对事件进行持续报道，并主动设置议程。网民情绪以沉痛悼念牺牲消防员为主，但不乏质疑声音，包括质疑出动消防员救火的必要性、救火指挥战略的科学性、防火和预警措施欠缺、扑救人员救援专业性不足等。如网友@天下乃天下人的天下_说：“为什么山火一定要扑灭，不可以在外围设立隔离带吗，里面的任由它烧就是了?”网友@_LIMY_说：“国家虽加强了森林防火工作，但指导思想错误，只重扑救，不重人员安全。”同时，有不少网友呼吁建立专业化消防制度，提升消防人员职业待遇，保障救援人员的生命安全。如网友@某某李li评论：“干着最危险的职业，拿着最少的补贴……现在他们到底是什么体制都没有明确，他们就已经这样走了!”网友@树上的蜜桃要微笑表示：“为这些保家卫国的战士铸就起应有的社会保障，才是各级部门应该争取的!”另外，微博平台也出现了侮辱救火英雄的违法言论，公安部门对发表违法言论者进行了刑拘处罚。

---

① 王宇琦，陈昌凤．社会化媒体时代政府的危机传播与形象塑造：以天津港“8·12”特别重大火灾爆炸事故为例［J］．新闻与传播研究．2016（7）：47.

② 微博月活跃用户增至4.62亿 年度营收破百亿元［EB/OL］．中国新闻网，2019－03－06.

此次火灾由于其突发性、伤亡严重性和复发性而引发高度关注，舆论场争论、质疑声不断，对官方话语的应对策略是一次考验。事件在微博上没有引发更大的舆论风暴，与政府及时公开信息有关，但网民接触更多的仍是媒体，其中主流媒体对舆论走向发挥着关键作用，所以研究主流媒体的报道策略尤为重要，对同类事件实现有效舆论引导以推动微博舆论场的“善治”具有借鉴意义。

一、文献回顾

（一）“善治”理论

“善治”概念源于西方的治理理论。英语中的“治理”（governance）可以追溯到古典拉丁语和古希腊语中的“操舵”一词，原意主要指控制、指导或操纵。① 全球治理委员会（The Commission on Global Governance，1995）于1995年发表了一份题为《我们的全球伙伴关系》的研究报告，认为治理是各类公共的或私人的机构和个人管理其共同事务的多种路径的总和，强调治理过程的基础不是控制，而是持续的协调，治理主体既涉及公共部门，也包括私人部门。罗西瑙（Rosenau）认为，治理与政府的统治不同，没有政府的治理也可能实现，治理可以依赖政府机制和非政府机制的作用。②

20世纪80年代末90年代初，政府、市场的协调相继失灵。杰索普（Jessop，1999）认为，由于社会结构日益复杂、透明度日益下降，用以对付政府和市场协调失败的治理机制也蕴藏着失败的风险。而“善治”则是克服治理失效的手段之一，且在众多理论中最有影响力。③莱福特维克（Leftwich，1993）认为，“善治”至少包含三大特征：一是一个处理政治和社会经济关系的系统；二是一个合法且有权威的国家，对立法权、行政权和审判权有独立的划分；三是高效开放、有责任心的、接受审查的公共服务。罗兹（Rhodes，

---

① ［英］鲍勃·杰索普．治理的兴起及其失败的风险：以经济发展为例的论述［J］．国际社会科学（中文版），1999（1）：32.

② ［美］詹姆斯 N．罗西瑙．没有政府的治理［M］．张胜军，刘小林等，译．南昌：江西人民出版社，2001：4.

③ 俞可平．全球治理引论［J］．马克思主义与现实．2002（1）：20－32.

1996）认为，“善治”是拥护自由民主的一种新型公共管理体系。

国内对“善治”理论进行较为系统研究的学者俞可平（2001）认为，“善治”就是使公共利益最大化的公共管理过程，其本质特征在于它是政府与公民对公共生活的合作管理。俞可平（2002）总结出“善治”的基本要素包括合法性、法治、透明性、责任性、回应性、有效性、参与、稳定、廉洁和公正。其中，透明性、责任性、回应性要素对于本研究有重要的启示作用。透明性即各类政治信息能够及时通过各种传媒为公民所知，以便公民能够有效地参与公共决策过程，并且对公共管理过程实施有效的监督；责任性即人们应当对自己的行为负责，尤其是公职人员和管理机构的责任性越大，表明“善治”的程度越高；回应性即公共管理人员和管理机构必须对公民的要求做出及时而负责的反应。在必要时还应当定期地、主动地向公民征询意见、解释政策和回答问题，不得拖延或没有下文。①

“善治”的关键在于多主体协同共治。陈广胜（2007）认为，不能忽视“善治”的任何主体，唯一的选择是携手分治。治理的过程是多中心良性互动的过程，是政府不断回应公众需求的过程，从而实现“善态治理”的结果——一种多元和谐治理的社会形态。燕继荣（2012）认为，实现“善治”的关键在于处理国家（政府）与社会的关系，他总结了“善治”理论的几个进阶版本。最新的“3.0 版善治理论”强调，国家与社会的协同治理要实现“善治”，必须保持权力和权利的协调性、政府与社会的合作，让所有利益相关者共同参与、共管共治，以实现公共选择和公共博弈的有效性，政府与民间的互动性。熊节春（2012）认为，治理主体具有多元性、自主性、主体间性和责任性，多元主体之间要相互理解、相互认同，通过建立合作协商的伙伴关系使得治理高效有序运行。

（二）微博善治相关研究

目前而言，尚未有学者对微博舆论场如何实现“善治”进行系统性的阐述。但已有学者针对网络舆论危机、网络谣言的善治提出了相关建议，均在突出多元主体治理的必要性。焦璐（2017）认为，在善治理论视角下，治理

① 俞可平．全球治理引论［J］．马克思主义与现实．2002（1）：20—32.

网络舆论危机需要结合善治理论和网络危机的特征，通过政府、社会、民众等多方治理主体共同努力来实现。尹正（2015）认为，我国当前网络谣言善治的实现需要以多中心协同治理为方式，改变政府单一治理的现状，加强多元治理主体之间的协同合作。

相关学者总结了媒体对于实现“善治”的作用。胡玉婷（2014）认为，媒体是我国网络群体性事件实现善治的枢纽，传统媒体要坚持新闻专业主义和平衡性原则，准确把握舆论引导的时机，适时答疑解惑，对事件进行全面理性的分析。姚志骅（2014）认为，传媒对于善治有着重要意义，可以提升信息透明度、监督公共权力、增进政治参与、构建公共领域。

从某种角度来说，微博本身也是提升治理能力的重要手段。陈世华（2015）认为，微博是联系多元治理主体的桥梁和纽带，微博能促进治理的主体多元化、结构网络化、手段多样化以及效率优化。治理多元主体应该明晰权力与责任，借助微博依法、高效、有序地参与社会治理。

（三）框架理论

本文借助框架分析理论对三家主流媒体微博进行内容分析。戈夫曼（Goffman，1974）认为，人们借助框架归纳、组织和阐释生活经验，并为它们赋予意义。借助框架可以使人们便于定位、感知、识别和标记事件和信息。吉特林（Gitlin，1980）将框架定义为“持续的选择、强调和排除”①，他将框架与媒介报道直接联系起来，认为框架可以便于新闻记者高效率地将大量的信息迅速而程序化地打包并传递给读者。

甘姆森和莫迪尼亚尼（Gamson & Modigliani，1989）认为，框架是新闻的中心思想，媒介话语可以被一系列赋予某一议题以意义的解释性包裹（interpretive packages）所建构，而一个包裹的内核就是其中心的组织思想，也就是框架。解释性包裹中常用到“框架装置”，其作用是用来提示如何认识、思考某一议题，包括隐喻、范例、标语、描写、视觉图像。潘忠党和考斯基（Pan & Kosicki，1993）提出，新闻话语中的框架装置可以被归纳为四类，分别是

① GITLIN T. The whole world is watching：Mass media in the making and unmaking of the New Left［M］. Berkeley，CA：University of California Press. 1980：7.

句法结构、脚本结构、主题结构和修辞结构。

坦卡德和劳拉（Tankard & Laura，1997）认为，新闻框架对事件和议题应该如何被读者所认识给出了建议。记者通过选择、强调、排除和详细阐述的过程来进行框架建构。坦卡德设计出了“框架列表”以完成框架界定工作，列表的指标包括：新闻标题（包括主标题、副标题），新闻图片，图片说明，新闻导语，消息来源，引语的选择，引语的强调，文章所属系列的标识，数据和图表，文章的结论。① 本文将参考其中的部分指标进行框架界定工作。

恩特曼（Entman，1993）认为，框架包括选择的过程和凸显的过程。框架建构要对某一被感知的事实的某些方面进行选择，并让其在一个传播文本中凸显出来，以便促进对特定事件的问题界定、原因分析、道德评估以及提出建议。本文对微博文本的框架提炼将参考这四个方面，并结合实际进行修订。

灾难报道是特殊而重要的新闻报道题材，其框架的构建有共性也有特殊性，本文将借鉴其他灾难事件报道的框架提炼。范明献（2011）在研究《中国青年报》对境外灾难报道的新闻框架时，提炼出“客观框架、人道主义框架、中国框架”。宋雪（2018）在研究美国媒体关于飓风灾难的新闻报道时，归纳了事实、损失、威胁、原因、责任和解决方案等框架，并认为这些框架基本涵盖了灾难事件中公众的关注焦点。陈梅（2016）在对《人民日报》《天津日报》等关于“8·12 天津爆炸事故”报道的框架分析中，总结出领导力框架、事故动态框架、问责框架和感情渲染框架。

二、研究方法

（1）样本选择

人民日报社、新华社、中央电视台是中央主流媒体的权威代表，同时也是媒体融合发展的排头兵。微博@人民日报、@新华视点、@央视新闻分别有 8883 万、6602 万、8442 万的庞大粉丝量，在微博舆论场有着重要的话语

① 孙彩芹．框架理论发展 35 年文献综述——兼述内地框架理论发展 11 年的问题和建议[J]．国际新闻界，2010（9）：18—24.

权，关于重大新闻事件的议程设置对微博的舆论走向与舆情疏解有重要影响。同时三家媒体微博既有相似的定位，也有不同的报道特色，值得做进一步的对比研究，以便互相启发借鉴。

本文选取@人民日报、@新华视点、@央视新闻三家代表性主流媒体，对它们在凉山火灾事发后的所有微博进行分析，三家媒体均从4月1日开始报道，主体报道于4月8日结束，@新华视点在4月13日还有一篇报道后续进展的微博。笔者在三家媒体微博的主页搜索栏中，输入“木里火灾”“凉山火灾”“森林火灾”“大火”等字样，剔除相关程度不高的个别报道，共得到三家媒体微博的129篇报道，其中@人民日报38篇、@新华视点34篇、@央视新闻57篇。

（2）类目构建

文章参考坦卡德的“框架列表”分析方法，重点分析微博文本的标题、导语、引语的选择和强调、消息来源、图片和视频内容、文本结论等，以完成报道框架的界定工作。沈婵婧（2012）从议题框架、议题内容、消息来源、报道方式、报道基调五个方面制定了新闻框架研究类目表。本文结合微博文本的具体特征，建构以下几个类目进行研究分析。

1. 报道形式

本文的报道形式主要指微博内容的表现形式，形式主要分为文字、图片、视频、现场直播、长文章、长图片几种，以及兼具其中两种或多种的报道形式。

2. 消息来源

本文的消息来源主要指新闻事实的提供者，包括政府（应急管理部、四川省、凉山州、木里县等各级政府及公安机关），民众（自发参加悼念活动中的民众），当事人及其同事亲友（幸存消防员本人及其同事亲友、牺牲消防员的同事亲友等），专家（林业、消防等领域的专家学者），其他媒体（转载或综合其他媒体机构和自媒体的报道），记者现场拍摄或评论（无相关采访对象和线索提供者），未知信息源。重点分析原创新闻的消息来源，从而突出原创采写过程的关注重点。

3. 情感色彩

对报道的情感色彩进行分析，发现除了中性色彩外，无法以常见的正面或负面色彩去界定。本文对于带有情感色彩的报道分为了两类：致敬情感色彩（对烈士表达敬意）和哀悼情感色彩（对消防员的牺牲表达痛心、哀悼之情）。

4. 报道框架和报道内容

本文参考恩特曼（1993）提出的框架的四种功能，以及灾难新闻报道的常用框架，结合微博文本的实际内容，提炼出相应的报道框架。一篇文本尽量提取最主要的报道框架，一篇文本最多落入两个报道框架内，每个框架下的内容最多编入两个报道内容中。

表 1　报道框架与报道内容分类

报道框架	报道内容
事实框架	火势、人员伤亡情况 后续复燃情况
政府行动框架	现场扑火、搜救、增援等政府指挥及执行情况
	批准牺牲消防队员为烈士
	官方吊唁及后续安置等情况
	对发表侮辱英雄言论者进行刑拘
情感渲染框架	在民众自发悼念、迎接英雄骨灰还乡等活动中渲染悲痛情绪
	直接表达对英雄的哀思、敬意，呼吁网友转发、铭记
	对消防员进行细节刻画，包括牺牲消防员的生前故事和幸存消防员的悲痛反应等，以寄托哀思，表达悲痛
原因框架	火灾发生原因 出动人力救火原因
对策框架	防火逃生科普知识 火灾中如何保障消防员安全

三、研究发现

（一）报道数量走势

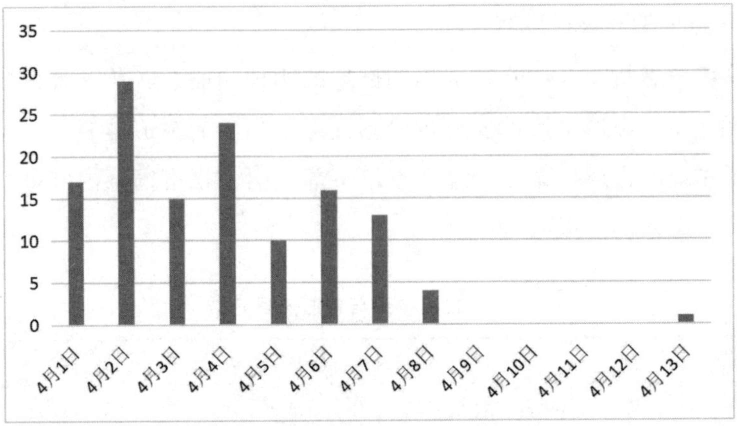

图1　三家主流媒体微博报道数量总体走势

2019 年 4 月 1 日 13 时 53 分，@ 中华人民共和国应急管理部发布微博，通报了凉山木里县火灾及人员失联情况。三家主流媒体微博都从 4 月 1 日开始报道，@ 央视新闻于 12 时 10 分原创首发灾情和人员失联的情况，先于应急管理部的信息通报，原创性和时效性强。

三家微博对事件的报道于 4 月 2 日达到顶峰，并进行了持续跟进报道，4 月 7 日由于该地发生复燃，事件被再次聚焦。主体报道于 4 月 8 日结束，4 月 13 日@ 新华视点报道了湖南一男子诋毁牺牲消防员被行拘的新闻，体现了对该事件后续发展的持续关注。

（二）报道形式

微博的多种表达形式为融媒体报道提供了良好平台，三家主流媒体微博几乎都摒弃单一的文字报道形式，将文字与新闻图片、视频、视频直播、长图片、长文章等形式结合，全面展现事件的过程与细节。

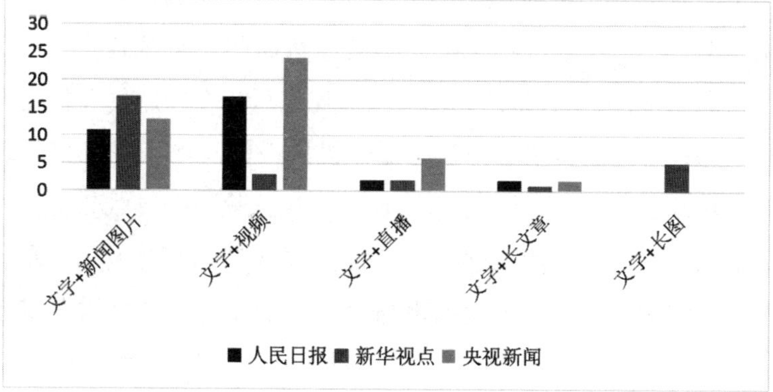

图 2 主要报道形式

相比较而言，@央视新闻重视发挥所长，更多使用视频和直播的形式进行报道，在现场指挥部、新闻通气会现场、牺牲消防员驻地等进行直播，给读者以身临其境的现场感。@新华视点在此次报道中用了 5 张长图，在内容和形式上均有所突破。长图中以文字、图片、漫画等相结合的方式，用以进行理性客观的分析，包括阐释“森林火灾如何自救”“爆燃是什么”“清明防火”“凉山火灾全过程”“复燃的过程及原因”等问题，逻辑清晰，条分缕析，取得了良好的传播效果。

（三）消息来源

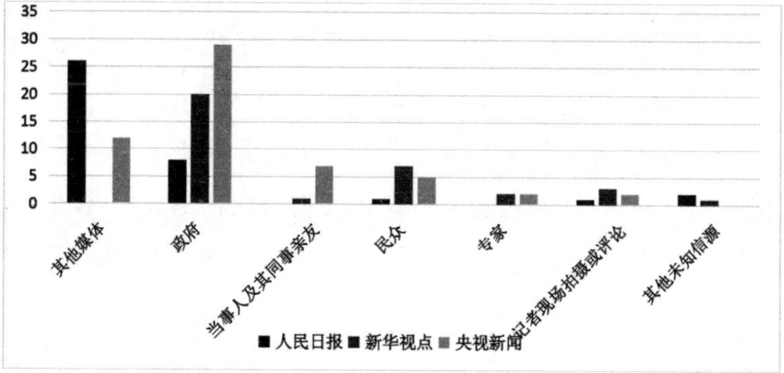

图 3 消息来源

三家媒体微博中，@新华视点的34篇报道均为原创报道，而@人民日报的原创报道只占31.48%（12篇），@央视新闻的原创报道占78.95%（45篇），相比而言，@人民日报的原创报道占比最低。在非原创性报道中，@人民日报和@央视新闻的最主要来源是媒体机构微博（@人民日报转载22篇，@央视新闻转载8篇）；少量转载政务微博（@人民日报转载2篇，@央视新闻转载3篇）；高校微博各只转载了一篇，都是@四川师范大学发布的四川师范大学音乐学院的凉山籍学生用歌声悼念英雄的微博；自媒体微博各只转载了一篇，都是来自名叫"三剑客"的军事博主，内容为牺牲消防员生前发布的朋友圈截图。

在原创报道中，三家媒体都将政府作为主要消息来源，各级政府提供的消息占比均在60%左右，体现了对政府权威消息的倚重。而当事人及其同事亲友也是@央视新闻的重要消息来源，@央视新闻着重采访了幸存消防员本人及其同事亲友、牺牲消防员的同事亲友，关注其心路历程和生活工作细节，体现了对个体的人文关怀，但将其悲恸的心情和巨大的心理创伤赤裸裸地展示在读者面前，则可能会造成过度曝光及二次伤害。

三家媒体微博均较少地将专家作为消息来源，消息来源的平衡性和全面性较为欠缺。只有@新华视点和@央视新闻各有两篇报道采访了相关专家。邀请专家主要是解读火灾发生原因、复燃原因等。如@新华视点采访中国消防救援学院教研室主任白夜、中国气象局人工影响天气中心研究员郭学良，解读木里火灾复燃的原因，并结合人机结合灭火优势、隐蔽火点多、不具备人工增雨的气象条件等回应"为什么不能只使用飞机灭火，还需要组织消防员灭火?""为什么不使用人工增雨灭火?"① 等公众疑问。

值得注意的是，消息来源中的少量未知信息源多集中于对该事件提出建议对策的报道中，例如，火灾逃生、森林火灾自救、防火科普知识等。这些报道的信息来源不明，可能会在一定程度上降低信息的权威性和可信度。

---

① @新华视点．一图读懂丨木里森林火灾复燃．[EB/OL]．微博，2019-04-08.

（四）情感色彩

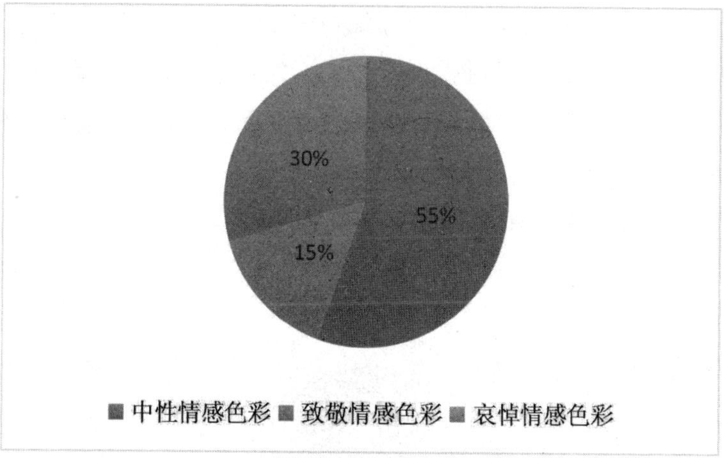

图 4　总体情感色彩

综合三家媒体微博的情感色彩来看，中性客观的报道比例过半，而带有情感色彩的报道占据近 50%，其中以渲染哀悼、痛心的情感色彩为重。

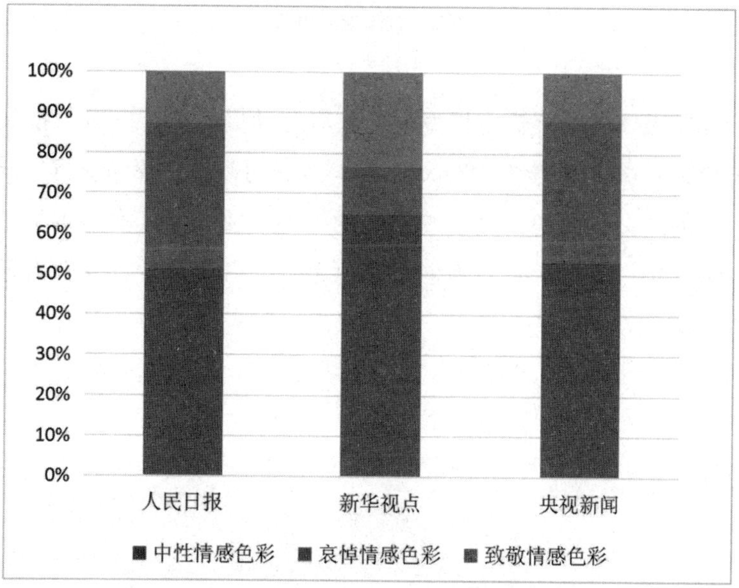

图 5　三家主流媒体微博情感色彩对比

通过对比三家媒体微博的情感色彩使用比例发现，@新华视点相对客观中立，中性情感色彩占比最高，在其他情感色彩中，以致敬英雄为主旋律，渲染悲痛、哀悼等情感的报道较少。而@人民日报和@央视新闻的报道中，带有明显且强烈的感情色彩的报道占据一半比重，尤其注重渲染悲痛、哀悼的氛围。

（五）报道框架和报道内容

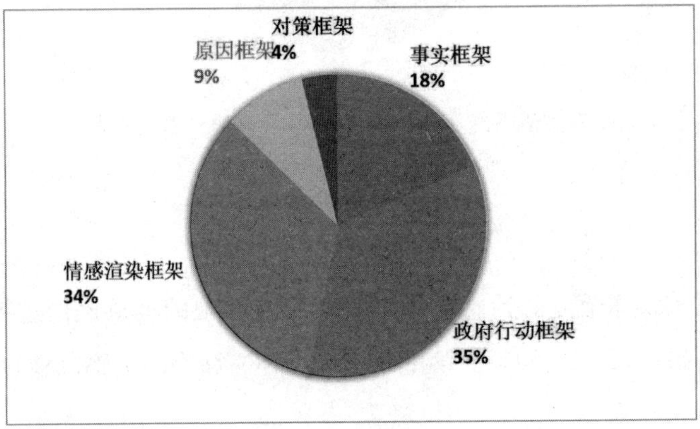

图6　总体报道框架

综合三家媒体微博分析可以发现，政府行动框架和情感渲染框架占据绝对重要的位置，可以说是“平分秋色”，体现了对政府指挥和执行情况的关注以及对个体的人文关怀和公众情绪共鸣的构建与放大。其次为事实框架，跟进火灾灾情及伤亡情况。而原因框架和对策框架占比很少，框架的平衡性稍显欠缺。

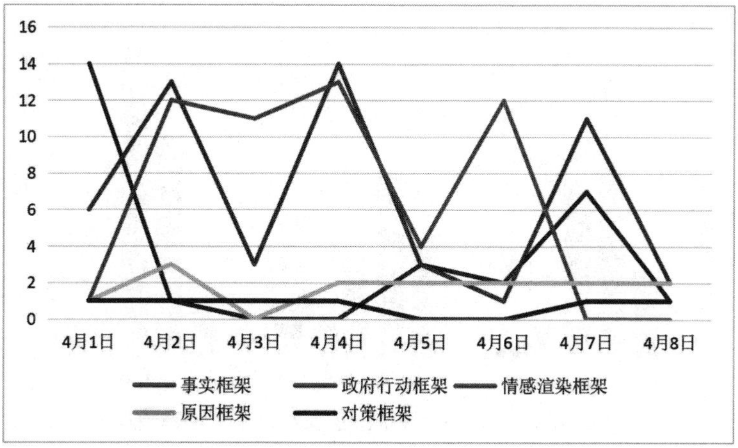

图7　框架历时性分析

通过对框架的历时性分析来看，框架的使用与事件的发展密切相关。在事件刚刚发生后的4月1日以及发生复燃的4月7日，事实框架较为集中，跟进火灾的灾情和失联、伤亡情况。政府行动框架主要在4月2日、4月4日和4月7日集中出现，这与政府的实际行动进展分不开，4月2日扑救、增援行动持续推进，4月4日官方悼念活动展开，4月7日针对复燃的救灾行动展开。情感渲染框架在4月2~4日持续凸显，同时在4月6日烈士骨灰和遗骸集中返乡时又进行了大力渲染。

报道过程中，原因框架和对策框架零星出现。值得关注的是，@新华视点在4月2日11时45分率先用一张长图《一图读懂丨四川凉山森林火灾中的“爆燃”是什么?》，对爆燃的原因和危害、如何保障消防员安全等内容做了阐释。@人民日报也在4月2日用一篇长文章《木里森林火灾：为何一定要救?》，就出动人力灭火的原因较为及时地回应了公众关切。@央视新闻用一篇长文章具体解释了“山火为何爆炸式蔓延”这一问题。

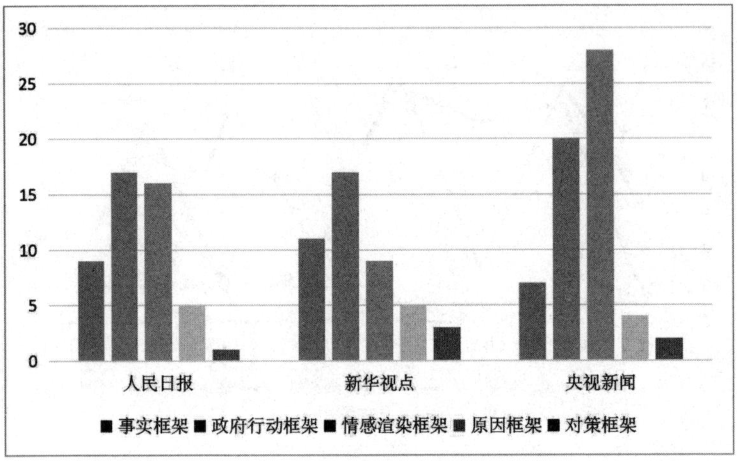

图 8　三家主流媒体微博框架使用比较

比较三家媒体微博得出，@人民日报的报道中，政府行动框架和情感渲染框架运用比例较高；@新华视点较为注重政府行动框架和事实框架，情感渲染相对较少；@央视新闻的情感渲染框架尤其突出，其次是政府行动框架。三者对原因框架和对策框架的使用均较少。

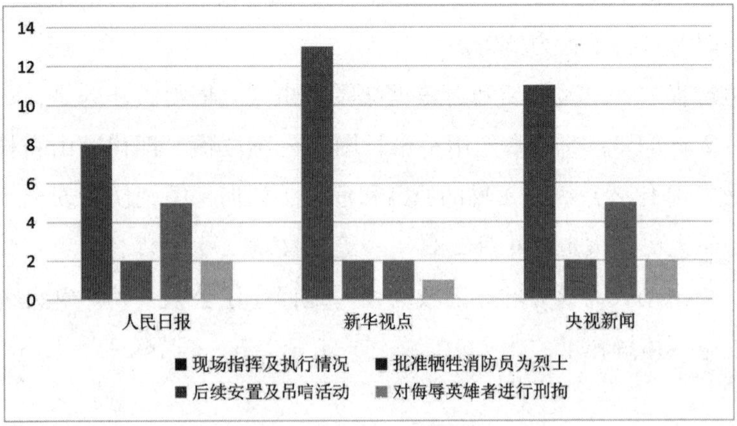

图 9　政府行动框架下的报道内容比较

在政府行动框架下，三者均更多地聚焦火灾现场的政府指挥及执行情况。

值得关注的是，事件中出现了好几起网民辱骂凉山木里火灾牺牲人员事件，三家媒体均及时报道了个别网民因发表违法言论而被刑拘的消息，对微博舆论场的违法违规言论起到了震慑作用。

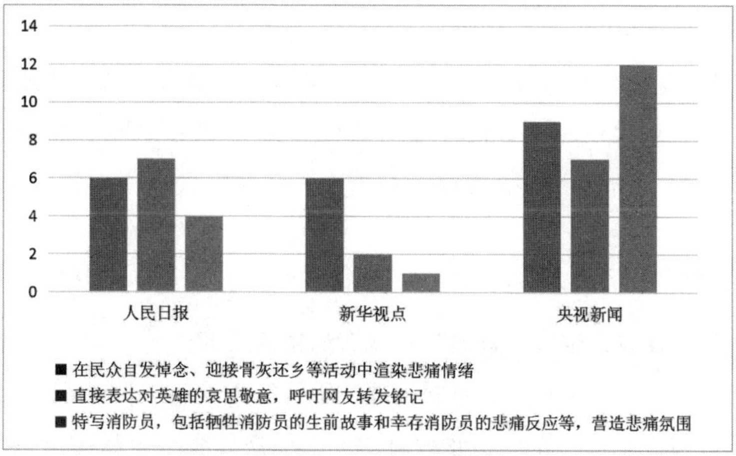

图 10　情感渲染框架下的报道内容比较

在情感渲染框架下，三者都关注了民众自发悼念、迎接英雄遗骸及骨灰还乡等活动，并进行细节刻画与气氛烘托。@人民日报较多使用直抒胸臆的表达方式，并号召网民转发微博，铭记英雄，煽情意味较浓，多用“转发”“铭记”“记住”“致敬”等具有呼吁性的字眼加以渲染。例如，@人民日报为4月4日官方吊唁活动图片配文：“今天，也许你来不到他们身旁，但是，不论你身在何方，当你看到现场这些照片时，都请默哀，一起转发微博和我们一起送别英雄。”① 在有着浓浓人情味的动员下，该微博得到近78000次转发，137000余次点赞。

@央视新闻突出对牺牲/幸存消防员的特写，营造悲痛气氛。例如特写烈士张帅的入伍通知书与照片、亲人为烈士刘代旭带去的生前最爱的詹姆斯23号球衣，以及幸存消防员归来重逢的视频、救火英雄生前在元旦晚会上的珍贵唱歌影像等，营造催人泪下的悲痛氛围。

① @人民日报．一起转发微博和我们一起送别英雄．[EB/OL]．微博，2019-04-04.

在原因框架方面，@人民日报、@新华视点、@央视新闻报道火灾原因的各有4篇、5篇和3篇，而对为何出动消防员救火的原因解释较少，则各有2篇、1篇和1篇。@人民日报率先在4月2日和4月4日对四川森林防火形势、为何要派人进行扑救、扑救队伍是否专业等进行了阐释，一篇转载@川报观察的微博，一篇为原创报道。

对策框架是使用最少的框架，且主要集中在向公众普及防火逃生知识，对相关部门在救火过程中如何保障消防员安全的关注很少，对于如何进行森林火灾预警、结合多方举措科学有效灭火并减少人员伤亡等方面则没有涉及。

四、主流媒体在微博“善治”中应有的角色担当

只有多元主体良性互动、协同治理才可能实现“善治”状态。在微博舆论场中，政府、媒体、企业、非政府组织、公众等各个主体可以自由发声，也都可以成为参与微博善治的主体。主流媒体由于其突出的影响力和权威性，以及舆论引导的专业性成为微博“善治”的重要主体。“善治”的透明性、责任性、回应性等基本元素对于主流媒体的角色担当有很好的启发作用。灾难事件因其突发性、破坏性和影响力极易引发网络舆情危机事件，政府与公众的有效沟通与互动显得尤为重要。主流媒体要提高作为微博“善治”主体的责任性，注重信息的透明性、回应性，主动承担起维护微博舆论场稳定清朗的责任，担当起政府与公众有效沟通的纽带角色。

（一）官民沟通的积极协调者

中国当下舆论场可分为由主流媒体支撑的官方舆论场和由非主流媒体支撑的民间舆论场。① 主流媒体作为官方舆论场的重要支撑，承担着政府信息传达者的角色。但是信息传达者不能仅仅单纯、呆板地传递声音，还要注重表达的及时性、信息的透明性、政府形象的全面性和人性化。三家主流媒体（@人民日报、@新华视点、@央视新闻报道）在此次火灾事件中，构建了政

① 张涛甫．两大舆论场：从竞争到融合［J］．新闻与写作，2019（4）：57—61.

府行动报道框架，及时报道政府最新救援指挥、安抚安置、吊唁、批准牺牲消防员为烈士等实际举措，起到了稳定人心的作用；而可能造成网民反感的凸显领导人角色（如领导视察、慰问等）的报道则几乎没有涉及，总体来说，塑造和维护了积极作为而又有人文关怀的政府形象。另外，三家微博均及时报道了公安机关对个别网友侮辱性言论的严厉惩治，对微博舆论场起到了震慑作用，使不当言论得到有效治理。

作为官民沟通的纽带，主流媒体还要做好公众诉求的回应者。这就要求主流媒体实时掌握舆情的发展态势并做出必要的引导和回应。此次火灾事件中，公众容易产生疑问和争论的焦点主要集中在：出动消防员救火是否必要、救火指挥战略是否科学、防火和预警措施是否到位、扑救人员是否专业等。三家主流媒体微博持续性地将舆论引向寄托哀思、致敬英雄的方向，但是对公众疑问的回应性不足。三家媒体微博都依据政府官方口径对火灾发生的原因做出了阐释，但对于网民关注和争论的焦点解释较少，针对性较弱。同时较为缺乏来自包括专家学者、业内人士在内的非政府信源的阐释，说服力和专业性欠缺。邀请专家学者、业内人士对公众质疑加以回应和解答，将更为客观而专业，也体现了多元治理主体之间的协同合作。

（二）个体发展的适度关切者

此次火灾事件中，参加悼念活动的民众、当事人及其亲友成为三家主流媒体的重点关注对象。对民众自发悼念活动中的表现、牺牲消防员和幸存消防员及其亲友的故事都给予了浓墨重彩的刻画，营造了悲痛沉重的氛围。聚焦遇难个体及其亲友和普通民众的表现，体现了主流媒体在灾难事件报道中的人文关怀。同时，对于使用情感渲染框架且突出细节描写的报道，网友转发、点赞和评论数都有相对较高的表现，起到了稳定舆情、扩大传播的双重效果。

然而，对个体的关注应注意不能过度渲染甚至造成二次伤害。此次报道中，三家媒体都较多使用情感渲染框架，对事件客观冷静的剖析、释疑、建议等显得较为单薄，即使有少量报道，也在掀起的一次又一次情感渲染高潮中被淹没。@央视新闻更是运用了大量长篇的、图文并茂的报道聚焦消防员及其亲友的故事，将他们的不幸和悲痛一览无余地展现在世人面前，这种过度曝光可能会对当事人造成二次伤害。@人民日报更多地用煽情意味浓烈的字眼呼吁网友转发微博、铭记英雄。在事件发生后，表达对逝者的哀思和敬意可以引起网友的情感共振，但是作为有责任的“善治”主体，主流媒体应该同时注重有效引导公众对事件发展的原因、对策进行理性思考，不能片面追求文本的转发、点赞和评论等数据表现，才更有建设性意义。

同时，灾难事件报道中，对个体的关切不能仅仅停留在伤亡发生之后表达哀悼、致敬之情的层面，还应落实在未来的解决方案上。该事件激发了公众对保障消防员安全、提高消防员待遇的强烈呼吁，但是三家微博均没有给予充分回应或予以建议。

（三）未来举措的合理建议者

每一次灾难事件的发生及处理必然有其可以总结的经验教训。虽然此次火灾是由雷击木导致，而非人为引起，但是预警和处理方式以及深层次的消防机制问题等都有可探讨和提升的空间。缺乏合理有效的对策建议是此次三家微博报道的缺憾之一。三家微博的建议对策主要是对公众防火逃生的知识普及，而针对政府如何完善火灾预警机制、如何结合多举措科学救火、救火过程中如何保障人员安全、如何加强救援人员的专业化职业化、如何完善与世界接轨的消防制度等方面均处于“失语”状态。而有媒体则做出了良好示范，例如，《新京报》发表社论称：“对应急救援这一职业的尊重，不应只是停留在伤亡发生后抒发哀痛这一表层，它还应该深入到更多的社会具体场景之中……社会应予以应急救援人员更多的尊重与理解，同时也希望应急救援职业化改革能让他们获得更多的安全庇护。”①

对于未来解决方案提出合理建议，既可以督促政府改进相关预警、救援等制度机制，以避免或减少未来灾难事件中人员伤亡等惨重损失，又可以促使公众树立起对政府的信心，以及增强对主流媒体本身的信任。

---

① 社论. 哀悼扑火人员，让应急救援最受尊敬 [EB/OL]. 新京报网，2019-04-01.

参考文献

[1] ENTMAN R M. Framing: Toward clarification of a fractured paradigm [M]. Journal of Communication, 1993, 43 (4): 51—58.

[2] GOFFMAN E. Frame analysis: An essay on the organization of experience [M]. New York: Harper & Row, 1974: 21.

[3] GITLIN T. The whole world is watching: Mass media in the making and unmaking of the New Left [M]. Berkeley, CA: University of California Press, 1980: 7.

[4] GAMSON W A., & Modigliani A. Media Discourse and Public Opinion on Nuclear Power: A Constructionist Approach [J]. American Journal of Sociology, 1989, 95 (1): 1—37.

[5] PAN Z., & Kosicki G M. Framing analysis: An approach to news discourse [J]. Political Communication, 1993, 10 (1): 55—75.

[6] TANKARD Jr J W., & HENDRICKSON L J. Expanding the news frame: the systems theory perspective [J]. Journalism & Mass Communication Educator. 1997, 51 (4): 39—46.

[7] RHODES R A W. The New Governance: Governing without Government [J]. Political Studies, 1996, 44 (4): 652—667.

[8] The Commission on Global Governance. Our Global Neighborhood: the Report of the Commission on Global Governance [M]. Oxford University Press, 1995: 2—3.

[9] LEFTWICH A. Governance, Democracy and Development in the Third World [J]. Third World Quarterly, 1993, 14 (3): 605—624.

[10] 鲍勃·杰索普. 治理的兴起及其失败的风险：以经济发展为例的论述 [J]. 国际社会科学杂志（中文版），1999 (1): 31—48.

[11] 陈广胜. 走向善治：中国地方政府的模式创新 [M]. 浙江大学出版社，2007 (10): 2.

[12] 陈世华. 微博参与社会治理：理论依据和实践路径 [J]. 中国出版，2015 (8)：45—48.

[13] 陈梅. 框架理论视阈下中央与地方媒体重大灾难事故报道研究——以《人民日报》《天津日报》对8·12天津爆炸事故报道为例 [J]. 东南传播，2016 (7)：71—73.

[14] 范明献. 对境外灾难报道的新闻框架分析——以《中国青年报》海地、智利地震报道为例 [J]. 当代传播，2011 (2)：67—71.

[15] 胡玉婷. 善治视角下我国网络群体性事件的对策研究 [D]. 南京信息工程大学硕士学位论文，2014：40.

[16] 焦璐. 善治视域下我国网络舆论危机治理研究 [D]. 河南师范大学硕士论文，2017：36.

[17] 沈婵婧. 以框架视角探析党报集团在突发事故灾难中的报道策略 [D]. 复旦大学硕士论文，2012：18.

[18] 宋雪. 美国媒体灾难新闻报道的框架分析——以飓风"厄玛""玛丽亚"为例 [J]. 新媒体与社会，2018 (2)：59—70.

[19] 王宇琦，陈昌凤. 社会化媒体时代政府的危机传播与形象塑造：以天津港"8·12"特别重大火灾爆炸事故为例. [J]. 新闻与传播研究，2016 (7)：47.

[20] 熊节春. 善治的伦理分析 [D]. 中南大学博士学位论文，2012：28—33.

[21] 俞可平. 治理和善治：一种新的政治分析框架 [J]. 南京社会科学，2001 (9)：40—44.

[22] 俞可平. 全球治理引论 [J]. 马克思主义与现实，2002 (1)：20—32.

[23] 燕继荣. 善治理论3.0版 [J]. 人民论坛，2012 (24)：4.

[24] 姚志骅. 政务微博与善治研究——以"上海发布"为例 [D]. 复旦大学硕士学位论文，2014：14－16.

[25] 尹正. 善治视角下我国网络谣言多中心协同治理研究 [D]. 南京航空航天大学硕士学位论文，2015：41.

[26] [美] 詹姆斯 N. 罗西瑙. 没有政府的治理 [M]. 张胜军, 刘小林等, 译. 南昌: 江西人民出版社, 2001: 4.

[27] 中国互联网络信息中心. 第 43 次中国互联网络发展现状统计报告 [R/OL]. (2019-02-28) [2019-02-28]. http://www.cnnic.net.cn/hlwfzyj/hlwxzbg/hlwtjbg/201902/P020190318523029756345.pdf.

[28] 张涛甫. 两大舆论场: 从竞争到融合 [J]. 新闻与写作, 2019 (4): 57-61.

“裸奔”“特服”“大众消费”

——微传播的三个特点*

本文对微传播进行了广义与狭义的理析与区分，总结了微内容、微动作、微介质和微受众的微传播的“四微”特点，提出并论证阐释了微传播所具有的“裸奔”“特服”“大众消费”等三个特点。从学理思考与实战应用与学科融合等角度探讨了全媒体时代微传播的发展与提高路径等相关问题。

一、对微传播的认知

（一）核心概念读解

微传播有广义与狭义之分。广义的微传播是指以微博客、手机短信、彩信、飞信、QQ、MSN、户外显示屏、出租车呼叫台等为媒介的信息传播方式；狭义的微传播是以微博、微信等自媒体为媒介的信息传播方式。

以微博、微信作为媒介的微传播，是去中心化的裂变式多级传播模式，传播碎片化信息，借以实现自我表达、交往需求与社会认知。

作为近年来“愈演愈盛”的传播术语，比较公认的微传播的定义“是以微博、微信等自媒体为媒介的信息传播方式”，相对于传统大众传播而言，微传播是一种更精确的传播形式。①

除此之外，也有学者对微传播的含义进行了扩充，认为微传播“就是以

---

* 本文作者李建新，上海大学新闻传播学院教授，博士生导师；上海大学国际新闻传播教育研究中心 主任 ；中国新闻史学会新闻传播教育史研究委员会副会长.

① 唐绪军，黄楚新，刘瑞生. 微传播：正在兴起的主流传播——微传播的现状、特征及意义［J］. 新闻与写作，2014（9）：5—8.

数字技术和小型移动媒介为依托的信息传播行为。与大众传播的概念相对应”①。

可以看出，微传播的含义一般被认为是相对于大众传播而言的，也有学者认为它是从大众传播中新生的一种重要形式。“作为目前大众传播的主要形式，资本与政治控制的大众媒介的功利性、商业性、垄断性日益明显，传者与受者的裂缝难以弥合。在这种情况下，大众传播的又一种重要形式正在慢慢形成——微传播。”②

因此，仿照大众传播的定义，有学者将微传播定义为“微传播是非职业化的传播人利用可复制的电子信息技术，以信息共享和自我实现为目的，向不特定的人群传送信息的行为和过程”③。

（二）微传播的特点分析

作为一种信息传播方式，微传播的核心特征是“微”，在其传播的过程中具有的特点可总结为“四微”——微内容、微动作、微介质和微受众。微内容是指微传播所传播的内容一般是简短的、微小的，可以是一个表情、一张图片等；微动作是指微传播可以通过移动端的几个按键或者电脑端的鼠标点击等简单地动作就能够实现；微介质是指微传播的传播渠道是手机等小型移动终端；微受众是指微传播的受众是精确的和具有对象性的。

与“四微”类似，有学者按照传播过程的要素将微传播的特征扩展为平台小、可移动、内容短、传播快、平民化、自组织六大特征。④ 平台小，是指微传播信息依托的平台或屏幕微小，如智能手机等；可移动指的是微传播的媒体设备体积小，便于携带和移动；内容短，与“微内容”相似，指传播的内容字数少、视频时间短，碎片化；传播快，是指微传播的速度基本可以做到与现实事件的发生即时同步；平面化是指微传播的成本小、门槛低，人人都可操作；自组织是指微传播的主体构成灵活多样，可以自行按照某种规则形成有限群体的传播模式。另外也有学者按照类似的思路将微传播的特征概

① 陆地．无“微”不至 责大于天［J］．中国广播电视学刊，2018（12）：1.

② 陶艺音．微传播特征初探［J］．新闻世界，2012（2）：56—57.

③ 陶艺音．微传播特征初探［J］．新闻世界，2012（2）：56—57.

④ 陆地．无“微”不至 责大于天［J］．中国广播电视学刊，2018（12）：1.

括为“传播结构规模小、传播效果强、极化与磁化、信息门槛降低、信息有腿、传受轮动、内容与形式的关系变化”七个特征。①

除了传播的要素和过程角度的特征，微传播在传播效果和结果方面也具有鲜明的特征，许多学者也关注到了这一点。这一方面的研究，与社会现实的变化和发展是分不开的，微传播的特征体现在：中国新媒体移动化趋势明显；微信、移动新闻客户端发展火爆；掀起舆论风暴，传播影响力大。② 此外，还有微博逐渐成为突发事件传播的舆论中心、传播群体年轻化等更为细致的特点。③

从以上可以看出，微传播的特征既继承了传播过程中的固有特征，也随着自身发展出现了许多新的特征，并且其特征的表现在一定意义上是相对于大众传播而言的。也就是说不管从传播的要素和过程看还是从传播效果看，微传播都具备独有的特点，并且与社会现实的发展密不可分。

二、微传播的三个特点

（一）微传播是一种“裸奔”

微传播在大多数情况下面对的是“自己人”，无论是微信好友或者朋友圈等，都是能够敞开心扉的“知己”，面对这样的人群，再遮遮掩掩、穿靴戴帽、拿腔拿调、迂回曲折等就显得“见外”。比较可取的做法是直奔主题、开门见山、直抒己见，把完完整整、真真实实的自己和盘托出——这就是所谓的“裸奔”。

传统媒体或者面向大众服务的媒体，有来自党和政府的方针、路线、政策等方面的宏观调控，有业务管理部门的业务指导，有来自媒体应该遵守的诸多规范和约束，有来自道德和法律层面的规制，这些媒体服务的对象不同，承担的社会责任不同，传播的范围、效果、产生的效益等也与微传播不同，所以这些媒体的自选动作比较少。与之相比较，微传播的自选动作会更多一

① 陶艺音．微传播特征初探［J］．新闻世界，2012（2）：56—57.

② 唐绪军，黄楚新，刘瑞生．微传播：正在兴起的主流传播——微传播的现状、特征及意义［J］．新闻与写作，2014（9）：5—8.

③ 成晓丽．微时代微传播的特征及影响［J］．青年记者，2012（6）：40—41.

些，微传播的内容除了代表传者自己之外，不代表任何组织或者利益集团，有“问题”自己负责就可以了，基本不会牵扯到他人，而且传播的范围仅限于自己熟知的人群，传播之中不必有太多的顾忌，因此可以“放开了说”“尽情地写”“随意地传”，可以用灵魂与朋友交流，可以坦陈自己的一切，是为一种“裸奔”。

“裸奔”是一道风景，也是人们乐意欣赏的一种艺术。意大利佛罗伦萨市政广场前，包括意大利古代伟大艺术家米开朗琪罗的大卫雕像等诸多“裸”的人物，吸引着来自世界各地的人们观赏享受和感知人的伟大、人体的力与美。从欣赏美的角度来讲，“裸奔”是一种值得肯定的美。需要说明的是，人们欣赏“裸奔”，是为了看到健康、雄壮、优美、诗画般的完美，是为了以一种美的标准来审视自己，是为了欣赏造物主对人类的馈赠，绝不是为了猎艳或者满足低层次的一种“本能”。这就给“裸奔”方提出了要求，把什么东西“裸出来”、以何种姿态“裸出来”、在什么地方“裸出来”等，都应在慎重的思考之后做出合理的选择。

“裸奔”需要的“衣服”少，“穿”得也少，这样可以轻装上阵，也可以省却诸多的繁文缛节。

微传播的“容量”也是有限的，要快速高效地把希望表达的东西告诉对方，不能有太多的“衣着”和“修饰”，宜删繁就简，言简意赅。

传统的传播在告知或者传播一则信息的时候，总会习惯性地把背景、环境、形势、政策、要求等“捎带”一下，这也让一些受众产生了一定的反感情绪。如果微传播也这样，可能传播的效果不太好。从大的方面讲，客套话太多，有附庸风雅之意；从中的方面看，有点顾左右而言他；从小的方面看，有点虚虚实实绕圈子的味道，不像是朋友之间的坦诚交流。

微传播既然是面对自己的朋友或者“圈子里的人”，就应该把自己的方方面面都呈现出来，让朋友们清澈见底地知道你、认识你、了解你。事实上，关注绝大多数朋友们的微传播，也可以感知到这一点。不留死角地呈现自我，这应该也算是一种“裸奔”，当然，应该保留的隐私和不宜公开的内容除外。

“裸奔”需要勇气，需要高度的思想意识，也需要完美的内在东西，同时需要展示最美的一面。微传播的“裸奔”，内容选择和呈现，比胆识更重要。

（二）微传播是一种“特服”

微传播是小众之小众的一种传播，传者基本清楚受者是谁，受者的需求、受者的喜好、受者乐意接受的传播方式是什么，等。基于此，服务于这些受者的微传播，一定要“对接”这些受者的口味，一定要以满足对方点菜般要求的“特服”方式来服务这些客户。

“特服”其实是所有领域赢得竞争与发展的一种有效手段，是体现所谓核心竞争力的妙手，也是能够给自己贴上独特的文化标签、传播标签的好的手段。因为就目前的传播或者微传播领域来看，充斥了太多的雷同、转发与模仿，信息的重复就是以降低自己的学术品位和浪费阅者的时间的方式做一件不应该做的事。

冠之以“特”，就是强调微传播的独特性，这也是微传播的一种特别功能，是一种通过大众媒体无法表达的独特功能。

微传播的“特服”是写给特殊受众的，因此在微传播的“特服”中一定要发现和传播特殊的题材，选择特别的角度，使用特色的笔法，传递特殊的情感。因为微传播的传者和受者之间基本保持经常性的往来，没有“特服”，就没有新意，就是简单的问候和信息传递，这不是严格意义上的微传播。

（三）微传播是一种“大众消费”

“大众消费”有两个衡量指标：广泛的参与性与经济实惠。

微传播是“人人有话语权”的一种昭示，几乎每一个拥有手机或者电脑的人都是“消费者”，其他没有手机或者电脑或者智能移动终端者，也可以借助这些“硬件”而成为消费者。

智能手机已经成为当代人生活中必不可少的通信工具，除了传统的拨打、接收电话及信息之外，智能手机还可提供上网、支付等服务。随着智能手机功能的全面化以及使用人群的年轻化，其普及率将越来越高。中国作为全球人口最多的国家，智能手机用户数量自然也不容小觑。

2018 年年底，中国互联网络信息中心（CNNIC）发布第 42 次《中国互联网络发展状况统计报告》。报告当中显示，我国网民规模达到 8.02 亿，互联网普及率为 57.7%。

考虑到网络与智能媒体的发展速度，可以预测，不久中国的网民数量将会有一个大规模的增长，微传播的大众化特征将会明显地体现出来。

既然微传播已经步入了大众化的时代，那么围绕微传播所展开的一切活动就可以被视为一种大众活动或者“大众消费”。

“大众消费”不是“特服”，应该考虑它的普惠与普适，要最大限度地考虑、体察大众的关注，对接大众的关心，关联大众的关系，给养大众的精神，要有大众的视野和大众的情怀，使用大众的语言，通过小小的微传播求得大众的共鸣。

寄情山水，言情山水，纵情山水，是越来越多的国人的“大众消费”。“仁者乐山、智者乐水”的古训该如何读解；“只在此山中，云深不知处”的意境如何赋予时代新意；“会当击水三千里”的豪歌该如何吟唱等，是大众关心的，也是大众期盼的。拍几张照片，发几个立此存照的留影，抑或记记流水账，显然算不上理想的微传播。微传播，要有文化的附加值，这既是信息传播的要求，也是一则信息值得分享与传播的条件。

微传播之“大众消费”，选择的自然是大众化的选题，宜在大众已有认知的情况下发出基于大众立场的传播作品与思考，要综合运用各种知识，要有对社会的感悟，要有历史的情怀、家国的情愫、人间的情缘、朴实的情感。而这些，也正是微传播者所必须具备的。从这个意义上讲，微传播其实也是一种有责任、有使命、有担当的大众化传播。

第二部分 02

微治理探微

未来媒体形态的三个维度*

以美国未来学者雷·库兹韦尔为代表的“奇点论”者宣称，在技术“加速回报定律”作用下，人工智能将完全超越人类智能。本文从媒介、受众、治理三个维度考察未来的媒体形态，认为在媒介与人的关系上，媒介不仅是人的延伸，人也将成为媒介的宿主；“融合”是“媒介第五定律”。从受众的维度来看，技术异化将带来“AI 膜拜”的风险，未来的媒体受众需要摆脱技术的奴役，同时增加媒介素养，普及媒介信用；在媒介治理方面，共治将成为未来媒体的普适性治理模式。

所谓“传播形态”，就是指传播在一定技术环境中的表现形式和情景，是媒介系统的具象化。传播形态的核心要素包括媒体形态、受众、传播方式、传播技术和传播环境与情景。

在麦克卢汉看来，“新媒介是新环境”“环境不仅是容器，而且是使内容完全改变的过程”。技术环境尽管“隐而不显、难以察觉”，但“任何新技术都要改变人的整个环境，并且包裹和包容旧的环境”②。新的媒介技术应用，

---

* 本文系北京市宣传文化高层次人才培养资助项目《依法治网背景下的“网络善治”研究》（批准号：016XCB093）、清华大学文科建设“双高”计划项目《中国特色新闻学的体系建构》（批准号：2017TSG03101）的资助。

本文作者王君超，清华大学马克思主义新闻学与新闻教育改革研究中心执行主任，清华大学新闻与传播学院教授、博导，牛津大学互联网研究员访问研究员。研究领域为媒介批评、媒介融合、传播科技、新闻传播与社会发展.

② ［加］马歇尔·麦克卢汉，弗兰克·秦格龙编．麦克卢汉精粹［M］．何道宽，译．南京：南京大学出版社，2006：265，268.

形成新的媒介环境，进而引起媒介情景的变化，这种变化进一步影响社会发展。美国“媒介情境论”提出者梅罗维兹（Joshua Meyrowitz）认为，媒介的使用会对社会情景型式产生影响，而社会情景型式又左右人们的社会行为，因而，媒介的变化通过改变社会情景的型式而促使人们的行为起变化①。

在大众传播与社会发展的框架内，可以从以下三个维度来认识与把握未来媒体的传播形态。

一、媒介维度：人体将成为媒介的宿主

美国奇点大学校长雷·库兹韦尔（Ray Kurzweil）在《奇点临近》一书中大胆预测，21 世纪前半叶，技术不可避免地朝向机器化发展，必将大大超越人类的智能。2045 年，奇点②来临，人工智能完全超越人类智能，人类历史将彻底改变；2045 年之后，宇宙觉醒，为了超越计算机的局限性，人机智能将物质转化为超级计算机，最终整个宇宙变成一个超级智能，这种智能可以改变目前已知的物理定律，实现不同维度空间的穿越，并实现人类真正的永生科技的重力加速度超越人类的想象。

在这种“技术爆炸”的情况下，预测未来的传播形态并非一件易事，因为媒体变革取决于科技的发展。而 21 世纪以来，“人类创造技术的节奏正在加速，技术的力量也正以指数级的速度在增长”，在这一“加速回报定律”(The Law of Accelerating Returns)③ 作用下，现在很难预料下一步出现什么样的“黑科技”，以及这样的“黑科技”会带来什么。但是，有一点可以肯定的是，科幻式的预测对于未来媒体的发展不乏启发意义。

---

① 张咏华．媒介分析：传播技术神话的解读［M］．上海：复旦大学出版社，2002：131.

② 根据作者的阐释，数学家用这个词来表示一个超越了任何限制的值，如除以一个越来越趋近于零的数，其结果将激增。作者认为，奇点是未来的一个时期：技术变革的节奏如此迅速，其所带来的影响如此深远，人类的生活将不可避免地发生改变。书中他比较通俗的一个提法是，奇点“表示独特的事件以及种种奇异的影响”。奇点临近暗含着一个重要思想——人类创造技术的节奏正在加速，技术的力量也正以指数级的速度在增长。库兹韦尔．奇点临近［M］．李庆诚，等译．北京：机械工业出版社，2016：10—11.

③ 又称“库兹韦尔”定律，是指“信息科技中的基本理论，它遵循可预见的指数级增长规律，反对传统的‘你无法预知未来’的观念”。库兹韦尔．人工智能的未来［M］．盛海燕，译．杭州：浙江人民出版社，2016：242.

从宏观的社会生态系统来看，传播形态还取决于整个社会的状况。波兰裔英国社会学家齐格蒙特·鲍曼（Zygmunt Bauman）认为，当前的社 会已由过往的固态、厚重与稳定状态转为液态、轻盈与多变的特质，‘流动的’现代性的到来，已经改变了人类的状况①。那么，未来的社会将会凸显更加轻盈、流动的特质，它与极简主义的美学追求相结合，将引导人们开发出更便于携带的可穿戴式媒体设备，甚至可以直接与人体合二为一的媒体设备。“流动的现代性”之下的极简主义设计，从传播科技方面来说，体现了智能化；从使用者的角度来说，体现了人性化。换句话说，人类社会将跨越麦克卢汉“媒介是人的延伸”的媒介决定论，未来科技将更多地呈现人性化的一面，唤醒人的主体意识，人将毫无疑问地成为媒介的宿主。

雷·库兹韦尔在《人工智能的未来》一书中，指出“非生物体将首次出现在2029年”②。这里的“非生物体”即“人类与机器的联合”，也就是“将非生物系统引入人脑”③。这一预见如果实现，将改变麦克卢汉“媒介是人体的延伸”的观点，因为人体本身也将成为媒介的一部分。

与此相联系，人性化、微型化与智能化将成为未来媒体发展的三个重要特征。

提出“人性化趋势理论”的保罗·莱文森（Paul Levenson）对科技的发展持乐观的态度，他认为，一方面“技术发展的趋势是越来越像人，技术在模仿、复制人体的感知迷失和认知模式”；另一方面，“媒介的演化服从人的理性”“越来越人性化、越来越合理，越来越完美，人总有办法扬其长避其短”。④ 在未来媒体的发展中，这种人性化的趋势将与极简主义的审美理念结合起来，体现为人体与媒介的融合。麦克卢汉在遗作《媒介定律》中，提出关于技术和人工制造物效应的“媒介四定律”⑤，可以归纳为“提升（强

---

① ［英］齐格蒙特·鲍曼．流动的现代性［M］．欧阳景根，译．上海：上海三联出版社，2002：12.

② ［美］库兹韦尔．人工智能的未来［M］．盛海燕，译．杭州：浙江人民出版社，2016：203.

③ ［美］库兹韦尔．人工智能的未来［M］．盛海燕，译．杭州：浙江人民出版社，2016：191.

④ ［美］保罗·莱文森．软利器［M］．何道宽，译．上海：复旦大学出版社，2011：3.

⑤ ［加］马歇尔·麦克卢汉，［加］弗兰克·秦格龙编．麦克卢汉精粹［M］．何道宽，译．江苏：南京大学出版社，2006：428.

化）—过时—再现（再用）—逆转”，那么，第五个定律是什么？当前媒体科技与文化的发展已经证明：“融合”已毫无疑问成为“媒介第五定律”。

融合是系统思维的产物，它不仅意味着创新，而且适应了未来媒体人工智能与生物智能的结合。库兹韦尔认为，“融合生物智能优势与人工智能优势（人脑识别模型的能力与非生物智能的速度、内存容量、精确度，以及交换知识与技能的能力），其力量将极为强大”①。未来媒体将不可避免地受到融合文化的影响，在设计方面“化零为整”，以满足媒体“入驻”或“浮现”于人体。这种“融媒体”有别于2017年“两会”期间面世的那种笨重、叠床架屋式的“‘钢铁侠’多信道直播云台”②，而是一种在形态上有机融合的“超便携”媒体。相比之下，谷歌眼镜和苹果手表将融合的形态与小巧的设计结合起来，更符合融媒体的发展方向，但在微型化和全功能方面仍然有很大的进阶空间。

智能化将成为未来媒体形态的最重要特征。未来的媒体发展趋势，智能化将首先在改善人的视觉，特别是“第一视角”方面实现突破。麦克卢汉认为，“人脱离部落以后，其首要特征是成为视觉人”③“在我们西方文化中，理性的人是一个视觉性的人”“长久以来，理性和视觉性是两个互为表里的用语，但如今我们再也不是生活在一个以视觉为主的世界”④。“视觉+理性”契合了未来媒体视频化与人脑思考机器“非生物化”的融合。

在未来媒体的发展过程中，传感器将越来越多地应用于具体的媒体实践。虽然传感器可以被定义为“任何对世间状态作出测量并感知的事物”“能感受规定的被测量目标，并能按照一定规律转换成可用输出信号的期间或装置”⑤，但是当无人机被用作自然灾害和交通事故、庆典报道，生物传感器用

---

① ［美］库兹韦尔．奇点临近［M］．李庆诚，等译．北京：机械工业出版社，2016：13.

② 光明网．“钢铁侠”多信道直播云台成两会“爆款”［EB/OL］．http：//photo. gmw. cn/2017－03/02/content_ 23875599. htm.

③ ［加］马歇尔·麦克卢汉，［加］弗兰克·秦格龙编．麦克卢汉精粹［M］．何道宽，译．江苏：南京大学出版社，2006：282.

④ ［加］马歇尔·麦克卢汉，昆汀·菲奥里．媒体即信息［M］．杨惠君，译．台北：积木文化，2009：45.

⑤ ［澳］弗格斯·皮特编．传感器与新闻［M］．北京：北京大学出版社，2017：13，20.

作影视评测，其重要性进一步凸显。新华网融媒体研究院院长杨溟认为：“在信息化社会，传感器技术不仅是物联网衔接互联网时代的环节，更是人类理解环境和其他生物的语言”① “传感技术作为基础技术将改变世界”②。2017年，新华网成立了全球首家基于传感互联的电影体验评测实验室，运用生物传感器进行数据采集、特征提取、数据传输和应用。

在屏幕虚拟化方面，汽车生产商模仿战斗机全息衍射平视显示系统，开发出的“抬头显示”（head - up display，简写 HUD）数字技术，为投影技术提供了无穷的想象力。宝马通过将显示技术和手势控制相互结合，开发出 Holo Active 触控技术，依靠相机监测用户的手势，并通过触觉反馈来让用户进行指令操作③。这一技术也被称为“凌空触屏”（Air Touch）。微软的 Omni Touch 技术，能在任何的物体表面投射触屏，甚至将输入表面直接打到人的手臂上。迪士尼研制的 DRDT 系统（Disney Research Demonstrate Touché），也实现了类似功能。新加坡南洋理工研究的系统名为 STATINA，只要几个廉价的震动传感器就能将物体表面变成输入表面④。

类似《钢铁侠Ⅲ》中展示的可以隔空操作的虚拟屏幕，大多利用空气投影和交互技术（通过电离空气分子，产生白色的光亮）、激光束投射实体的 3D 影像、雾气投影技术（或称雾面投影，即通过装置向上方的空间喷出水雾）。俄罗斯 Displair 公司研发出的虚拟触屏显示器，屏幕借助从设备中送出的空气和水在空中形成投影，可以用来展示计算机或平板中的图像，从而进一步实现人机互动⑤。

2013 年，台湾工研院（ITRI）开发出一款 i - Air Touch（iAT）智能眼镜，据称是首款可实现让用户以触控方式随意与虚拟影像互动的透明头戴式显

---

① 吉尔斯·贝瑞特. 传感器和可感物：一份历史调查 [M] // [澳] 弗格斯·皮特. 传感器与新闻 [M]. 北京：北京大学出版社，2017：4.
② 全球首家传感体验电影测评实验室即将成立 [EB/OL]. 新华网，2016 - 09 - 03.
③ 宝马超前虚拟触控技术 虚拟界面浮动在空中 [EB/OL]. 科技讯网，2016 - 12 - 16.
④ STATINA：表面变成触屏 无拘束的输入 [EB/OL]. 中国触摸屏网，2013 - 07 - 12.
⑤ 俄科技公司推出虚拟触屏 可空中完成操控 [EB/OL]. 环球网，2013 - 01 - 11.

示器①。

2014 年进入市场的谷歌眼镜（Google Project Glass）是一款增强现实型的头戴式显示器，可以替代智能手机，以声控方式实现拍照、视频通话、上网、处理文字信息和电子邮件等功能。

相比 VR（虚拟现实）、AR（增强现实），微软开发的 HoloLens 实现了 MR（混合现实）的突破。2015 年 1 月首次亮相的这款头盔式设备，内置 Windows10 系统、Cortana 个人智能助理软件和 Edge 浏览器，融合了多种传感器、实时的 3D 运算、“立即寻址”与地图构建和立体抬头显示技术，具有全息以及语音、瞳孔和手势识别等特点。它不受线缆、听筒等外部设备的限制，通过 Wi－Fi 或蓝牙连接，将 PC 上的全息应用和游戏传输到 HoloLens。因其支持各种类别的深度学习技术，其中一款产品还支持创作全息影像短片，实现了人机交互方式的革命。但是，由于性价比、电池续航能力和视频播放等方面的缺陷，HoloLens 仍然是一款有待改进的未来媒体。

目前，关于全息投影技术的争论，主要在于运算能力和信息存贮在云端的安全问题。微软公司透露，预计装在新一代 HoloLens 中的 AI 芯片，其出色的运算能力将使其完成图像辨识和语音识别等复杂任务，而不需要将数据发送到云端运算平台处理②，从而跨越“全息投影”的“最后一公里”。

在听觉方面，超心型指向麦克（Hypercardioid）技术将更多地成为未来媒体形态的标配，从而适应小众传播生态的“第一听觉”需求。它利用气压梯度的声学原理，针对目标听众传播声音，拾音区域比心形话筒更窄，可以有效地消除周围噪音，从而使得媒体传播的指向性更为明确。

算法将在未来的媒体形态中继续起着重要作用，但是为了避免普通算法的“信息茧房效应”（Information Cocoons Effect），适合未来媒体需求的“超级算法”或“优选算法”，将减少大数据中的熵值，识别并过滤掉那些误读

① Google 眼镜又迎对手，i－Air Touch 让你和虚拟屏幕互动［EB/OL］．ESM 国际电子商情网，2013－11－19.

② Atkinson. 微软研发具 AI 运算芯片，将应用于 HoloLens 及其他硬件［EB/OL］．科技新报网，2017－11 －03.

性、非实际需要的信息。“当人类与技术相融合后，人类将变得更加智慧”。①这种算法将与“非生物体”的人脑相结合，自动过滤、更新那些不再需要的信息，有效减少信息熵值。

二、受众维度：摆脱技术奴役与普及媒介信用

不管是既往、现在还是未来的传播形态，受众都是最重要的一环。受众决定了媒体的定位，同时受众需求也是任何形态的媒体的出发点和归宿点。

以受众为中心的传播形态，技术的取向必定偏向“技术的人性化”而非“技术决定论”。法兰克福学派认为，技术本身是一种欺骗性的意识形态，这种欺骗性表现在一方面是其“意识形态性较少”，另一方面是其“隐形”性。哈贝马斯提出，“技术统治论的命题作为隐形意识形态，甚至可以渗透到非政治化的广大居民的意识中，并且可以使合法性的历练得到发展”②。人们在接受技术的同时，也会不知不觉地接受其文化规范，从而受其控制。马尔库塞认为，“技术理性的概念，也许本身就是意识形态。不仅技术理性的应用，而且技术本身就是（对自然和人的）统治，就是方法的、科学的、筹划好了的和正在筹划着的统治”。③“微博控”“微信控”等“控文化”的流行，就是人被技术操纵，从而形成“技术异化”的结果。

马克思认为，科学对于劳动来说，表现为异己的、敌对的和统治的力量④，技术的胜利，似乎是以道德的败坏为代价换来的⑤。科技背离主体的需要与目的，不是为我，而是反我⑥。如果未来“非生物体”的人类控制了人类的正常思维，人工智能不仅代替了人工，而且代替了人类本身，那就不仅

① ［美］库兹韦尔．奇点临近［M］．李庆诚，等译，北京：机械工业出版社，2016：11.

② ［德］哈贝马斯．作为“意识形态”的技术与科学［M］．李黎，郭官义，译．上海：学林出版社，1999：63—69.

③ ［德］哈贝马斯．作为“意识形态”的技术与科学［M］．李黎，郭官义，译．上海：学林出版社，1999：40.

④ ［德］马克思．机器、自然力和科学的应用［M］．北京：人民出版社，1978：201，207.

⑤ ［德］马克思，恩格斯．马克思恩格斯全集（第1卷）［M］．北京：人民出版社，1995：775.

⑥ 陈翠芳．科技异化与科学发展观［M］．北京：中国社会科学出版社，2007：38.

是一种逻辑的悖论，而且也违背了马克思“人的全面发展”的理念。从这个角度来说，库兹韦尔“未来的计算机便是人类——即便他们是非生物”① 的观点，是一种将机器混同于人的观点，其后果必将是技术奴役人类。2015 年，美国硅谷工程师安东尼·勒万杜瓦斯基（Anthony Levandowski）创办“未来之路”（Way of the Future），被认为是第一个敬奉人工智能的宗教组织。该组织声称，其活动将专注于“实现、接受和敬奉由电脑软件和硬件发展出来的，基于人工智能的神”②。这种相信“科技将很快超越人类能力”的“拜 AI 教”的出现，陡增人工智能奴役人之虞。

摆脱技术异化，也就是摆脱技术的奴役，追求马克思所说的“人的个性解放”，也就是恢复“人的类本质”，达致心灵自由与文化自觉，成为“自然的个人”“偶然的个人”和“有个性的个人”。在摆脱技术的奴役之后，作为内容“生产商”和“分销商”的自媒体用户，在一定程度上成为“技术自由人”和媒体的主宰，而原先掌握媒体生杀予夺大权的“把关人”的权力则逐渐式微。

“主流媒体死了。”2016 年美国的一个民意调查显示，只有 6% 的人相信主流媒体，因此有人以此为题，画了一幅漫画③。同年美国大选结束后，网民针对《纽约时报》希拉里和特朗普获胜率（92% ：8%）的预测，为美国的主流媒体立了一个虚拟的墓碑④，表达的也是相同的意思。不仅如此，中国的媒体人还发明了另外一个尼采式的判断：“总编死了”⑤。

---

① ［美］库兹韦尔. 奇点临近［M］. 李庆诚，等译. 北京：机械工业出版社，2016：15.

② SUMMER MEZA. *RELIGION THAT WORSHIPS ARTIFICIAL INTELLIGENCE WANTS MACHINES TO BE IN CHARGE OF THE PLANET*［EB/OL］. newsweek，2017 – 12 – 10. http：//www. newsweek. com/google – executive – forms – religion – artificial – intelligence – 714416.

③ Joe Jankowski. *New Poll Shows Only 6% of People Trust The Mainstream Media.*［EB/OL］. ACTIVIST POST 2016 – 04 – 19. https：//www. activistpost. com/2016/04/death – of – mainstream – media – 6 – percent – trust. html.

④ Pal29501. *RIP Mainstream Media*［EB/OL］. ANTI – PROPAGANDA NEWS，2016 – 11 – 09. https：//pal29501. wordpress. com/2016/11/09/rip – mainstream – media/.

⑤ 记者网. 总编死了：经典总编辑时代已经结束［EB/OL］. 2016 – 10 – 18. https：//www. jzwcom. com/jzw/98/15254. html.

类似的寓言式判断不是预测，而在一定程度上成为现实。未来几年内，在媒体私有制的西方国家，未来的社交媒体发展可能完全代替主流媒体；在中国“党官媒体”的媒介体制下，主流媒体不会消亡，但是也受到社交媒体的巨大挑战。随着智能手机的普及和“数字鸿沟”的逐渐愈合，“自媒体”的用户数量呈现井喷式的增长。由于“自媒体”UGC（用户生产内容）内容生产的模式，以及“把关人弱化”的特性，传统把关人角色的编辑、总编辑都将成为如烟过往，普通用户或称“自媒体人”将主导社交媒体的内容生产、编辑、分享与交换，这将带来媒体内容产业的巨大变革。也就是说，媒体的权力将面临从平台到用户的转移。普通用户决定着自媒体内容生产的质量、品位，由此决定了自媒体平台的人气、股价与广告商的投资兴趣。

自媒体这一发展趋势，不仅改变了传统的“新闻工作者”定义，促进了媒介权力的转移，同时也会使媒介素养和媒介信用成为衡量自媒体质量和媒介生态的重要指标。这里所说的“媒介素养”（Media Literacy），根据美国阿斯彭媒介素养领导协会（Aspen Media Literacy Leadership Institute）1992年所下的定义，是指人们接触、分析、评价媒介以及生产各种形式媒介的能力①。随着传播媒体日益微型化和传感器的普及，越来越多的普通民众以自媒体用户的身份成为新闻发布者。但是，自媒体用户大多数是缺乏新闻工作训练的非专业的“公民记者”，由于缺少新闻敏感，不可能在新闻价值判断和有价值的信息开发方面达到专业水准，有时还因为媒介素养低下而传播谣言，造成信息系统紊乱。因此，未来的自媒体需要大量具有较高媒介素养的用户，而作为“公民记者”取信于人的手段，就是其个人ID下的媒介信用制度。

目前的个人信用一般是限于法律、财务、金融领域，未来的传播形态使得人人都是自媒体用户，因此需要建立一个全球通用的媒介信用制度。这个信用制度将与个人的身份证件绑定，并出现在实名登录的所有媒体平台上。这一系统基于信用积分，采用分级量表制，所以不管使用什么语言显示，看到的人都会一目了然。此举将有效地约束未来的媒体用户发布信息，促进对

① *Media Literacy: A Definition and More* [EB/OL]. CML, http://www.medialit.org/media-literacy-definition-and-more.

媒介素养的重视，但不会伤害以正常表达的特征的言论自由。

三、治理维度：共治将成普适性治理模式

由于未来媒体主要体现的是技术进步与网络的无边界性，以及用户信用的一体化，所以一个全球性的未来媒体治理模式呼之欲出。在媒介的全球治理论中，相比其他现存的治理模式，“多利益攸关方”的媒介治理模式将成为一种主要的治理模式。

“多利益攸关方”（Multi－Stakeholder）的提法起源于2001年的信息社会峰会，并由联合国56/183号决议确认。美国的ICANN（互联网名称与数字地址分配机构）将其定义为“一种组织治理或者政策制定的组织架构，目标在于让所有受到治理和政策制定影响的利益攸关方共同合作，参与对特定问题和目标的对话、决策和执行”。它采用的是一种“自下而上、基于共识基础并将政府排除在外的治理模式”①。这种治理模式是自由主义的治理模式和以国家为主导的治理模式的协商与折中，因此，在全球化日益渗透的情况下，这种被认为是“更普遍的全球治理的创新模式”②，也将成为未来媒体治理的最好途径。

这种治理模式体现了“善治”的理念，凸显了媒体用户在自我管理和媒体公共管理中的价值。被称为“善治理论3.0版本”的主要代表，是“公共治理”或“协同治理”理论。20世纪80年代以来学界所提出的“多元共治”“复合治理”“多中心治理”等概念可以看作是这一代理论的产物。3.0版本的善治理论强调“公共事务公共管理”，它把公共管理定义为政府、社会组织、社区单位、企业、个人等所有利益攸关者共同参与、协同行动的过程，认为“善治”意味着国家与社会良性互动、协同治理，因此，建立集体决策和共同参与制度，加强公共选择和公共博弈，实现责任共担，利益分享，权力协同，这是第三代治理理论的主要诉求。

---

① 鲁传颖．网络空间治理与多利益攸关方理论［M］．北京：时事出版社，2016：9.

② Bertrand de la Chapelle. Internet Governance：Infrastructure and Institutions［M］. Oxford：Oxford University Press，2009：256—270.

中国的“十三五规划”明确提出，“加强和创新社会治理”，具体做法是“完善党委领导、政府主导、社会协同、公众参与、法治保障的社会治理体制，推进社会治理精细化，构建全民共建共享的社会治理格局”①。因此，被称为“社会治理理论 3.0”的善治框架，符合中国未来媒体治理的发展方向。新浪微博 2012 年创立的“社区委员会”制度，已经对自媒体的善治模式进行了先期探索。这一治理体系的核心，是依靠社区委员会，发动微博用户参与管理。具体来说，这一模式是通过一个公约——《微博社区公约》、一个投诉机制——微博的用户投诉体系和一个制度保障——微博的社区委员会制度来运行的。站方的角色相当于“多利益攸关方管理模式”中的企业，社区委员会的委员则是以“在场”的身份参与投票的，他们与站方的关系除了名义上的聘任关系外，并无其他培训、监督等关系，也不接受站方培训、没有与站方经常沟通的责任，因此具有更大的独立性。

确切地说，这种“共治”的模式将是中国目前的媒体治理模式向未来媒体治理的一个过渡，未来的媒体治理模式将随着用户媒介素养的提高，逐步减弱共治的成分，增加“用户自治”的色彩。在国际社会，美国政治学家罗西瑙（James N. Rosenau）认为“将强化全球合作秩序”的“没有政府的治理”②，更有可能成为网络化生存的治理模式。但是，由于恐怖主义、种族歧视等违法不良信息的存在，未来媒体的全球治理不可能完全拒绝政府的管理角色。

---

① 中共中央十三五规划建议（全文）[A/OL]. 新华网，2015-11-03.

② [美] 詹姆斯 · N. 罗西瑙. 没有政府的治理 [M]. 张胜军，刘小林，等译，南昌：江西人民出版社，2006：338.

社交媒体投诉机制下的"善治"实践

——微博社区委员会工作机制的研究视角 *

本文对微博社区委员会制度推出的背景、理论依据尤其是法理层面、制度内容及特点、制度运行情况进行了综合的介绍，并结合网络社区自治理论、善治理论分析了该制度的优越性。通过专家访谈和焦点小组访谈的方式，探寻了该制度被突然废止的原因，讨论了这种废除的合理性，并提出了完善建议。

2008 年以来，以微博为代表的社交媒体迅速发展。与以个人社交为中心的微信平台和以内容传播为核心的贴吧、社区平台不同，微博同时具有内容生产和社群交往的功能。在内容生产上，微博提供了一个开放的平台让基层民众发表他们对公共事务的看法，相较于传统媒体而言门槛很低；在社群交往上，不同地域、学校、专业、兴趣的用户群体均能在微博中找到共同体。凭借对其信息传播的快速性和高互动性，微博吸引了越来越多的用户，但同时也产生了诸多问题。一方面，人们很难在巨量的碎片化信息中分辨真实与谣言，这影响了人们的正常生活秩序。在突发性公共事件如自然灾害中，广泛传播的谣言甚至会对社会秩序稳定产生消极影响。另一方面，微博的匿名性滋生了部分网民的情绪化言论，产生了用户之间的纠纷。另外，作品版权得不到保护，大量抄袭信息也使得版权人对社交媒体使用感的满意度降低。

* 本文作者涂画，香港中文大学法学院研究生。本文系作者的清华大学学士学位论文的一部分，指导教师为王君超教授.

2012年，仅由9名管理员组成的辟谣小组在面对堆积成山的用户举报中不堪重负，寻找一个高效合理的纠纷解决机制迫在眉睫。

媒体自律的概念在传统媒体领域已经不是一个陌生的话题，它被认为是在避免国家干预下平衡媒体权力和责任的理想方式。瑞典于1916年成立了世界上第一个报业评议会，随后英国、美国也仿效推出了类似的制度，2000年，香港报业评议会成立，通过裁定公众对不道德或不良新闻的投诉，保护公众权利，实现媒体自我监督和管理的功能。一百年来的实践充分表明，自我管理可以更好地满足媒体行业的需求，更加高效、灵活地促进媒体行为合规化。

为了更好地解决微博社区纠纷，维护社区运营秩序，新浪微博也开始尝试建立社区内部的纠纷解决机制。站方在公开向用户征求管理意见之后，多次召开专家座谈会，最终于2012年5月28日正式出台并实施了三大社区管理规定。《新浪微博社区公约（试行）》确立了社区管理基本准则并明确规定了用户权利，是微博社区的“宪法”。《新浪微博社区管理规定（试行）》要求建立社区委员会，并对违规行为的分类、判定流程、处理方式做出了细化的规定。《新浪微博社区委员会制度（试行）》则具体阐释了委员会的构成，普通委员会、专家委员会的实际操作。这三项规则的实施标志着微博社区委员会制度（以下简称社委会制度）正式出台。由微博用户自身组成的普通委员会和专家委员会受理用户对各类不良信息的举报，通过线上投票的方式对其做出判定，解决用户纠纷。

“善治”对应的是英文中的good governance，治理和统治相对，是西方学者在市场和政府失灵的情况下，提出的社会治理新模式。该领域的代表学者有鲍勃·杰索普（Bob Jessop），罗森瑙（J. N. Rosenau），库伊曼（J. Kooiman），范·弗利埃特（M. Van Vliet）等人。罗森瑙在其代表作《没有政府统治的治理》和《21世纪的治理》等文章中将治理定义为一种由共同的目标支持的活动，管理这些活动的主体未必是政府，也无须依靠国家的强制力量来实现。在“善治”体系下，社会公共机构和公众自身在社会治理中的参与度很高。在中国，“善治”理论最早由俞可平学者于1995年引入①，随后也曾出现在我国

① 俞可平. 治理和善治引论［J］. 马克思主义与现实，1999（5）：37—41.

政务报告中①，近年来则被逐渐应用于社交媒体治理的讨论中。社委会制度实现了管理主体的多样性，委员会成员获得部分管理权，参与到社区管理，体现了国家、企业和成员的共同治理，是典型的“善治”理论产物。但在2017年1月25日，微博管理员发布新版《微博社区公约》，宣布微博社区委员退出社区管理。微博社委会制度一经出台便备受关注，五年来持续不断运用在处理纠纷中，最终悄然退下历史舞台。本文拟从该制度的介绍为切入点，结合善治理论分析其废除的合理性，对社交媒体纠纷解决机制进行讨论。

一、微博社委会制度概述

（一）社区委员会构成

2012年5月11日，新浪微博通过“微博小秘书”账号发布了社委会的招募信息，采取开放选取、自愿报名的方式招募两类成员：普通委员会成员和专家委员会成员。

1. 审核条件：普通委员会在审核上对学历、能力等方面为零要求，微博的活跃成年用户只要通过实名认证均可以报名，是普通群众的代表。专家委员会由社会精英构成②。

2. 选拔过程：普通委员和专家委员最初都根据报名的时间先后选取，但之后的专家委员由普通委员会晋升产生，经验值排序靠前的20名普通委员可以晋升为专家委员会成员。第一轮开放报名阶段仅有十天，站方共收到53029人次的普通委员会的报名申请和3866人次的专家委员会的报名申请，最终选定的首批普通委员会委员达4971人，专家委员会委员达475人③。据2014年

① 十八届四中全会中通过的《中共中央关于全面推进依法治国若干重大问题的决定》提到：“法律是治国之重器，良法是善治之前提。”党的十九大报告中也提出要“推进科学立法、民主立法、依法立法，以良法促进发展、保障善治”。

② 普通委员会成员需要满足：1. 完成身份验证；2. 年满18周岁；3. 注册时间大于180天；4. 粉丝数大于50；4. 最近一个月有15天的登录行为。专家委员会成员则要求是具有公开身份和一定权威性的个人认证用户和机构认证用户，如某领域的专家学者、科学及科普认识、知名媒体从业者、善于利用互联网收集信息的人士等.

③ 其中，专家委员会委员由媒体人士（138人）、学术人士（64人）、机构用户（57人）、医疗人士（26人）、法律人士（44人）、其他领域专家（55人）、科普人士（14人）、公务员（29人）等成员构成.

9 月社委会月度工作报告显示，普通委员会委员已达 17120 人，专家委员会委员已达 1957 人。

3. 职责分工：《管理规定》将违规行为界定为三个类别，危害信息、不实信息与用户纠纷。其中，站方主动负责危害信息的处理，普通委员会成员判定用户纠纷（包括对人身攻击、内容抄袭、骚扰他人的认定），专家委员会则负责判定不实信息和复核上诉案件。

4. 考核标准：委员会成员并非一成不变，例如据 2014 年 9 月社委会月度工作报告显示，因时间、精力等问题无法胜任委员会工作而退出社委会的成员达 2692 人；因出现违规行为，被扣除信用积分而退出社委会的成员达 150 人（其中 15 人为专家委员会委员）。可见，对于委员会成员来说，依然存在具有约束力的考核标准，包括由判定正确与否决定的信用值和由出席率决定的经验值两方面。只要是在判定中持有少数意见的委员，就会被扣除积分。

（二）制度运作

传统微博社区采用的是自上而下的管理结构，而在社委会制度下，社委会和站方并不构成管理关系，而更多是一种合作与让渡的关系，即微博官方作为委托人，将一部分的管理权力（对人身纠纷和不实信息的判定及处理）让渡给社委会，与社委会共同治理微博。

委员会处理案件的程序分为两类："一审"和"二审"。就"一审"而言，站方在主动发现或接收到用户举报后，会将无法确定明显不实和无先例可循的案件通知给 9 名专家委员会成员（或 21 名普通委员会成员）。在案件当事人完成自述与自我举证之后，委员会成员会就他们提交的内容审核并投票判断。根据投票比例，以少数服从多数的原则判断举报是否成立。委员会完成投票之后（通常是在 24 小时内），站方会根据判定结果对相关账号做出处置。"二审"是指，如果败诉方对社委会的判定结果存在异议，可以在满足条件的情况下申请复审①。与"一审"类似，随机生成的新的专家委员小组会就上诉案件在规定的时间内做出判定。

---

① 举报结果生成后，败诉方需在 24 小时内申请复审；败诉方申请复审后 48 小时内，该卷宗页中支持败诉方的人数多于 100，且支持率高于 50%.

(三)制度特点

1. 社委会和站方分工明确

站方处理危害信息，社委会处理不实信息和人身纠纷案件。在社委会对举报是否成立进行判定之后，站方根据判定结果确定对违规行为的处罚。类似于英美国家的陪审团制度，社委会作为“陪审团”对案件性质进行判定，站方则作为“法院”进行量刑。

2. 用户参与度高

社委会制度中，案件的判定由社委会成员完成，基数众多的成员来自微博社区内部，实现了社区的自我管理。在举报违规行为和启动复核程序上①，不同于传统司法诉讼中对起诉条件的严格规定，微博社区的纠纷只要当事人得到了足够多用户的支持，就能够启动纠纷解决程序。由此，纠纷的提出和解决都在成员内部实现。

3. 制度运行高度透明

在社委会完成对案件的判定后，判案人员、调解过程、全案信息都在举报大厅公开，最大限度地避免暗箱操作而带来风险。此外，社委会还会发布月度工作报告，公开本月处理的案件数量，委员会成员变动情况等。透明度是实现公平和信任的基础。比起后台直接删除，举报大厅公示的判定理由能让违规用户更容易接受对自己的处罚，一定程度上避免了因被处罚而降低对微博满意度。

4. 案件处理高效化

社交媒体中纠纷解决方式包括司法诉讼、诉讼替代性纠纷解决方案（包括协商、调解、仲裁等）及私力救济方式。有学者曾对2010年以来6年间利用微博维权的典型案例进行了实证分析，其中，选择司法诉讼方式的仅占25.3%②。冗杂的司法程序和高昂的诉讼费用往往导致人们对司法救济产生畏

---

① 在举报违规行为方面，被举报内容直接转发数超过100或被超过10位用户的举报即会被受理。在启动复核程序时，如支持败诉方的用户在100人以上且支持率超过50%的则可以进入复核程序.

② 常健，余建川．微博维权行为的实证分析与法律引导——以110个典型案例为中心[J]．华中师范大学学报（人文社会科学版），2018，57（1）：150—162.

惧，且很多案件当事人确实存在权利受损，但并未严重到需要接受司法审判的地步。微博社委会的存在则正好解决了这一问题。用户向微博社委会举报不实信息和用户纠纷的门槛与成本均很低。对于被受理的举报，社委会成员在 24 小时之内即会做出判定，相较长达数月甚至数年的司法诉讼来说效率更高。在违规行为处置上，微博平台在判定结果发出后即会对相关微博内容及账号采取警告并删除、扣除信用分、禁言、冻结或注销账号的方式，能够及时止损，维护受损权益人的利益。

5. 制度具有灵活性

相较于外界施加给网络服务提供者的强制性规范，自我治理体系能够对制度运行过程中出现的问题给予迅速的回应，及时纠正制度不完善的地方。对此有两个明显的例证：其一，对惩罚力度的调整。社委会制度在上线之初，对违规微博存在从重处罚的倾向，一年时间内，有超过 20 万人次被扣除信用积分。微博社委会项目负责人胡亚东随即表示要平衡惩戒性与用户活跃性之间的关系，从轻处罚。其二，对复审程序的设立。最初社委会制度并不存在复审程序，专家委员会仅负责判定不实信息，但在“雾满拦江”案①中，专业委员会曾错误地判定为不实消息，网友对该制度存在不满，因此之后站方又为专家委员会增设了处理上诉的复审职责。这两点都体现了制度运行中管理者及时应对环境变化、灵活调节制度。

二、微博社委会制度的运行实况

（一）案件数量分析

笔者通过微博社区管理中心提供的数据，对 2012 年 5 月—2018 年 5 月间的微博投诉情况进行了统计分析（见表 1）。结果公示版块公布的各类案件的数量情况，其中 2012 年 5 月至 2016 年是有微博社委会参与的时期，之后为站方管理人员全权负责的时期。

---

① 2012 年 11 月 24 日，崔金生（网名“雾满拦江”）根据相关新闻报道在微博上发了一条“单身妈妈千里寻被卖儿子，警方称民间买卖是好事”的微博.

表 1 微博投诉情况

	内容抄袭	冒充他人	泄露隐私	不实信息	人身攻击
2012/5	1153	3516	20	4379	23857
2013	2652	13158	3116	7981	275910
2014	1760	7521	2151	4765	412200
2015	1001	5341	71	11961	85000
2016	647	30513	152	2371	169200
2017	4063	28563	1803	3510	44700
2018/5	941	14008	283	488	20200

通过这个表格，我们可以看出：

1. 横向上，人身攻击的举报数量远远超过其他类型的案件，以 2014 年为例，人身攻击案件比例高达 96%。从中不难看出微博社区的在线纠纷更多的是以网络骂战为主，这一方面体现了我国网民整体素质不高的问题，另一方面，“口水战”中，用户的权利受损通常没有严重到侵犯用户名誉权的程度，而是对用户情绪的影响，采取站内投诉的方式已经能够达到消除损害的目的。

2. 纵向上，微博社委会在上线的五年内，有关内容抄袭、不实信息、泄露的案件数量整体来说是在减少的，这说明社委会制度在对微博社区秩序的规范方面起到了一定积极作用。据新浪微博官方统计，社委会制度在上线的一年内，不实信息的举报量从最初日均 4000 条下降到日均 500 条。而在制度废除后，这两类案件都呈现了抬头趋势（见图 1）。

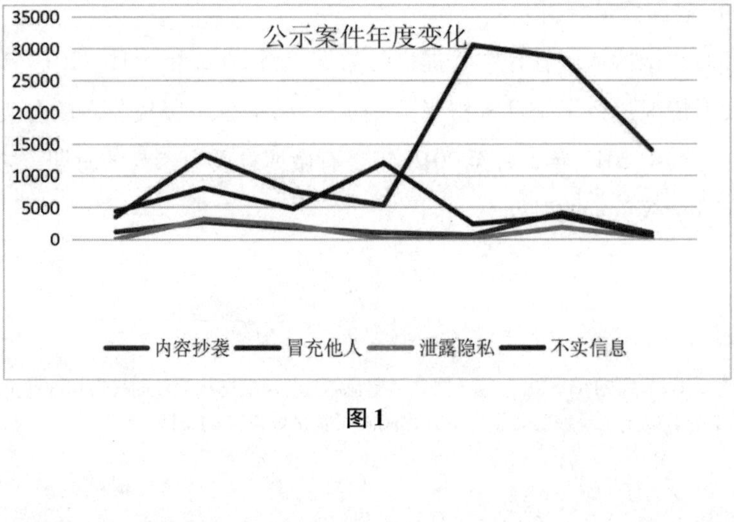

图 1

另一方面，人身攻击的案件由 2016 年的 16 万起锐减至 4 万起，但据 2017 年 12 月数据中心发布的《微博用户发展报告》显示，截至 2017 年 9 月，微博月和日活跃用户较 2016 年同期相比增长 25%—27%，用户量的增长却伴随着用户纠纷的减少，笔者对此持怀疑态度。在焦点小组的讨论中，也有成员提到“自己曾经尝试过对网络骂战中采取侮辱性言论的一方进行举报，然而举报信息石沉大海。”笔者推测可能出现的情况是，社委会制度废除后，仅仅依靠站方管理人员无法应对海量纠纷投诉，因此他们可能会忽视特定领域的纠纷。笔者认为，对于人身纠纷案件而言，事实认定通常比较简单，通过双方争议点的基本了解，以及判断被举报人是否使用了人身攻击的侮辱性词汇即可完成判定，因此社委会是完全能够胜任该类案件处理的。在取消社委会制度之后，笔者推测大量的人身攻击纠纷是没有得到妥善解决的。

图 2

（二）投诉案例效果分析——以不实信息为例

谣言治理是网络社区治理的热门话题，需要法律、政府、企业、用户的协同合作，希望社委会制度从源头遏制谣言滋生显然是不切实际的。衡量微博社委会在控制谣言传播方面发挥的作用，应当从其处理的有关不实信息的案件处罚，从案件性质、辟谣速度等方面进行分析。对此，有学者曾对一年半时间内所有出现在微博上的谣言进行过定量分析①，笔者在大量翻阅这些案件的基础上，归纳出社委会制度处理不实信息案件的以下特点：

1. 从举报与被举报主体来看，举报人大多为两种类型，一类是各类网警巡查执法账号（如厦门网警巡查执法），另一类是不实信息利益相关人，如腾讯微信团队曾自己举报过关于微信基础服务收费的谣言。网络水军是被举报人的重要来源，很多被举报的账号现在已经无法正常访问，或者主页全部为高频转发信息，并无原创内容。

2. 从不实信息涉及的领域来看，相较于经济贸易或军事安全领域，社会生活类谣言在微博出现的频率更高，如食品安全、自然常识类，这意味着对不实信息判别的门槛相对较低。

3. 就涉及不实信息的单条微博，其社会影响力一般比较有限，转发和评论数很少超过500。但与此同时社委会对于不实信息案件的处理速度是比较快的，大部分案件从举报到判定到最终的处罚结果历时不超过一个星期。

笔者在对案卷的查阅中发现，不实信息内部同质化严重，很多不实信息呈现了反复出现的特点，如准考证丢失案件。微博账号“长春视觉”于2014年8月14日连续举报了42条关于白娅倩高考准考证丢失的谣言。这种依靠社委会制度进行个案判定的效率显然比较低。但是笔者认为，社委会工作的意义在于：

1. 社委会对案件的判定为谣言的信息化治理提供了素材。例如可以尝试将不实信息加入谣言数据库，当此类信息再度出现时，可以通过技术手段对不实信息直接屏蔽。对被举报人实施扣除信用积分的惩罚机制，站方可以对被举报人进行集中监控和管理，当该用户下一次发布不实信息时，站方可以更快地发现和采取相应措施，一定程度上阻碍谣言的滋生和传播。低信用标识也可以帮助其他用户在查阅被举报人发布的微博时，采取更加谨慎的态度。

2. 对成员本身来说，在对各类不实信息的判定中，能增长自身对谣言的辨别能力。成员将判定结果转发到自己的微博，能够第一时间将澄清信息传

---

① 刘知远，张乐，涂存超等．中文社交媒体谣言统计语义分析［J］．中国科学：信息科学，2015，45（12）：1536—1546.

递给成员的首页好友。而很少有人会特意关注“微博辟谣小助手”此种专门辟谣的账号。

三、微博社委会制度的理论依据和评价

（一）法律依据

1. 言论管理

微博能够得到用户的支持与喜爱，一个很重要的原因在于它为公民表达权的行使提供了一个开放的平台。表达权的概念在十六届四中全会上首次被提出，并被写入了十七大、十八大报告中。上层政治话语体系的创新体现了国家对公民言论自由的保护，作为宪法所规定的基本权利，其对市场经济的促进、对民主法治的保障作用已经被广泛讨论。但通常来说，网络社区的行为守则往往比法律规定要严格得多。即使是微博这样的大型开放式会员社区，管理员也可以对成员发布的微博采取删除或屏蔽措施，并冻结或注销违反这些行为准则的账号。

事实上，自由和理性是一个硬币的两个方面，任何权利都不是无界限的①，而是运用理性和良知做正确事情的自由。就社区管理而言，管理层有权在社区内建立和执行行为守则来规范社区内部成员的言论。同时，我国法律规定网络服务提供者有义务对用户所发布的内容进行审查。相较于传统媒体而言，新媒体对发布内容的管理不在于自我规制，而是充当“把关人”的角色，对用户发布的内容进行事后过滤和筛查，这种监督义务根据法益的不同可以大致分为两种类型。

第一，当言论侵犯了国家政权和公共安全、公序良俗等问题时，政府可通过制度设计依据公权力来限制言论自由。此时国家对企业的监管义务要求也很高。例如《互联网信息服务管理办法》第十五条规定的“黑色清单”条

---

① 我国宪法第五十一条规定：“中华人民共和国公民在行使自由和权利的时候，不得损害国家的、社会的、集体的利益和其他公民的合法的自由和权利。”

款、《关于加强网络信息保护的决定》① 规定的主动删除违法有害信息义务。

第二，当言论侵犯了他人的权利，如隐私权、名誉权等人格权或著作权时，言论自由则会受到来自私权利的限制。此时，法律免除了网络服务提供者主动监管的义务，而是要求具有过错责任。根据《侵权责任法》第三十六条的规定，企业只有在明确知道侵权行为而未采取措施的情形下，才需要承担连带责任。实务中，通常采取“通知—删除”的模式，而不要求主动审查的义务。

根据《管理规定》，平台将重点规制的违规行为界定为发布危害信息、不实信息、人身攻击信息、内容抄袭信息等。其中危害信息属于第一种类型的信息，站方有责任主动发现；不实信息和用户纠纷类信息是第二类信息，则采取站方发现和用户举报相结合的方式。相对于上位法律中体系复杂的界定，这种规定更具有针对性，在实际运用中也更具有操作性。

2. 制定社区规则

平台对社委会制度的规定体现在《社区公约》等文件②中，从性质上看属于社区自治规则或平台用户协议。

网络社区自治规是社区集体意志的体现，其地位类似于“宪法”。在自治规则的通过上，它吸纳大多数人的意志，通过少数服从多数的原则，要求平台每一位用户都必须服从。社区自治规则的效力来源首先是基于公民自由意志的不可侵犯性。微博社区公约在形成和实施之前，邀请了业内专家人士访谈，整理意见形成征求意见稿，随后发布《社区公约》等规则，根据网民反馈进行修订。因此微博社区公约是社区集体意志的体现，用户参与社区治理是自愿将权利让渡网络服务提供者，基于平等地位而对社区治理规则表示同意，自愿达成受一系列社会权力约束的协议，从而产生法律予以认可和保护

① “网络服务提供者应当加强对其用户发布的信息的管理，发现法律、法规禁止发布或者传输的信息的，应当立即停止传输该信息，采取消除等处置措施，保存有关记录，并向有关主管部门（许可证）报告。”

② 《新浪微博社区管理规定（试行）》《新浪微博社区委员会制度（试行）》等.

的效力。①其次，具有强制拘束力的法律也是社区自治规制的有力后盾。② 新浪微博社区公约的建立符合正当程序，在正式实施前依照国家现行法律法规进行修订，这类生效社区规则作为“软法”应当受法律保护，且相较于上位法律而言适用顺位更靠前。

网络平台用户协议在法律层面上可被视为格式条款，是网络服务提供者为了重复使用而预先拟定的合同。例如用户在使用新浪微博之前，需要首先同意《微博服务使用协议》。其法律依据为民法上的合同自由原则，网络平台方和用户是合同的相对方，用户在点击同意的情况下才能进入新浪微博。一旦用户点击同意，则证明用户与网络服务提供者之间达成了合意，协议内容对用户产生了拘束力。对于格式条款而言，只要符合我国《合同法》第三十九条规定的“符合公平原则”以及“对平台免除责任的条款，平台方有必要提醒用户注意”这两点要求，就具备法律效力。

（二）善治理论在社交媒体的运用

“善治”对应的是英文中的“good governance”，最早由俞可平学者于1995年在《治理和善治引论》③ 中引入。21世纪以来，善治理论在公共治理领域中被广泛讨论，成为学界公认的政府管理的理想状态。善治理论的核心在于政府与公民的关系定位，区别于传统观念中统治与被统治的概念，善治强调二者的平等关系、良性互动和协同治理。④ 在社区网络治理中，善治理论要求在政府主导下，由政府机构、网络服务提供者和公民形成利益共同体，相互配合、良性互动。正如十九大报告中提到的，共建共治共享的社会治理格局需要社会协同、公众参与来打造。

---

① 李明发，胡安琪. 论互联网社会自治在规则层面的实现［J］. 电子政务，2018（3）：92—101.

② 《民法总则》第一百三十四条规定：“法人、非法人组织依照法律或者章程规定的议事方式和表决程序做出决议的，该决议行为成立。”

③ 俞可平. 治理和善治引论［J］. 马克思主义与现实，1999（5）：37—41.

④ 俞可平指出，“善治就是使公共利益最大化的社会管理过程和管理活动。善治的本质特征，就在于它是政府与公民对公共生活的合作管理，是政治国家与公民社会的一种新型关系，是两者的最佳状态”。

1. 政府应当发挥网络社区治理的主导作用

一方面，不实信息的发布和传播是在线纠纷解决的重要板块，但由于网络传播具有即时性、平台跨越度广的特点，澄清不实信息需要耗费巨额成本，没有政府机关的参与，普通企业或公民凭一己之力很难实现网络社区的净化。在不实信息被澄清之后，全社会都能从有效遏制不实信息的传播中获益，且微博用户从中获益之后，并不会影响其他人从中获益，这体现了公共产品非排他性和非竞争性的特点；另一方面，与传统媒体自觉地遵守和取悦公权力的情况不同，网络新媒体由具有独立性的市场资本支配，维护股东权利和盈利是网络平台的最根本目的。在没有政府力量的干预下，网络服务提供者自身很难有动力积极处理不实信息。

微博社委会制度中政府仍然发挥主导与监督作用。政府为微博平台内部确立行为规则提供宏观指导，微博平台所发布的任何规则都是在满足政府上位法的前提下运营的。在网信办的指导下，新浪建立了社委会制度，目的是高效解决平台内部纠纷，及时遏制谣言的传播。政府处理和吸纳微博平台无法处理和解决的违法有害信息，成为微博社区良好运营的最终保障。

2. 治理主体多元化是大势所趋

在发挥政府主导作用的同时，应当看到，网络立法远远滞后于互联网发展速度，不能及时有效回应实践中的问题。我国与互联网有关的法律法规的层级比较低，以办法、决定为主；立法过程不公开透明，很少通过征求意见稿的形式争取公众的意见；内容比较抽象，对违法内容的界定比较模糊。在行政层面，互联网在实现一体化的同时涉及诸多产业，目前我国既成立了国家互联网信息办公室专门负责互联网信息管理，同时国家新闻出版广电总局、文化部、信息部也有各自负责的领域。这在一定程度上导致了互联网管理部门分割混乱的问题。立法和行政上的不足为企业自身提高管理水平，应对平台纠纷带来了新的挑战。其次，平台纠纷涉及纯粹私权利冲突，例如人身攻击对名誉权的影响。它不涉及公共利益，不应当由公权力机关介入处理，而应该更多地依靠平台和用户之间的协商处理。

微博社委会制度实现了微博站方和用户之间的分权管理具体有以下两方面。

一方面，用户直接参与到社区治理，充分体现了网络民主的理念。在社委会制度出台之前，约有 170 万微博用户参与了微博站方对用户管理意见的征求。此后，用户运用规则判定违规行为。相较于管理层指派的某个部门，当管理者也在参与社区实践时，他们可以更好地理解用户的想法。社区成员也更容易接受同行的管理，增加对规则本身的认同感，自觉遵守规则和维护微博运营秩序。

另一方面，微博官方平台实现了自我治理。在互联网治理问题上，一直以来存在着网络自由主义与网络规制主义的对立。网络自由主义者认为互联网的发展应当依赖于网络自治，网络规制主义者则认为互联网的发展不能脱离立法，必须用立法引导互联网才能健康发展。毫无疑问，如果网络自治超出了必要的合理与合法限度，将直接损害互联网自身的发展。但这也同时意味着，如果网络规则在制定过程中，以法律为准绳，没有违背上位法的强制性法律规范或侵犯用户的合法权益，则能够得到法律承认和保护。治理网络社区的底线是强制性的法律规定，底线之上的空白则需要自治弥补。

社区自治的优点体现在：相对于政府监管而言，其效率更高，成本降低，且更为灵活，能够根据情况变化修改规则。同时，社区自治规则是由内部制定的，社区成员可能更愿意遵守由同行制定的规则，而不是来自外部的规则。同时，社区自治可以有效弥补政府和法律监管存在的漏洞，可谓为政府监管方式的有效辅助手段。对政府而言，社区自治将政府开发和执行规则的成本转嫁给行业。政府在行业自治中仍然参与监督，但监督比直接监管需要更少的资源。

社委会、微博官方与政府三方构成了微博的共同治理机构。在这个体系中：以国家互联网信息办公室为代表的政府机关及国家司法机关对微博社区的运营进行宏观管理和监督，处理违法有害信息；微博官方依据行业自律理念为微博社区的运行制定规则，对用户违规行为做出处罚，维护微博秩序。社委会和微博官方所处理的信息，共同构成了对信息处理的“第一道防线”；社委会制度将成员吸收到网络纠纷解决规则与机制之中，由成员组成“法庭”判定违规行为，实现了用户纠纷内部解决。

3. “善治”要素的具体分析

从“善治”理论的内涵来看，微博社委会在运营过程中充分体现了“善治”所要求的基本要素。上文已经总结了社委会的基本特点，从中我们可以看出其合法性（上位法律体系的支持）、透明性（举报大厅完整披露案件处理过程，定期发布工作报告）、责任性和回应性①（对制度运行过程中不合理的地方及时纠正）、法治化（违反社区管理规定，任何人都会被处罚）和有效性(参见第3章)。

但社委会在运行过程中是否实现了公正性？这一问题是值得讨论的，在焦点小组讨论中，微博社委会前专家委员王君超教授表示，微博之所以废除这个制度，主要是基于两个方面的考量：一方面，站方认为侵权案件应当交由司法机关处理，社委会对案件的判定和处理缺乏法理依据；另一方面，社委会成员素质参差不齐，无法保证判定结果的公正性。在上文中，我们已经讨论了法理依据，因此这里主要就第二点进行讨论。

社委会制度在运行中，依赖用户自身判断进行治理，如何保证判定结果的公正性是问题的症结所在。

首先，不论是站方直接管理还是交由社委会制度管理都无法避免判定结果不公正的问题，因此废除社委会制度并不能解决这一问题。相反，在社委会制度下，社委会和站方形成了关于审判权和执行权的分工，社委会负责判断，站方负责惩罚措施的实施。而废除制度之后站方将判定案件的权力收回到自己手中，或将投诉从线上引到线下，让投诉者直接诉诸法律，在制度设计上反而更趋保守，也不符合“善治”理论的要求。且从实际操作的角度出发，站方工作人员的工作内容和强度在制度被废除后会加大，是否有足够充裕的时间对成员纠纷进行中立客观理性的判断值得思考。

其次，微博社委会成员的主观性判断的确有可能导致判定结果的不公正性，但社委会制度对成员行为具有事后追责的机制，每月会将出现违规行为被扣除信用积分的成员移出委员会。退出机制的存在实现了“司法机关”的

① 责任性是指管理者应当对其自己的行为负责；回应性是指公共管理人员和管理机构必须对公民的要求做出及时的和负责的反应.

优胜劣汰，对于委员会成员合理正当行使委员权力产生约束作用，同时让规则自我进化，保证了“法治航向”不会偏离。

最后，社委会制度对案件的处理是属于事实认定的环节，我们应当相信一个成年人在面对纠纷时最基本的事实判定能力。一个理性的自然人在判定与自己没有任何利益相关性的案件时，是没有立场做出不公正的判断的。与英美法国家的陪审团制度类似，陪审团负责事实认定，法官来进行量刑判断。陪审团成员由不同职业、教育背景、成长经历和宗教信仰的成年人构成，目的就是为了体现社会公众对一个事情的看法，而不是社会精英人士的判断，因为后者的标准往往高于道德和法律的底线。

综上，微博社委会制度的成立是有上位法律支撑的，用户在签订与新浪微博的用户协议时使得《社会公约》对用户产生拘束力。微博社委会制度实现了多主体的共同治理，体现了善治理念对民主治理、高效治理的要求，尽管在公正性上可能存在不足，但是可以通过制度改良来不断进步。

四、微博社委会制度的废除及对后续管理的建议

（一）制度废除

2017 年 1 月 25 日，“微博管理员”账号发布《新版 < 微博社区公约 > 及配套社区规则上线公告》，提到“为了适应法律法规的变化，微博社区委员在完成历史使命后，退出社区管理，原有的《微博社区委员会制度》同步停止实施，站方为所有社委会成员的付出和历史性贡献表示最诚挚的感谢。”随后，微博上线了微博监督员制度，与微博社委会制度不同的是，监督员是独立的个体，只负责举报涉黄违法及有害信息，所有处理在线纠纷的权限重新回到站方手中。

焦点小组讨论中提到的对制度合法性、公正性的质疑均在上章予以论述，很遗憾此次论文写作中未能直接联系到新浪站方管理人员，对制度被废除的根本原因尚不清楚。笔者认为，微博社委会制度是网络社区治理中将善治理论应用于实践的积极探索，不可否认制度本身存在瑕疵，但是可以修复，而非已到直接废除的程度。

（二）完善建议

互联网场域下的在线纠纷解决是一个宏大的课题，需要在政府主导下，实现多主体的协同合作、共同治理。如果所有的社区参与者都愿意使一个制度发挥作用，那么在社交媒体平台建立一套合理的纠纷解决机制也就不存在任何阻碍，这要求最大程度上的兼顾不同利益相关者群体。本文研究的主题是微博社委会制度，因此这里仅就社委会制度的完善提出一些针对性的建议，以供参考。

1. 制定和执行明确的社区行为规则

一个科学合理的社区行为规则是实现互联网自治的基本要求，社区标准和使用条款非常重要。它们设定了对成员行为的期望，并对发帖或评论进行规定。在条款的设定上，规则的易懂性和醒目性是不能忽视的目标。由于规则的订入是格式条款，网络平台可以利用其技术优势尽可能限制用户利益，规避平台责任，这可能导致双方权利义务的不对等性。

就社委会制度而言，笔者在专家访谈和焦点小组中受到启发，社区管理规则在用户中的普及率不高，即便是微博平台的活跃用户，也存在根本不知道微博社委会制度的情况。目前微博已经实现了实名制，这意味着事后追责的能力大大提高，但这种实名制仍然属于“后台实名”，不乏用户对这个制度比较陌生，在发表言论时不加思考。用户对自己发布违规内容的后果不甚了解以及在权利被侵犯之后不知道维权途径，会使得制度运行的效果大打折扣。因此建议站方加强对社区管理规则的科普，通过更醒目的方式，例如在启动新浪微博 app 之后的广告界面推送相关知识、通过“微博小秘书”等官方账号私信具体行为规范，帮助用户树立行为规范意识。

2. 规范投诉行为，维护用户权利

微博社委会制度对违规内容举报的门槛比较低，随着微博用户的指数级增长和粉丝经济属性的不断增强，每天都会有大量的微博被举报，其中恶意举报的事件屡见不鲜。在对社委会制度前工作人员的访谈中，笔者发现站方对于被举报次数很高的微博，会不经社委会制度的判断直接采取屏蔽措施，导致很多在内容上不存在违规的微博无法查看，这种做法毫无疑问是对用户言论自由权利的侵犯。如何做到“恶意举报不予处理”？笔者建议采用技术手段进行事先筛查，例如，带有微博认证的账号，尤其是有一定知名度的账号，相对于普通账号违规可能性较小，如果被举报，则可以被自动发送到人工审核，决定是否受理举报。对于信用积分比较低的用户，投诉门槛应该提高，例如必须给出明确的证据，或者对举报人数做更高的要求。同时，被认定为恶意举报的账号，站方对举报人应当同样采取一定的惩罚措施。

3. 惩罚机制与征信体系并举

在惩罚机制的设立上，如何在起到震慑作用的同时避免对用户权益的损害是值得考虑的问题。对此清华大学法学院吴伟光教授认为，不应当采取严苛的惩罚手段，可以尝试将微博信用积分与社会征信体系挂钩，既让公民有改正的可能性，又有一定的压力。但焦点小组在讨论中提出了不一样的观点。微博社委会制度的存在只是提供“第一道防线”的功能，如果线上纠纷超出了防线范围，对用户权益产生巨大的冲击，那么用户有必要诉诸司法机关而非依赖社委会制度。

笔者倾向于第二种观点。社会对非理性言论应当有最基本的容忍空间，对网络社区秩序维护的实现不应当驾驭在侵犯用户言论自由的基础上。对于社交媒体来说更是如此，比起对言论的管制功能，对内容提供和分享的服务功能是用户体验感的重要构成部分，因此应该运用管理策略更平和地化解潜在的冲突。同时，由于人们对网络空间的依赖程度日渐加深。在微博实名制度的配合下，与用户的微博使用权限有关的惩罚方式①是能够对用户产生震慑效果的。

4. 提高制度公信力

提高社委会的公信力有赖于参与管理的积极性、处理案件的专业性和裁判结果的公正性实现。

首先，增设适当的奖励机制，提高委员会委员工作积极性。专家委员会成员王君超提到，“委员会委员在判定案件的过程中，是纯粹的义务劳动，社委会制度在运行过程中，几乎没有给予专家委员任何激励措施。”根据社委会月度工作报告显示，仅 2014 年 9 月这一个月，因时间精力等问题无法胜任委

① 删除、扣除信用积分、禁言乃至冻结或注销账号.

员会工作而退出社委会的就有2000人以上。笔者认为，中国社会公民对于参与公共事务的积极性本来就不高，在这种情况下要想促进委员会成员积极自觉参与到社区事务的管理，需要一定的激励机制。但同时应当注意，纯粹的物质性奖励可能会滋生腐败，因此微博官方认证的荣誉性奖励和微博会员赠送的虚拟性奖励是值得考虑的方式。

其次，扩大社委会成员规模，提高投诉处理的公正性。焦点小组在讨论如何提高社委会判定公正性过程中，出现了两种不同的声音：一种声音认为应当在委员会委员的选拔上设立更严格的门槛，从而保证委员会成员的素质，最大限度地降低不理性的判定；另一种声音则认为应当扩大委员会规模，在普通委员的选拔上不应当设定年龄、信用积分和注册时长以外的标准。笔者倾向于认同第二种观点。因为如何界定普通委员会成员的标准是很难把握的，这是因为谁掌握了设置门槛的权力，谁就有权去判断网络文化的标准。但委员会的成员应当是广泛的、具有代表性的网民，年龄、地域、文化程度、职业等要素都不应当作为一个单一的标准来判断。另外，扩大委员会规模并随机分配案件，能够更好地解决我方举报的内容正好落在我方手中处理的情况（集中体现在明星粉丝团体恶意举报的行为）。

最后，加强团队建设，增强成员责任感。由于笔者并不建议在准入门槛上对委员会成员做出过高的限制，那么提高成员素质，做出公正判决就有赖于对成员业务能力和责任感进行培训。在这个过程中，应当充分发挥优秀委员的带头作用。用户对委员会信任感的建立是一个长期而持久的过程，却可能因为极个别委员会成员的行为“毁于蚁穴”。委员会成员的团队建设是非常重要的，应该加强自律意识，站方也应当辅以必要的监督措施。

5. 细化投诉种类，提高处理的专业化程度

从社委会运营的实况中不难看出，人身攻击案件可以交给委员会判断，但不实信息则应当采用技术化的处理方式配合。在当前的制度设计中，新浪站方负责对危害信息的认定，普通委员会成员判定用户纠纷（包括对人身攻击、内容抄袭、骚扰他人的认定），专家委员会则负责判定不实信息和复核上诉案件。对普通委员会和专家委员会的分工是有必要的，除此之外应当注重吸纳不同专业背景知识的人才，形成纠纷解决的专业领域和人员分工。

五、结语

互联网善治已经得到了上层政治话语体系的认可。充分发挥网络服务提供者自身的作用，让用户自身参与到社区管理，有利于互联网产业构建新型社会治理范式。中国互联网治理的现状仍然是自上而下的管理体制，网络服务提供者在社区管理中发挥主要的监管功能。社区成员很少有途径进入对社区平台的治理。微博社区委员会制度是我国社交媒体平台对线上仲裁制度具有探索意义的尝试，也是对网络社区善治和个体成员参与社区管理的初次尝试。

从微博社委会理论依据来看，网络服务提供者对社区言论负有法律赋予的监管责任与权力，在不违反强制性法律规范的前提下，有权制定网络社区自治规则和网络平台用户协议来维护社区秩序。从制度优点来看，微博社委会弥补了政府和法律的漏洞，实现了平台和用户的共同治理，体现了民主治理的思想。同时，它实现了善治理论对合法、透明、责任、法治、有效性的固定。

现行的微博监督员制度没能实现对社委会的完美替代。从完善建议来看，对内部机制的改革是本文关注的内容，制定明确具体的行为规则、改良不合理的投诉机制、提高微博社委会公信力是该制度可以尝试完善的方向。

参考文献：

[1] 俞可平．治理和善治引论 [J]．马克思主义与现实，1999 (05)：37—41.

[2] 常健，余建川．微博维权行为的实证分析与法律引导——以 110 个典型案例为中心 [J]．华中师范大学学报（人文社会科学版），2018，57 (01)：150—162.

[3] 刘知远，张乐，涂存超，等．中文社交媒体谣言统计语义分析 [J]．中国科学：信息科学，2015，45 (12)．

[4] 李明发，胡安琪．论互联网社会自治在规则层面的实现 [J]．电子政务，2018 (03)：92—101.

[5] 朱巍.《新浪微博社区公约》：互联网自律的一个里程碑 [N]. 光明日报，2012-05-03 (002).

[6] 夏燕. 网络社区自治规则探究——以“新浪微博”规则考察为基础 [J]. 重庆邮电大学学报 (社会科学版)，2017，29 (04)：51—57.

[7] 付士成，郭婧滢. 社交媒体治理视角下的互联网法律监管与行业自治 [J]. 天津法学，2017，33 (03).

[8] 艾明江. 共同民主治理：互联网社区治理分析——以新浪微博社区为例 [J]. 电子政务，2014 (08)：76—87.

[9] 屈美茹. 从《新浪微博社区公约》看微博的发展 [J]. 新闻世界，2012 (08)：121—122.

[10] 王磊. 互联网场域下社交网络社区规则研究——以微博社区委员会为例 [J]. 科技与法律，2015 (04)：732—756.

社交媒体合作治理的路径与困境
——新浪微博的个案分析*

本文采用案例分析法和深度访谈法等研究方法，在比较研究的视野下对新浪微博社区委员会和新近建立的监督员制度以及相关的规则进行分析，探讨社区规则的属性和作用，网民参与治理的途径与效果，网络内容的平台管理与第三方判断处理机制。本文认为社交网络平台已成为协助公权力主体实施网络内容监管的私权力主体，社区规范条款是法律法规明确的信息内容管理法定议题的外化，表达自由等用户权利被契约化。社区委员会等机制对社交媒体私权力发挥了一定的制约作用。未来还应完善第三方判断处理机制，提高网络内容审查处理的透明度，避免社交媒体管理用户滥用私权力，建立政府、企业、网民三方力量的合作治理模式，实现网络善治。

一、提出问题

微博是一种不同于以往社交应用的新型社区形态，人们借助微博可实现信息的获取、分享和传播，因此微博具有较强的媒体属性。微博用户集多种身份于一体，不仅是信息的生产者，也是信息的消费者和分享者。微博极大程度上改变了网络信息的传播方式，对事后处理式的网络信息监管模式形成了挑战。在移动社交媒体兴起的大背景下，网络治理方式和治理内容都发生了翻天覆地的变化，依赖传统的网络治理方式已经无法解决问题，仅仅依靠政府一方力量愈发难以承担网络治理的职责，调动包括网络服务提供者在内

* 本文作者李佳，山东大学文化传播研究生.

的多元主体参与互联网信息内容治理已成为基本共识。但多元主体协同治理的机制和体系还有待进一步在实践中探索和完善。

新浪微博从2012年起建立起一种全新的社区治理方式，借助微博社区委员会的工作机制，实现国家、企业、社会、公民四种力量的共同治理路径，这也被视为未来社交媒体的普适性治理方式。这种新型的共治型网络治理方式在很大程度上参考了国外互联网治理做法，例如英国的互联网观察基金会(IWF)①。本文以新浪微博社区委员会和新近推出的监督员制度为研究对象，在总结新浪微博治理的探索经验基础上，尝试寻找一种良性监管的框架，实现监管主体和监管规则的多元化，在尊重互联网发展自身逻辑基础上提出实现互联网良治和善治的途径。

二、文献综述

（一）中国互联网治理的发展历程

和国外相似，在互联网接入我国的初期，不少人也认为“网络的问题可以依靠网络自身来解决”，不需要政府或其他外力的过多干预。网络空间会形成一个全新的市民社会，该社会有自己的组织形式、价值标准和规则，完全脱离于政府而拥有自己的权力机构。② 互联网法律专家认为依靠网络主体的自律和技术手段可以代替政治和法律来监管互联网。劳伦斯·莱斯格(Lawrence Lessig）认为可以用代码，即技术手段实现网络空间秩序的控制③。约翰逊和波斯特认为网络空间具有非中心化倾向和虚拟性特点，网络空间中没有实体的国家、没有法律、没有警察，每个用户只服从它的ISP，而ISP之

① 该组织成立于1996年，共有社会网络、网络运营商、移动运营商、内容服务提供商、过滤公司、搜索服务提供商、商业联盟等100多个成员组成。英国的互联网管理是一种政府、行业、国家安全部门和民众相互结合的模式。被称为“监督而非监控”的网络治理自治模式.

② Howard H. Frederich. Computer Networks and the Emergence of Global Society：The Case of the Association for Progressive Communication [EB/OL]. 2006-08-16.

③ Lessig Lawrence. Code and Other Laws of Cyberspace [M]. New York：Basic Books，1999.

间以协议的方式来协调和统一各自的规则，就像协调纯粹的技术标准一样①。Joel Reidenberg（乔尔·雷登帕格）认为，对依靠科技和通信网络发展形成的“信息法则”，决策者必须理解和鼓励②。

但到目前为止，完全依靠自律和技术规制，网络世界的美好秩序并未建立起来，互联网给人们带来便利的同时也带来了暴力、色情、恐怖主义等丑恶现象。回归网络的现实监管层面，单纯依赖技术逻辑和网络主体的自律并不是唯一的决定性力量。当然，仅仅依靠政府一元主体对互联网信息内容进行监管也颇受争议，例如监管政策过于严厉阻碍互联网本身发展，政府能力的不足也使监管效果差强人意，甚至背离民主社会的多元特征。因此政府、行业自身、非政府组织、网民个人、互联网社区等多元力量协同治理显得至关重要。

（二）从统治到治理：治理思想的转变

威廉·J. 米切尔在《比特之城》中写道：“没有一个明确的中央权力机构能一手接管 Internet。这是一项了不起的政治发明——一个宏伟的结构却具有内在的强大能力，可以抵御集权和专制控制。”③ 网络的出现成为可以对抗传统政府权威的有效力量，互联网发展的自身逻辑使得由上而下的管制很难生效，去中心化的传播模式呼吁一种自下而上的多元化治理范式。

“治理”一词由世界银行首次提出，继而对全世界范围内的其他领域产生深远的影响，成为各国改革经济、政治领域的新模式的代名词。联合国全球治理委员会在《我们的全球合作伙伴》中将治理一词概括为“治理是各种公共的或私人的个人和机构管理其共同事务的诸多方式的总和”。④

治理不同于统治和管理，治理指的是在一个统一的目标指引下进行的活动。治理理论是符合互联网技术的内在逻辑的，二者的契合之处在于治理是

① David R. Johnson. Lawmaking and Law Enforcement in Cyberspace [EB/OL]. [2006-08-17]. http://www.eff.org/pub/legal.

② Joel R. Reidenberg. Lex. Informatica: the Formulation of Information Policy Rules through Technology [J]. Texas Law Review, Volume 76, Number 3, February, 1998: 553, 584.

③ 威廉·J. 米切尔. 比特之城——空间·场所·信息高速公路 [M]. 北京: 生活·读书·新知三联书店, 1999: 150.

④ 俞可平. 治理与善治 [M]. 北京: 社会科学文献出版社, 2000: 4.

反对传统的以国家自上而下的政治控制为中心的传统管制思想，主张社会的多元主体与社会、国家系统之间的互动。总的来说，要用治理思想来代替原有的管制思想。

（三）治理方式的转变——多元主体的网络媒体治理范式的提出

无论是依靠什么模式进行治理，我们都要以公共利益的实现为根本出发点。在多元主体的网络治理范式中，主要有四种力量实现对网络媒体的监管，他们主要是政府行政管制、互联网行业协会、网民自身、其他非政府组织，这四种监管主体共同发力、协同合作，不存在某一方处于支配性的地位。从互联网治理的基本发展过程来看，主要治理路径为：法律规范——技术升级——行政管制——公司治理——公民参与，这是互联网治理的基础。

首先，在政府管制方面，主要是依靠法律法规的制定来为互联网媒体的治理提供良好的法律环境，实现有法可依。这是互联网治理的基础。相关的法律依据有宪法、网络安全法、《关于维护互联网安全的决定》《关于加强网络信息保护的决定》及电信条例、互联网信息服务管理办法等法规。为了加强互联网治理，国家成立了互联网信息办公室，主要职责是落实互联网信息传播方针政策和推动互联网信息传播法制建设，指导、协调、督促有关部门加强互联网信息内容管理。公安机关等执法机构也会配合相应的行动来打击互联网上的违法犯罪行为。

技术层面，国家对互联网技术的治理措施有很多，诸如“实名制”“防火墙”，安装“绿坝”软件、互联网接入口管制等，都是从技术层面加强对互联网的监管。2003 年开始，管理部门要求在网吧上网的所有用户实行“实名登记”。之后，互联网邮件服务、网站备案开始推行“实名制”。

2012 年 3 月 16 日，微博开始执行“前台自愿，后台实名”即所谓的“实名制”，要求有限度的网络实名和网络匿名，前台匿名是对个人隐私和个人信息保护的体现，后台实名是对公民网上个人言论的约束，防止不良言论来危害社会。

社区化治理其实在很多西方国家早有实践并取得了不错的成就，像德国、日本、韩国、美国、英国等。社区化治理的本质是“网络自律”，网络自律需要在经济、文化、政治空前繁荣民主才会极大程度地实现。各个互联网社区都会给自己的社区制定相应的规章制度，当然这些规章制度最后仍然要受制于国家法律和行政法规。

比如某些网络论坛会设立坛主和维护网络论坛秩序的规定，一旦发帖者违背了相关的规定，就会有相应的惩罚行为，例如被删帖、扣分，甚至被禁止发言、注销账号等。可以说社区化治理在一定程度上推动了网民自我约束行为的实现，但同时随着社区的规模不断增大，这种自我约束的效用会降低。尤其是在社交网络媒体大量兴起之后，网民的数量不断扩大，参与者的规模逐渐增加，经营者面临着更大的治理压力。一旦网民的言论违反法律法规，国家法律会直接给予相应的制裁，经营者因此要承担很大的风险，即使是政府管理者也面临同样的治理困境。因此新的网络治理模式的出现就显得十分必要。

三、微博社区治理主体分类

（一）社区委员会

1. 社区公约

随着自媒体时代的蓬勃发展，微博作为当下最热门的媒体受到群众的广泛欢迎，为了适应这种趋势，2012 年 5 月 28 日适时推出了《新浪微博社区公约》（以下简称《公约》），《公约》的主要目的是建立和谐和健康的网络环境。

《公约》的出台有两个方面的原因，一是我国越来越庞大的网民数量和庞大的微博用户；二是从微博创立至今，各种谣言事件借助微博这个平台获得了空前的传播，例如“马伊琍文章被离婚”“金庸先生被逝世”“海盐风波”等，谣言事件涉及社会生活的方方面面，严重影响了社会的安定和谐。《公约》出台的初衷是治理虚假信息。

《新浪微博社区公约》注重的是个案的分析，具体情况具体分析，主要有三个新型的条款反映出微博的特殊之处：一是用户应尊重他人的安宁权，《新浪微博社区公约》第二章第八条中提到了这一条款。安宁权的提出体现了对他人合法利益的尊重，对他人的人格权的保护，对改善互联网的环境起到了至关重要的作用。二是社区委员会的成立扩大了社区民主，新浪微博通过公开招募社区委员会成员，组织建立了社区委员会，管理由站方和社区委员会一起来承担，报名审核条件和工作机制相当严格。例如知名媒体人或者是擅长利用互联网展开信息搜集的人满足报名审核的标准，在专家判定阶段，主要的判定方式是让当事人就某个网络问题展开举证或者自辩，形式上对该微博进行标记提醒其他人该微博涉嫌违规已经被举报。经过这三个阶段，站方根据最终的判定结果，做出保留处置或者撤销处置的相应行为，实现对违规账号、违规内容的合理处置，通过微博方式告知当事人。这种运作的模式充分地展示了管理的民主性，在维护社区秩序的前提下，也增强了微博用户的广泛参与性。三是实行“禁言令”和“用户信用积分”。关于对敏感信息的处理一直以来是社区管理规定中的存在很大争议性的地方，关于如何界定“敏感信息”这一概念的范畴显得十分的关键。“累计发布 5 条及以上敏感信息的、恶意发布敏感信息的用户禁言 48 小时，删除相关内容甚至注销账号”①。如何辨别敏感信息以及如何识别发布敏感信息的用户这是微博用户存在很大困惑的地方，这也是需要微博社区委员会进一步向公众作出澄清说明的地方。“用户的信用积分”这一概念的提出类比于银行系统中的信用积分，信用积分可以反映用户的信用等级，涉及用户切身的一些利益，用户如果有违规操作的话，将会被通知扣除相应的信用积分，信用积分与用户利益直接挂钩，这就意味着用户需要对自己在社区内发布的言论承担责任。社区规范、违规行为处分和用户行为三个方面有机地结合起来，保障公约的有效实施。

2. 社区委员会

专家治理和大众参与是社区治理的两种最基本的思路。专家治理即一种精英治理的方式，主要是通过调动社会上的知识分子、学者、各行各业的精英人物，依赖于他们丰富的专业经验和社会影响力，在互联网治理中发挥作用。

大众参与则体现了民主化治理进程，类似于传统的“多数决”，只要多数人同意，实行少数服从多数的民主模式，形成判定结果，最后提交给新浪微博官方形成意见。专家治理和民众治理二者相互结合，优势互补，是民主性

---

① 屈美茹．从《新浪微博社区公约》看微博的发展，新闻世界［J］，2012（8）.

和专业性的有机统一。

（二）新浪微博

从整个公司的组织结构形式来看，社区委员会属于新浪微博官方企业。社区委员会从一定程度上来说是新浪官方的代理人，受新浪公司的委托，在社区内实现治理的部分职能。新浪公司属于委托机构，二者之间的关系是委托和代理的关系，二者可以同时实现对社区的治理。

在新浪微博社区的治理过程中新浪微博官方可以发布新浪官方信息、处理用户投诉、协调社区和新浪官方的关系，可以直接参与到社区的治理当中去。社区委员会的成立代替了新浪微博官方的部分职能，例如删帖、接受用户的投诉等，解放了新浪微博官方的管理权，功能定位发生转变，治理权逐步移交给社区委员会，承担授权的功能和角色，对于一般性的管理事务不再是直接介入，而是从宏观层面上实施管控和调节。

（三）互联网信息办公室

国家互联网信息办公室是互联网信息内容的主管机构，全国各省市也设有相应机构，各级公安机关也对互联网上的违法行为开展打击活动。根据法律规定，国家互联网信息办公室的主要职责包括：落实互联网信息传播法制建设、指导、协调、督促相关部门加强对互联网上信息发布的内容管控，依法查处违规网站。国家机构的监管是实现微博健康运行的强有力保障。网信办和公安部门会不定期向新浪微博提出信息内容查删等监管要求，这类内容新浪微博一般不会交给社区委员会审议处理，往往自行处理。

（四）公民的参与

建立网络企业、社会组织、技术社群、公民共同参与、相互协作的互联网治理机制。被视为未来媒体普适性治理模式的合作治理（co - regulation，也称共治），在我国社交媒体治理实践中已有探索。在新浪微博社区的组织结构当中，新浪公司、新浪社区委员会、国家机构三方共同发力实现民主治理。

四、微博社区的共同民主治理思路

新浪微博平台上的互联网治理方法既沿袭保留了传统的国家与公司的治理模式，又借鉴了西方国家的互联网管制办法，引入了专家治理和民众参与

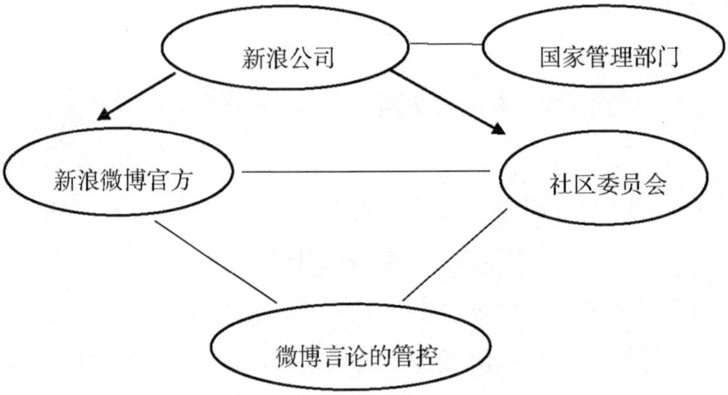

图1 新浪微博的治理结构

相结合的治理模式，也就是多元主体实现共同民主治理的新方法和新思路。

（一）处理好多元主体的利益分配问题

中国早期的互联网治理思路是：先发展、后治理。这种策略有利也有弊，首先不可否定的是先发展后治理的互联网发展思路极大地激励了互联网的迅猛发展，中国的网民数量得到迅速膨胀，使中国成为世界上网民数量最多的国家，大大地推动了互联网的迅速普及。除此之外，互联网的社会化策略推进了互联网的社会化进程发展，互联网作为推动社会发展的主力军。对互联网的治理是一个双重侧重的过程，既需要管理互联网的商业功能，又需要对互联网上的言论进行管制，避免造成不良的社会政治影响，这方面是侧重于政治方面的管理。近几年来，中国的互联网管理策略发生了改变，“边发展，边管理”的治理思路实现了互联网的“回笼”①。传统的互联网治理模式仅仅是国家行政力量占据主导作用的治理方式，这对当下多元化主体参与民主治理的模式无法提供切实有效的建议，国外的实行规制非强制，引导民众参与到治理过程中来显得十分关键，实现自律型的互联网管制。

微博企业、各行各业的专家学者、普通微博用户、国家管理部门是微博上的几大主体，不同的主体有着不同的利益诉求，微博企业最终目的是实现

① 张涛甫．“脱嵌”与“回笼”——中国互联网的规制路径初探［J］．China Media Report Overseas. 2011，7（3）：1—6.

公司的盈利，专家学者在信息的传播中发挥着意见领袖的作用，普通的微博用户满足自己的信息表达、分享、传播的基本诉求，国家管理部门通过对信息的调控来实现维护国家秩序的目的，如何调节这些主体间的关系就显得尤为重要。

新浪公司的最终目的是通过微博业务的开展为新浪公司带来更多收益，但是公司同时承担着维护互联网秩序的责任和义务，秉持着社会效益大于经济效益的原则，新浪微博必须控制好经济和政治的平衡。新浪适时地推出了专家与群众共同治理的模式，可以广泛地征求社会意见，极大地提高了群众的自我治理能力，一定程度上避免了单方面的公司决策带来的社会压力。

社区委员会中同样存在专家治理和民众治理共存的模式，作为意见领袖的专家学者和普通大众拥有着同等的表达自己言论的权利和空间，大家都可以在微博社区上就某一问题展开积极而广泛的讨论，避免了不平等的权力格局带来的恶性影响。

国家管理机构更多的是承担监管的职能，随着维持互联网稳定职能的压力越来越大，监管部门更希望通过微博社区自身的治理来管控互联网的舆情，对微博社区委员会采取了积极的立场，最终目的是实现维护社区的秩序和社会稳定。

要想实现互联网民主治理常效发展，必须寻求利益主体间的平衡点，最终实现民主治理。

（二）尊重互联网发展的内在逻辑

新的监管模式必须要充分考虑互联网自身的技术逻辑。充分考虑互联网的技术逻辑问题并不是意味着技术决定论，对新媒体的监管模式同样要考虑具体的政治经济文化等重要因素。

在信息社会的背景下，互联网带来了信息传输速度的量变，更重塑了传播方式，导致整个传播结构发生了质的变化。传统的传播模式主要依赖的是权威媒体，比如说报纸、广播、电视等大众传播媒介来传播信息。通过他们的层层“把关”，提供给民众的是经过筛选的符合标准的信息，这样经过“把关人”的把关和议程设置，对媒体内容进行监管是十分有效的方式。但是在网络时代，这样的内容监管方式就显得苍白无力，海量的信息，离散且无中心的结构模式和运作特征使集中的调控体系很难发挥作用。

从这个意义上说，充分考虑互联网的技术逻辑是评价网络监管模式有效性的重要指标。

（三）公司治理路径分析

1. 微博小秘书

“微博小秘书”又叫微博审查员，它可以直接与网民发生互动，主要担负着两个任务：内容处理和账号处理。内容处理主要有删除、禁止（被转发、被评论）等权力。账号处理相比于内容处理的方式更加严格：“禁止发布微博、禁止被关注，直到注销为止。”微博小秘书起到了规范社区秩序，引导网民行为的作用。

2. 辟谣账号

2010 年 10 月设置的“微博辟谣”官方账号对微博上存在的虚假信息进行 24 小时监控，实时地对用户发布的信息进行核对，对于那些未经证实就被发布的信息加以专门的标注，即“此条微博未经证实，请勿相信”等字样来引导大众不要轻易被舆论所挟持。

2018 年初，新浪微博虚假消息辟谣官方账号“微博辟谣”发布《2017 年度微博辟谣数据报告》，“报告”公布了全年辟谣信息的综合数据分析、举报者与被举报者的用户构成、被举报次数居前三名的谣言以及致力于辟谣的政务、媒体微博账号“TOP10”。

《2017 年度微博辟谣数据报告》统计了 2017 年的微博辟谣数据，一年中，微博站方有效处理不实信息 2.8 万余条，标记不实信息 1064 条，每条谣言澄清用时比去年快了近 8 个小时。其中，8 月的举报量最多，为 10.21 万条；11 月举报量最少，为 4.45 万条。

对于那些已经造成恶劣影响的微博言论，根据所造成结果的严重性，情节的轻重来对信息发布者作出相应的处分，比如暂停该用户微博的具体职能（暂停发布消息，禁止评论、禁止转发等），严重者注销账号。

新浪公司一直在寻找可以有效控制用户发布信息的监管方式，但是在社交网络中仅靠公司一己之力难以实现有效控制。

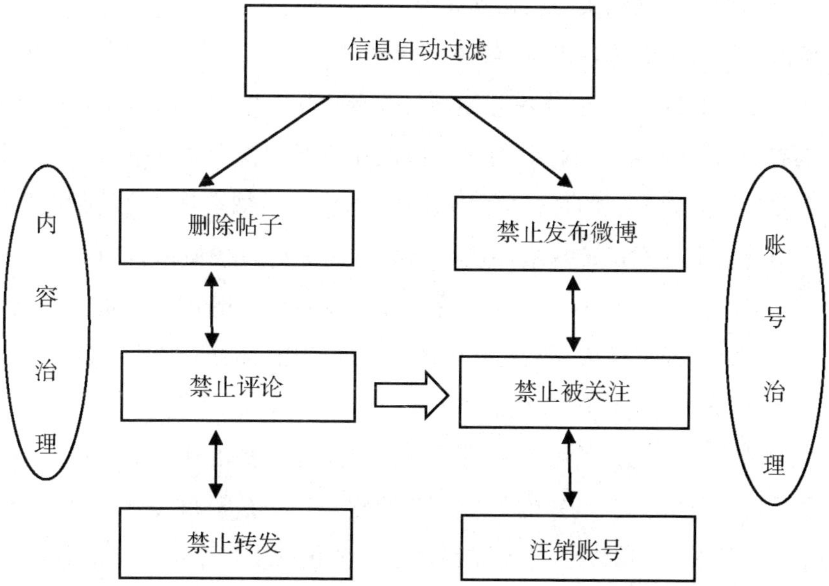

图 2 微博审查员的信息治理路线

表 1 辟谣账号处理谣言分析

被举报最多的谣言	辟谣信息发布的政务账号
“澳洲一中国女子闯红灯被警方制止后，持刀拒不听从警察指挥被警察当街击毙”	@江苏网警
	@湖北网警巡查执法
“女子被自己家泰迪咬了，得了狂犬病”	@泉州网警巡查执法
“韩国领导集体下跪道歉，宣布撤出萨德部署”	@首都网警

（四）社区治理分析——网络社区自治

1. 社区规则

作为共同治理的社区，首先要做到有法可依。社区规则是维持社区秩序的基本前提。新浪官方先后发布的《公约》《规定》《制度》等一批法规，对微博用户的权利、行为规范和社区管理机制做出了明确的规定。网民可以依据这些具体的条例来约束自己在互联网中的具体行为。

微博的社区公约体现出自媒体的“自律”“行业自律”等概念在2011年就有所普及。2011年，70多家互联网从业者建立的中国互联网协会的官方网站中就有“行业自律”一栏。网络自律被互联网运营商高度重视，这是网络中很重要的媒介素养。“自律”是网络中很重要的道德素养，公约是在提醒人们要具有社会责任意识，网络环境的自由允许你可以畅所欲言地发表自己的言论和观点，但自由并不意味着不受管控，要对自己的言论负责，一旦自己的言论伤害社会或者他人，在网络中同样要受到相应的惩罚。

2. 社区委员会

微博的社区委员会采用专家治理和大众治理两种治理方式，这是一种自治理的社区参与模式，维护的是参与者的利益——专家和大众。专家治理代表的是一种精英治理的方式，专家往往是各个领域中每个话题点的意见领袖，他们在相关的领域有着较高的权威、较高的关注度和影响力，能否有效引导这些精英人群便是引导舆论正确导向的关键所在。普通民众在互联网空间中渴求更多的自由、更平等的权利，要求减少干预和控制。另一方面也希望自己能参与到社区具体的运作管理中去发挥一部分建设作用，同时展现自己的诉求。

3. 社区成员

公民通过微博社区实施公众参与，所发表的言论已经不是在私人领域进行传播。微博中的公众参与不单单是自我意见的表达，更多时候要考虑社会效果和社会利益。同时公众对某一事件的反映也会促进该事件的良性发展。

微博用户在发表言论时为了避免相应的不当言论带来的惩罚应做到“理性自律”，尽量不要违背社区规则，成员之间相互监督、相互净化。

4. 监督员管理制度

但并不是所有的公民都会在互联网中形成自律的行为，公民不一定每个时刻的行动都是理性的，这就意味着需要外部力量的介入。

为了加强网站自律监督，号召网民积极参与网站生态环境治理，2017年9月27日微博上线了社区监督员制度，公开招募2000名微博监督员，对微博上的涉黄和低俗信息进行举报。

微博用户符合年满18周岁、账号注册1年以上、信用积分满80分、已绑定手机号4个条件，就可以报名申请微博监督员。据统计微博监督员共有效举报涉黄和低俗信息2975.5万条，月均有效举报248万条，准确率达99.97%，有力提高了涉黄和低俗信息的处置效率。微博每年提供专项资金500余万元，向表现突出的监督员发放现金奖励、网费补贴并且赠送微博会员，此外微博还为监督员开展不定期的线上培训和线下培训，提升监督员的参与感。

微博监督员机制的推出，将进一步提高微博对涉黄和低俗等不良信息的处置效率，让微博平台更有序，内容更健康。

互联网时代中的网络社区自制规则越来越多地引起人们的关注和重视，通过考察新浪微博的“网络自治规则”，通过研究社区规则、社区委员会、社区成员、监督员管理制度等各个方面，来探究其如何对网络秩序的维护和处理发挥作用。实现网络社区的自治对当前形势下的网络立法和政府监管起着补充作用，为新浪微博平台的建设提供了良好的基础。但是当前的网络平台自治也隐藏着极大的忧患，需要建立以网络用户为中心的理念，提高网络社区自治规则的科学性，预防网络平台滥用权力带来的风险，是构建未来网络社区自治规则需要改进和努力的方向。

（五）国家机构监管分析

国家对于互联网的社会控制意味着民众社会行为的自愿，其他社会组织所寻求的行为都要符合国家规则的要求。尽管在微博社区中倡导社区自治，但国家也存在着对社区自治的微博管控，国家的强制性规训维持了互联网的基本秩序。国家能够有效应对互联网领域出现的治理危机，需要法律、制度、政策一系列的管理。国家控制是底线，是保证。没有国家的强制性干预，社会稳定得不到保障。

五、结语

一方面，网络社区自治提供了网络治理的另一种思路，社区自治的不断发展成熟为网络立法和政府监管提供了良好的借鉴，同时也有利于平台自治的进一步完善。网民可以更便捷地参与网络自治，网络民主的积极意义得到

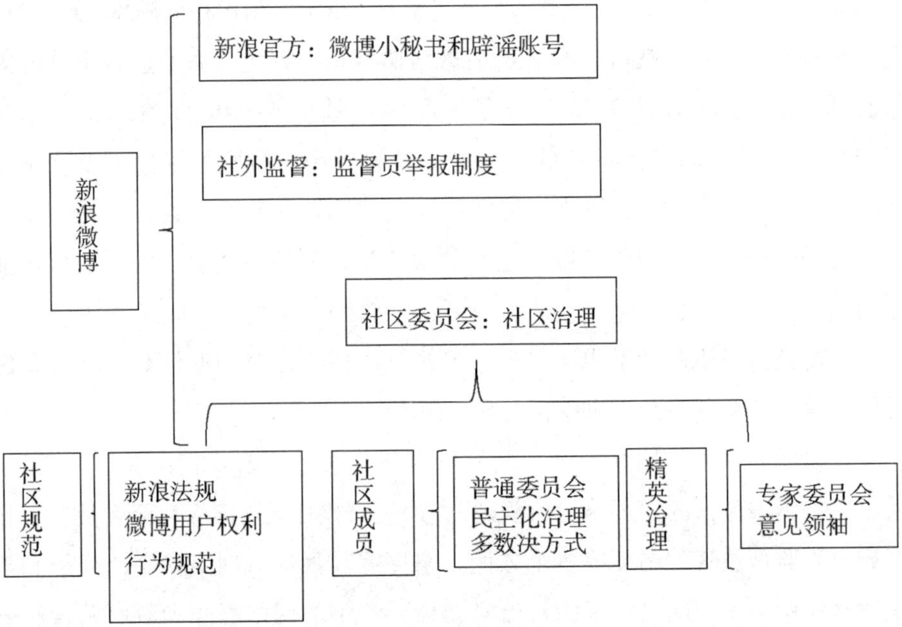

图3 社区治理思路分析

充分肯定。另一方面，网络社区自治规则也蕴含着其他忧患，这些忧患促使我们不断探究未来网络社区自治规则的完善。未来的网络社区自治必须在充分尊重互联网发展的自身逻辑下，以网络用户为中心，逐渐减少网络平台在社区自治的主导优势，并积极加强社区自治规则实施并与司法层面的紧密对接。未来的社区善治并不是“一家独大”，而是“百花齐放”。要想实现微博社区的长效美好发展，必须充分保障多元参与主体的利益。新浪微博作为一种社交网络媒体，构建了一种新的民主治理网络，微博社区是中国政治、经济、文化在网络中的另一种展现方式。本研究认为，网络社区治理是对多种力量共同民主治理网络的实践。该实践说明，单独依靠某种力量不可能实现网络善治，只有充分发挥多元主体的协同作用才有望解决更多社会现实问题。

微传播中的网络谣言现象与“善治”路径研究

——以微博“上饶小学生被杀案”为例*

微博微信等新媒体的兴起带来了信息传播模式的变革，从内容体量的缩小到人际传播的扩大，去中心化的裂变式和碎片化传播重塑人们信息获取途径的同时，也改变了人们理解事实的习惯。但值得注意的是，当碎片化的事实和情绪掩盖真相，情绪化观点代替事实报道，煽动性言论代替客观陈述，网络谣言随之产生。一些传统媒体缺乏事实把关，一味迎合主流情绪，受众忙于站队和表态，自媒体的娱乐化解读消解事实真相，导致微传播时代变成了假新闻和谣言漫天的后真相时代。本文以微博为研究对象，探究微传播时代网络谣言的产生原因和治理措施。

微传播这一概念是相对于传统大众传媒主导的“巨传播”诞生的，主要指以微博、微信、移动客户端等新媒体为媒介的信息传播方式。微传播具备针对性强、受众明确、传播内容碎片化等特性，主要传播工具是智能手机，微传播可以帮助用户更好地实现自我表达、交往需求和社会认知。① 然而，高效精准的传播特性促进微传播平台快速发展的同时，也导致了诸多媒介伦理失范现象，其中重要体现便是网络谣言。因此，探究微传播乱象的治理措施迫在眉睫。本文以公共管理中的“善治”理论为基础，以微博为研究对象，探讨微传播中谣言乱象的“善治”路径。

---

* 本文作者何慧敏，中国传媒大学电视学院研究生.

① 王锁明. 微传播的社会效应及其治理［J］. 中国井冈山干部学院学报. 2014（5）.

一、微传播网络谣言现象

谣言研究者奥尔波特将谣言定义为人际间面对面互动情况下，一个人向另一个人传达有关一个对象、第三者或一个处境的未经证实的消息。从中可见虚假性是谣言的重要特征①。微传播的即时性和碎片化等传播特性让谣言传播更加迅速。微传播路径往往是单语境传播，事件初期信息不对称极易导致流言和猜测满天飞。目前微传播中网络谣言传播主要有以下几个特征。

（一）谣言传播模式职业化

凯斯·R·桑斯坦提出网络谣言的“制造商”分为四类人：追求私利的人—哗众取宠的人—谋求政治利益的人以及恶意中伤的人。② 由桑斯坦的分类可见，谣言传播已经成为实现利益的工具，而在微传播过程中谣言带来的巨大社会影响力已成为某些人谋求商业利益的手段，谣言传播呈现出职业化和商品化趋势。某些微博大号或自媒体为博取关注度刻意制造不实言论，往往通过曝光、揭秘等猎奇性字眼实现吸睛效果，通过网友点击浏览、跟帖评论、转发分享，最终将公众关注度转化为广告等商业利益。职业化谣言生产者往往同时也是网络大V，他们试图担任意见领袖的职责。他们常用职业化手法夸大事实，捕风捉影、无中生有，将未经证实的片面消息进行加工和严重化处理，向人身攻击和名誉诋毁方向制造谣言，从而利用谣言的严重性和人物事件的关键性来吸引公众注意，获得大量粉丝，成为微博中的意见领袖。谣言传播往往用真实性外表传递虚假内容，此类谣言常常使用“求真”的质疑口吻，用求索真实的方式混淆视听，降低网民的心理防线。职业化谣言生产者还可能是网络公关和网络水军。网络水军是一种线下互不关联，但又受雇于网络公关公司的分散网民。主要工作是针对特殊话题或事件进行诽谤、炒作、诬陷等活动，常常通过转发评论等活动帮助谣言扩大传播，以数量实现主导话语控制。

在2019年5月10日发生的上饶男孩被杀一案中，网络谣言的狂欢直观反

---

① 王国宁．从传播学角度看谣言及其控制［J］．新闻与传播研究，1991（1）．

② ［美］凯斯·R·桑斯坦．谣言［M］．张楠迪扬，译．北京：中信出版社，2010：8—9.

映了微传播中的商业化谣言现象。江西上饶一名男童被女同桌的父亲持刀杀害。经媒体爆料，事发前被害者刘某和女童产生过矛盾。然而在公安机关尚未公布调查结果的时候，网络上流传出“男孩生前曾是校园暴力伤人者”“父亲为女报仇”等不实言论。其中诸多自媒体为了蹭热点，在事实尚未调查清楚之时，写作多篇“反霸凌”主题的标题党文章，赚取网民注意力。例如，@今日华闻报道《中国父亲捅死‘欺负’女儿的10岁男孩！英国应对校园霸凌有哪些招?》@兰海说成长写作《比校园霸凌更可怕的，是大人们的“恨铁不成钢”》@搜狐网《避免孩子遭遇校园霸凌，要怎么做才有效？看不同领域的专家怎么说》等。某些网络大V为了获取网友的关注度而随意站队，发表针对十岁男孩的网络暴力言论。坐拥77万粉丝的法律博主@韩东言提出“建议恢复工读学校帮助管理青少年犯罪者，隔离害群之马，营造孩子健康的学习生活环境”。这些言论看似为保护青少年，实则加深了事件被害者的“犯罪者”刻板印象，以及强化了伤人者的“正义感”。微博文章以蹭热点的方式将“遇害男孩是校园霸凌者”的审判性谣言进行再度传播，获取了商业利益后，不仅挑起网友们对被害者的偏见，甚至出现为伤人者脱罪言论，严重干扰了司法公平性。

（二）谣言传播规律周期化

网络谣言传播还呈现出周期性的规律。谣言本身的不真实性便决定其同质性，某些传播者洞悉网民猎奇和窥视心理，掌握谣言吸睛的关键词，从性丑闻、权利交易、涉黑涉毒、婚姻纠纷等多角度设计编造谣言，此类谣言呈现出同质化和模板化的特点。常见的周期性谣言主要涉及食品安全、健康疾病、信息安全、暴力冲突等方面。例如，中山大学传播与设计学院师生曾对255篇被微信用户举报为虚假信息的文章进行文本分析，发现其中51%是关于人身安全，38%关于食品安全，16%关于疾病。① 此类主题谣言一定周期内就会在微博上传播，往往伴随偶发事件，或者在一定时间节点和季节节点出现。在上饶事件中，谣言的传播也体现了当下社会矛盾议题模板——校园暴力。由于近年来校园暴力案件的报道和相关题材影视作品的播出，再加上长

① 徐静．微信三大谣致癌养生丢小孩你中招过吗［N］．广州日报，2014-12-11.

期以来我国对校园暴力治理的轻视，都导致网友们对这一问题有着强烈对抗心理。而在上饶事件中，网民们本着惯性思维和共情心理片面地将此事件认定为简单的校园暴力和以暴制暴，在事件真相未明之前网友及媒体都本着规律性的认知进行主观臆测和煽情报道，导致谣言的传播。

（三）谣言传播后果暴力化

当下微传播谣言呈现出后果暴力化的趋势，越来越多的网络谣言开始脱离物质性的恐慌制造，开始转向以人为主的攻击和诽谤行为，诸多网络谣言围绕事件当事人制造、恶意扭曲事实、夸大当事人的负面信息，此类诽谤言论还涉及当事人家庭及社交关系，并逐渐演变为语言暴力。语言暴力是指用侮辱性语言对他人心理和精神造成伤害的行为。网络谣言的制造者往往以人物喜好为导向，进行无组织、无逻辑的语言攻击，严重侵犯他人隐私的同时也损害他人名誉权，对当事人的心理造成严重影响。例如江西上饶小学生被杀案件中，网络谣言的传播直接导致当事人三方受到人身攻击。被扭曲为“霸凌者”的被害男孩遭到网友辱骂，如“男孩是爱欺负人的熊孩子，死了活该”“可怜之人必有可恨之处”，谴责言论甚至上升至其父母“这孩子的死是他爸妈一手娇惯造成的”“子不教父之过”。而在事件调查后期，网络上开始出现“杀人者有精神问题”的不实言论以及“班主任不作为”的情绪化谴责。网络谣言直接导致的是网民非理性的语言攻击，在情绪化表达和站队的同时也造成对事件当事者的抹黑和诬陷、诽谤。

二、微传播谣言产生的原因

微博作为新型的微传播媒体，其自身具备的传播特点也直接与谣言生成情景相似，更容易促使微博谣言产生。

（一）客观技术动因

1. 开放性促进谣言传播

自媒体是指个体提供信息生产、积累共享、传播的独立空间、也可以从事面向多数人的、内容兼具私密性和公开性的信息传播方式的总称。① 微博的

① 廖祥忠．何为新媒体［J］．现代传播，2008（5）．

产生让用户自主表达和观看的权利得到极大程度地实现，微博用户通过自我账户，可以选择关注任何感兴趣的事物，同时也可以对网络事件发表自我观点，“人人都有麦克风”的时代逐渐形成。这便是微博开放性的体现，然而这种内容开放直接导致多元观点的涌入，理性与非理性声音鱼龙混杂，谣言有了生成的温床。在上饶事件中网络上出现针对男孩、父母、嫌疑人、班主任这四个主体的多元化谣言，如“男孩是校园暴力者”“男孩已经霸凌女孩一年多，而且是性骚扰”“女孩父母与男孩家长和学校沟通多次没有效果”“杀人父亲是为女报仇的激情杀人”“和稀泥的家长们是杀人者”“男孩家境好，班主任势利眼，男孩送过礼女孩没有就刺激女方家长”等多种不实言论在微博中肆虐。

2. 匿名性导致把关不严

传统传播中媒体是掌握表达权利的主体，因此传播内容真实性和合理性都会受到媒体编辑的把关，同时传播者代表权威媒体机构，表达的限制较多，然而微传播中这种把关效果大大降低，微博传播的另一特点便是匿名性。传播过程中的发言者评论者都可以隐藏身份置身其中，这种远程匿名表达的模式让网民有了自由表达的空间的同时，也让谣言制造者有了可乘之机，非实名制影响了网络追责，网民在自由的灰色地带对自我道德要求和法律要求降低，随意唾骂和发表不当言论。上饶事件中，诸多微博网友不顾自身言论的合理性和法律效应，用辱骂性言论抨击受害者班主任，甚至进行道德审判。微博网友@温暖的甜豆认为“什么叫难以沟通？你沟通不了让人家家长去沟通，你单方面说什么?”还有诸如“老师是间接杀害那个男孩的凶手”“这样的班主任应该被撤职，判刑”等言论。

3. 碎片化导致断章取义

微传播本质上是即时传播，它可以提高人们沟通的效率，降低沟通成本，因此即时性和碎片化成为其一大特点。微博本身限制编辑字数140字，用简单直接的语言传达丰富的意涵，在微传播培养下人们产生了碎片化阅读习惯。微博中媒体编辑往往选取最关键的碎片化词语吸引网民眼球，标题党现象频出，新闻报道中尽量简化语句，然而这种关键词截取的报道方式极易让观众断章取义，片面化的刺激性词语和图片掩盖了整体语境，网民难以对事件产生全面客观的认识，谣言也因此广泛传播。上饶事件中，部分媒体在标题的选择上故意强化形容词给当事人定性，而这些碎片化的关键词直接影响网友们的观点，导致网友们一边倒地认定伤人者有精神问题。例如@紧急呼叫的文章《上饶遇害男孩父亲回应儿子遇害：班主任说女孩父亲难以沟通》评论量4.9万，@头条新闻的文章《班主任曾称女孩父亲有暴力倾向》评论量2万，多数网友发表“持刀伤人的父亲很可怕”“鉴定这父亲有精神病”等针对女孩父亲的谴责言论。媒体在此类报道中均在强调女孩父亲“本质的恶”，强调女孩父亲精神和情绪问题以解释其行为。但是公安机关尚未公布调查结果，此类偏向性的报道和碎片化的信息截取只会让网民们断章取义，认为是单方责任，无法认识到事件全貌。

4. 裂变式传播引发群体极化

微传播的一大特质是基于社交关系上的传播，微博本身就是社交网站，由无数社交关系构建起网络，大大缩减人际传播成本，微博对于点赞、评论和转发的设置大大简化了传播的难度，一键转发、快转等新兴功能的实现，让观点传播更加容易，这种裂变式的传播方式极其容易让情绪化的谣言影响他人，从而产生极端观点和行为。上饶事件从5月10日发生到13日三天之内持续登上热搜榜并引发全网讨论，相关新闻报道呈现裂变式传播。5月10日@新京报我们视频发布视频《江西上饶教育局回应家长刺死女儿同学：有待核实》评论数2.3万，点赞量2.7万。5月11日@澎湃新闻发表文章《上饶刺死小学生父亲：此前没人跟我提过儿子欺负嫌疑人女儿》评论数1万，点赞5408。5月13日@头条新闻发表文章《上饶遇害男孩妈妈发文悼念儿子：你不是坏孩子，真的不是》评论数2.7万，点赞数1.1万。

（二）主观行为动因

1. 政府缺乏信息公开和事实补充

网络谣言滋生的环境之一便是信息空窗期，当权威机构事实性信息尚未公开时，正是事件快速发酵并产生严重社会影响的阶段，受众在窥私欲以及质疑心理的驱使下，开始寻求支撑性的信息、谣言便打着揭秘、爆料的幌子开始散布。由此可见，权威机构尤其是公共事件中的政府缺位将会引发极大的社会恐慌，让谣言有机可乘。发生这种情况一方面在于部分政府机构由于体制机制限制，并且缺乏舆情应对和危机公关能力，常常在公共事件发生时选择沉默或者压制多元言论，此举不仅会导致网民叛逆心理的反扑，更会导致政府信任度的丧失。另一方面在于法治化建设不足，没有形成较为完善的微传播法律规范和追责机制，导致网民法治自律精神薄弱。目前微传播中针对谣言传播现象，虽然有相关的法律条文束缚，但是诉讼难度大，成本高，难以有效追溯到谣言的首发者。可见欠缺法治秩序的环境必然导致谣言的滋生。上饶事件中权威调查机构上饶市公安局仅在 5 月 10 日发布一次警情通报，陈述嫌疑人因女儿纠纷问题持刀刺死男同学的事实，教育局也仅发布了“上门安抚”“校长停职”的处理意见。但对于网络舆论中男孩是否有施暴现象，嫌疑人是否有精神疾病，班主任和学校是否存在管理不当等言论均未进行事实说明。由于权威机构信息不透明，未能及时解答网民困惑，导致谣言有了生长空间。

2. 媒体欠缺把关意识

美国心理学家卢因曾提出经由大众传媒传播的一切信息都要经过运营者的过滤和筛选，而大众传媒的运营者便是把关人。① 把关人有助于加强信息的真实性和客观性，是大众信息接收的前沿把关者。然而在微传播时代，话语权的下移在营造自由传播环境的同时，也让把关意识被严重削弱。一方面媒体在微传播中越来越偏向拟人化定位，面对未经证实的事件信息不是及时求证信息的真实性，而是像普通网民一般站位发声，用非理性观点报道吸引网络流量。另一方面媒体在微传播语境中过度偏向受众口味而失去新闻专业主义精神。在信息的选择和报道优先性上，都过度迎合受众的趣味倾向，让新闻内容变成快餐式的消费，只讲求内容刺激性和趣味性，漠视新闻的重要性和社会价值。因此在微博等微传播平台上我们更多看到媒体转发报道明星绯闻、刺激性社会案件，影视剧信息等娱乐化内容。报道取向偏向受众观点，聚焦阶层矛盾等问题，但是片面追求注意力经济，迎合受众观点，时效先行，客观垫后的新闻处理方式，只会促进谣言的传播。在上饶小学生被杀案中，部分媒体对事实调查的不充分，在标题选择上的错误预判，导致报道产生了

① 郭庆光. 传播学教程［M］. 北京：中国人民大学出版社，1999：161.

极强的引导性，加剧了谣言的传播。5 月 10 日@澎湃新闻《死者前一天因打架被爸爸严肃教育》一文，不仅在标题上突出“死者被教育”的信息，并在文中曝光了多个家长群截图，显示女孩父亲多次解决两人矛盾未果，男孩依旧屡教不改。其中突出“几乎每日打骂”“劝说过你不听”等细节，媒体具有倾向性的报道充分营造出男孩是“熊孩子”、长期欺负女孩，而女孩父亲长期保护女儿无力的状况，直接导致网络出现一边倒地声讨被害者。

3. 网民主体缺乏伦理自治

微传播语境下，主体网民为青年人群，他们面对微传播世界中多元化的文化，具备极强的包容度的同时也更加具备叛逆精神和较低的道德要求。另外微传播平台由于使用门槛低，并且具备匿名性，因此网民整体文化素质、责任意识和法制观念较低。微传播平台也开始变成网民情绪宣泄和狂欢的场所。因此部分网民面对公共事件时极容易被情绪引导，主动挑起矛盾并进行非理性的站位和表达。另外大部分网民也受从众心理影响，在微传播语境中，跟随主流报道和主流观点，缺乏自我的理性思考和对完整事实的求索心理。因此很容易通过转发评论等行为迎合网络意见领袖，造成谣言的规模化传递，最终容易引发群体极化事件。5 月 11 日@头条新闻《家长校内刺死女儿男同学：有同学看到被害男生欺负嫌疑人女儿》的微博下，被点赞 224 次的头条评论是@青衫骏马“你儿子天天欺负别人，你当然装作不知道了”。该网友在事实尚未查明的情况下，根据头条新闻这片段事实报道随意发表谴责评论，不仅将杀人案归因于校园暴力更是强调父母的连带责任。而在这样的评论后还有无数持同样观点和点赞的网友，对于男孩的名誉诽谤谣言在意见领袖的带动下被逐渐扩大，使网络上产生对男孩的有罪判定。

三、虚假新闻与网络谣言的“善治”路径

“善治”模式是一种以公民社会为主体的网络治理模式，它强调政府和公民以平等合作协商的态度共同治理公共事务。俞可平认为善治“是一种上下互动的治理过程，它主要通过合作、协商、伙伴关系，确立认同和共同的目标等方式实施对公共事务的治理，治理的实质在于建立在市场原则、公共利益和认同之上的合作。微传播中公民自主表达权得到极大程度的释放，传播

霸权的失去，让单一的政府治理模式失效，然而在网民素质尚处于较低阶段时，网民治理模式和市场治理模式同样行不通，因此构建政府和公民共同合作的善治路径是必由之路，这不仅将会提高政府舆情治理效果同样也将促进网民媒介素养的提升。”① 网络谣言的善治模式需从以下几方面着手。

（一）加强信息公开创建更多信任资本

威廉·麦奎尔提出预防接种理论认为，要增强一个人思想上的防疫力可以让一个人事先接触一些弱性的反面观点，从而形成通用的免疫力，这种免疫力可以使其在以后接触到强的相反意见的攻击时不至于改变原先的态度。②因此要想避免公众面对负面突发事件时产生极端情绪，以及在谣言泛滥时缺乏甄别力而盲目相信，需要用信息公开给公众打预防针，这要求政府利用微博、微信等微传播平台，用客观公正透明的态度，及时积极地面对网络事件，坚持正面报道和负面案例结合的形式客观呈现事实原貌，让网民第一时间从官方渠道获取真实信息。信息公开且及时更新的前提下，网民可以接收到一定程度的负面信息，相对于一味地遮丑卖好的传播口径，网民将具备更好的心理免疫力和对事实的甄别力，面对网络谣言时才能及时辨明是非，防止谣言进一步扩散造成次生危机事件。迈克尔·理杰斯认为，对传播的有效管理和危机本身的处理一样重要，因为外界对危机的态度取决于他们接收的信息。③ 加强信息的公开性和透明性，将会提升公民对于政府的信任度，信任资本的建立将引导网民面对危机事件时相信政府信息而不是谣言，这对于防止公共危机事件的产生具有重要意义。微传播中信息的公开不仅仅要依靠相关政府部门用官方账号辟谣和曝光，还需要媒体深度报道的及时介入，传统媒体应利用深度内容生产力和采访权及时进行事实真相挖掘，用深度报道探寻突发事件背后的原因，及时公布于众，让公众不停留于信息空白区中，断绝谣言生成的环境。然而某些突发事件中，政府及媒体由于受到体制或政策导向的影响，反应时间滞后，监测范围有限，这就需要建立网民介入讨论机制，

① 俞可平．治理与善治［M］．北京：社会科学文献出版社，2000：9—11.

② 郭庆光．传播学教程［M］．北京：中国人民大学出版社，1999：205.

③ Fortner R. International com - munication ［M］. Beijing：China Pub - lishing Company，2000：187.

通过建立辟谣平台或验真渠道，让网民可以主动进行谣言的求证，通过建立权威渠道与普通网民之间的互动渠道，可以有效减少谣言的散播。

（二）加强把关和法治治理提升造谣成本

微传播语境中，信息的公开性、匿名性以及裂变性直接导致谣言传播难以追责，而正是较低的违法成本和较高的传播效果，让造谣在某些人眼中变成无关痛痒的小事。因此遏制微传播谣言现象亟须提高造谣的成本，一方面需要提高谣言制造成本，一方面要提高谣言处罚成本。首先是要提高谣言制监成本谣言制造的难易度取决于事件的危害性和信息的透明度，越是讳莫如深的信息管控越容易让谣言滋生。因此需要不断完善政府信息公开制度和新闻发言人制度，并强化监督执行，对于舆情处置不力的相关部门要进行相应处罚。真正落实信息公开制度和舆情监控体系，提高反应速度，在谣言滋生的初期及时表达态度，明确站位，才能占领谣言传播的渠道。其次是要提高谣言处罚成本。对于无视造谣后果，刻意引起公众恐慌和社会不信任的网民进行追责，关闭其账号并做相应的行政处罚，故落实后台实名制是强化追责能力的保障。《中华人民共和国网络安全法》对于论坛社区、跟帖评论、公众账号信息、群组信息、微博信息等多种微传播中的信息服务行为都做出相应的管理规范，这将大大提高微传播的执法能力。另外政府之外，行业协会、平台也应该建立自身的伦理规范公约，通过平台自律共同促进法律法规的遵守。2017 年《移动智能终端应用软件分发服务自律公约》公布，腾讯、阿里、百度等多家单位签署。2012 年微博施行了《新浪微博社区公约》。

（三）加强网民合作扩充治理力量

“善治”理论认为良性的社会治理需要依靠公民与政府共同实现，因此治理微传播中的网络谣言也需要靠网民的微力量。一方面需要加强网民自身素养和自律精神，另一方面需要从网民合作着手。提升网民媒体素养，需要强化网络伦理意识。钟瑛认为，网络道德的基本价值取向应该是自主自律，互惠互利，互相尊重，因此网民应该严格遵守网络伦理道德，要认识到散播谣言对他人和社会均会造成直接或间接的伤害，谣言可能演变为网络谩骂、诽谤等网络暴力现象。网络世界自由表达的同时也需要尊重他人合法权利，承担不当言论的法律后果。强化责任意识教育和媒介素养教育，才能建构文明和谐的网络语言世界。另外需要强化网民合作治谣。微传播世界以社交关系为人与人沟通的节点，因此社区化是微传播重要发展趋势，利用社区化趋势建立网民自身的辟谣组织将会大大提升网络谣言的惩治力度。组织网民成为网络志愿者，建立辟谣社区对微博中出现的热点言论进行实时监测，发现敏感性和刺激性言论及时进行辟谣，发挥网民力量规范网络言行，对于谣言及时举报，让微传播空间有和谐文明的绿色环境。

四、结语

微传播中的网络谣言仅仅是伦理失范现象之一，但是从中可见微传播自身碎片化、即时性、匿名性、开放性的传播特性为谣言产生制造了温床，微传播谣言还呈现出职业化、规律化、严重化的发展趋向，并衍生网络暴力等次生灾害。然而微传播语境需要的不是纯粹的信息管控，而是一种政府与网民合作的良性治理模式。在充分尊重网民自由表达权的前提下，让政府主动出击，服务于民，落实信息公开制度，强化突发事件中与网民的信息互动和舆情监测，让权威真实的声音及时进驻。另一方面强化法治建设，尤其在提升造谣成本上强化网络管理，让网络表达有着自己的边界，才能让造谣者远离雷池。网民自身也应该积极加入到谣言治理互动中来，一方面提高自身的媒介素养和微传播伦理意识，另一方面积极建设网民社区主动加入网络谣言辟谣中，利用网民自身力量削弱谣言传播力，政府与网民、网络组织的多方善治才能共建和谐文明的微传播网络秩序。

参考文献：

[1] 郭庆光．传播学教程［M］．北京：中国人民大学出版社，1999：161.

[2] 俞可平．治理与善治［M］．北京：社会科学文献出版社，2000：9—11.

[3] ［美］凯斯·R. 桑斯坦，张楠迪扬译．谣言［M］．中信出版社，2010：8—9.

[4] 王贤卿．道德是否可以虚拟［M］．上海：复旦大学出版社，2011：7.

[5] Fortner R. International com - munication [M]. Beijing: China Pub - lishing Company, 2000: 187.

[6] 王国宁. 从传播学角度看谣言及其控制 [J]. 新闻与传播研究, 1991 (1).

[7] 廖祥忠. 何为新媒体 [J]. 现代传播, 2008 (5).

[8] 谢耘耕, 徐颖. 微博的历史、现状与发展趋势 [J]. 现代传播, 2011, (4).

[9] 陶艺音. 微传播特征初探 [J]. 新闻世界, 2012 (2).

[10] 周严, 彭兰. 试论微传播的性质 [J]. 中国新通讯, 2013 (8).

[11] 王锁明. 微传播的社会效应及其治理 [J]. 中国井冈山干部学院学报. 2014 (5).

[12] 唐绪军, 黄楚新, 刘瑞生. 微传播正在兴起的主流传播微传播的现状, 特征及意义 [J]. 新闻与写作, 2014 (9).

[13] 李彦冰, 杜剑峰. 微传播对传播生态的四大影响 [J]. 新闻与写作, 2016 (8).

[14] 姚晖. 新媒体新闻伦理失范现象及对策 [D]. 广州大学, 2016.

[15] 张起源. 网络新闻伦理失范与规避研究 [D]. 山东大学, 2017.

[16] 徐静. 微信三大谣致癌养生丢小孩你中招过吗?. 广州日报, 2014-12-11.

“微传播”时代国际网络谣言治理：对策与趋势*

网络谣言的治理是国际性难题，本研究旨在介绍国际网络谣言治理的先进经验，以期推动国内网络谣言治理的纵向深化与横向拓展，从而为国内的谣言治理提供有益参照和借鉴。本研究通过对国外法律法规、应急管理体制、行业守则和企业责任四个维度的研究，全面系统地考察了国外网络谣言治理的对策和举措。本研究发现，国际谣言治理在宏观层面，以国家立法作为基础，以行业自律守则为指导，以社会应急管理体制作为补充，并且始终强调企业的社会责任。在主体层面，以企业辟谣机制和自治为中心，以政府部门监管为依托，以社会机构监督为支撑，以公民参与为动力。在方式层面，主张通过网络技术的发展与规制、谣言追踪和事实核查等方式实现网络谣言的有效治理。强调主体协调联动，重视社会广泛参与，多管齐下的平台化治理将是未来网络谣言治理的大趋势。

一、引言

据中国互联网络信息中心发布的第 43 次《中国互联网络发展状况统计报告》显示，截至 2018 年 12 月，我国网民规模达 8.29 亿，互联网普及率为 59.6%，手机网民规模达 8.17 亿，网民使用手机上网的规模达 98.6%。② 互

---

* 本文作者付蕾，浙江工业大学人文学院。

② 中国互联网信息中心．第 43 次中国互联网发展状况统计报告［R/OL］．中国网信网，2019－02－28.

联网的快速发展以及新兴社交媒体的广泛使用（国内社交媒体以微博、微信为主，国外社交媒体以 Facebook、Twitter 为主），互联网成为人们获取和发布信息的主要渠道。同时互联网也是一把双刃剑，一方面给受众的工作、学习和生活等方面带来极大便利，另一方面网络安全问题逐渐凸显，一定程度上助长了网络谣言的滋生和传播。网络谣言是传播于网络中的没有事实依据且未经证实的言论。① 网络技术的进步和网民规模的扩大，促使受众关注网络安全问题。

互联网的普及推动自媒体的广泛使用，使其成了网络谣言发生的重灾区，极大地破坏了网络舆论场的生态环境。某件网络舆情事件的发生，经过大规模网民的网络参与，事件不断发酵，事件影响逐渐扩大，最终发展成群体性事件，事件发展过程中伴随着一系列的谣言和事件反转，造成网络谣言泛滥。"谣言总是会伤害公民权益，甚至会造成社会恐慌以及动乱。"② 网络谣言治理已经发展为全球共同关注的热门议题，我国网络谣言治理还存在很大的进步空间，国外网络谣言的治理比较早，有着丰富的治理经验，本文通过对国外法律法规、网络谣言的社会应急管理体制、行业守则和企业责任四个维度的研究，全面系统地考察国外网络谣言治理的对策和举措。

二、国外网络谣言治理的法律法规

随着互联网的快速发展和网络的高度普及，用户获取信息和制作信息的成本低。互联网时代也是言论高度自由的时代，网民可以通过互联网发声、表情达意，人人可以通过媒介生产内容，内容获取不再局限于专业媒体，UGC（用户生产内容）和 PGC（专业生产内容）越发流行，一定程度上增加了谣言和虚假新闻传播的产生频率，加大了网络谣言的传播范围和传播影响，造谣者必须要受到法律的制裁。国外媒介规制因媒体市场化程度的差异，分

① 向长艳．自媒体时代网络谣言的刑法规制［J］．山西农业大学学报（社会科学版），2018，17（06）：71—76.

② ZHU LH，LIU MX，LI YM．The dynamics analysis of a rumor propagation model in online social networks［J］．Physica A：Statistical Mechanics and its Applications，2019，（520）：118—137.

为三种类型："一种以美国为代表，媒介基本上全部市场化，政府对媒介的控制较弱；一种以欧洲为典型，实行双轨制管理体制；第三种为国家垄断型，几乎不存在市场化传媒"。① 本节以美国、欧洲、澳洲以及日韩等国在网络谣言方面的治理举措为例，阐释其网络谣言治理的先进经验，以期推动国内网络谣言治理的纵向深化与横向拓展，从而为国内的谣言治理提供有益参照和借鉴。

一向倡导言论自由的美国网络信息安全技术发达，在网络谣言治理方面一方面严格加强立法，制定相关法律法规，将网络谣言相关的罪名被定为"诽谤罪"，自 1991 年以来，美国相关部门已制定了《联邦禁止利用电脑犯罪法》《电脑犯罪法》《通讯正当行为法》以及《儿童互联网保护法》等 130 余项相关的法律法规②，严格规范了网络信息的传播，同时为网络谣言的治理提供了进一步的法律依据。另一方面，美国相关部门设立网络安全机构，进行网络监控。同时也充分利用发达的互联网技术，开发"谣言机器人"等软件，进一步加强对网络谣言的监督，同时鼓励非政府组织加入打击网络谣言的行列，以期在最大程度上抑制网络谣言的传播。有学者认为每当谣言在相当一部分人群中引起轰动时，所谓可信的权威人士通常会出面否认。例如，在 2013 年，美国政府在联邦紧急事务管理局（Federal Emergency Management Agency）网站上设立了一个专门的"谣言管控"专区，在飓风桑迪（Sandy）过后，用诸如"政府没有发放免费食品券"等否认声明来揭穿谣言。③

欧盟不断加强立法建设，完善法律法规体系，颁布《关于打击计算机犯罪协议的共同宣言》《欧盟网络与信息系统安全指令》以及《欧盟通用数据保护条例》等一系列法律法规，对互联网信息安全进行了严格的法律界定。澳大利亚也是世界上最早对互联网进行完善管理的国家之一，政府与行业，以及受众代表共同制定了管理网络安全的法律法规，主要有"《广播服务法》

① 董静，李本乾．欧美传媒产业规制及模式［J］．当代传播，2006（05）：38—41.

② 网络谣言，国外咋治？［EB/OL］．人民网，2016-08-03.

③ Takayasu, M., Sato, K., Sano, Y., Yamada, K., Miura, W., & Takayasu, H. Rumor diffusion and convergence during the 3.11 earthquake: A twitter case study. PLoS One, 2015, 10 (4).

《反垃圾邮件发》《互联网内容法规》《电子营销行业规定》《电信输入法》《数字保护法》等”。①

韩国也比较重视互联网管理的相关法律法规的制定，包括《韩国宪法》《电子通讯基本法》《促进使用信息通信网及信息保护关联法》《个人信息保护法》《青少年保护法》以及《位置信息保护法》等多项法律法规②，对网络信息的传播方式和行为，以及利用互联网传播不利于国家和社会、个人相关的谣言信息的行为进行了相关的法律制度和惩罚措施。日本的互联网产业起步较早，经过多年的发展，日本已经形成了一套较为完备的网络安全治理体系。③ 目前出台了《特定电子邮件法》《反垃圾邮件法》《个人情报保护法》以及《特定秘密保护法案》等相关的法律法规，对互联网相关的信息进行了进一步的完善。规范了互联网信息的传播行为，一定程度上保护了受众的利益和隐私。同时日韩也加强了网络实名制方面的举措，让网络更加透明化。

美国、欧盟、澳大利亚以及日韩等国适应时代的发展和需要，实时制定一系列网络安全相关的法律法规，依法治谣，依法止谣。在网络安全相关的法律法规方面，我国相关的法律体系还不够完善，这方面值得我们借鉴和学习。

三、网络谣言的社会应急管理体制

“制造谣言的目的通常是诽谤某人或者是传播关于公共事件的虚假消息；这不仅侵犯他人利益，而且对社会稳定性造成威胁，谣言通常出现在某群体试图理清模棱两可、不确定或混乱的局面中。如 2011 年，由地震和海啸引起的日本福岛核灾难事故，有谣言称，摄入含碘盐可以防止核辐射伤害，而且放射性物质的泄露造成海洋污染，因此海盐也不再安全，该谣言引起中国公众的恐慌，纷纷抢购含碘盐。各大超市含碘盐均售罄，许多商家借此机会提

① 澳大利亚：用一系列法律维护网络安全．［EB/OL］．人民网，2014－05－09.

② 同上。

③ 梁怀新．日本网络安全治理模式及其对中国的启示［J］．西南民族大学学报（人文社科版），2019，40（03）：208—213.

升盐价，引起社会骚乱”。① 互联网技术快速发展增强了信息的曝光度和流动性，同时也扩大了谣言和虚假新闻的传播，社会公众需要一个权威的核查机制对网络信息进行排查，事实核查成为净化网络环境的新范式。

事实核查最早出现在美国，从欧美的实践与研究来看，又分为了“核查”（Verification）和“事实核查”（Fact - checking）等两大类，前者主要针对目击媒体（Eyewithness Media）的内容进行事前核查，后者则是政治新闻领域中对政治人物公开言论的事后核查。② 政治新闻领域的“事实核查”网站中典型的网站主要有 politifact. com、poynter. org、factcheck. org 等，这些网站被广泛地使用，并多次获奖。

学者和媒体评论家们一致认为政治方面的事实核查存在着许多缺陷，因为“政治问题总是复杂、模糊且会出现各种相互矛盾的解释”。③ 其中在 2008 年美国总统大选期间，PolitiFact 网站共核查了 750 条政治言论，鉴于其突出的表现，荣获 2009 年普利策新闻奖。

欧洲在美国事实核查机构研究的基础上，也产生了大量的事实核查机构以及事实核查从业人员。事实核查网站正成为应对网络谣言的重要手段，从类型上看，既包含了水平网站，也包含了政治、经济等特殊门类的垂直网站。从功能上看，包含算法追踪、技术监督与甄别等功能。“事实核查”是对媒体间所传播的内容进行真实性、准确性的全面核查工作。事实核查机制、多种技术的协同合作以及对网络谣言进行追踪将更有利于对网络谣言的治理。

“微传播”时代背景下的事实核查也在不断地发展，“事实核查”不断改进以适应时代发展的需要，形式多样化，并且极具互动性。各种事实核查平

---

① ZHAO LJ，WANG Q，CHENG JJ，ZHANG D，MA T，CHEN YC，et al. The impact of authorities media and rumor dissemination on the evolution of emergency. Physica A. 2012，391：3978—3987.

② 文卫华，曾一珺．“事实核查”的发展及在新传播形态下的运用［J］．中国记者，2016（12）：113—115.

③ USCINSKI，J. E.，& BUTLER，R. W.. The epistemology of fact checking［J］. Critical Review，2013，25（2）：162—180.

台都在社交网站 Facebook 和 Twitter 上开设了自己的账号,① 账号的开通将更便于收集受众的反馈，与受众进行持续不断的互动，从而丰富自身的内容。但是不可否认的是，多国虽然已建立事实核查机制，但是事实的核查基本上还需要人工进行排查，数字核查自动化还有待进一步的提升。

四、行业守则

互联网快速发展的同时，媒体失范现象逐渐增多。部分媒体为吸引受众注意力，博取受众的眼球，迎合部分受众低俗趣味和需求，罔顾自身的职业道德规范和社会责任，因此出现一系列的媒体失范现象。媒体失范现象主要包括有偿新闻、虚假广告、抄袭模仿、感官刺激、庸俗低俗、拜金主义等，其主要原因是“对媒体社会责任的漠视与背离”“媒体的社会责任感下降”。②

（一）行业自律机制

专业媒体具有新闻消息的发布权，要做好新闻质量的把关工作，做好“把关人”这个角色。“把关人”（Gatekeeper）理论是传播学经典理论之一，是由库尔特·卢因在《群体生活的渠道》一书中提出：认为群体传播过程中存在着一些把关人，只有符合群体规范或把关人价值标准的信息内容才能进入传播渠道。③ 在日新月异的新媒体时代，媒体人要强化“把关人”理念，将虚假信息扼杀在摇篮中。

媒体自律是解决网络谣言的关键一环，欧美国家在媒体自律的发展方面经过不断地摸索，主要被分为三个时期：第一个时期是社会责任理论提出之前，主要表现为行业组织制定了共同的业务标准与道德规范；第二个时期是媒体社会责任理论提出以后，其关键特征是行业自律组织的设立；第三个时期的主要表现是将社会公众引入到自律机制中。④ 由一开始相关制度的制定，

---

① 马晓彦．“事实核查”在新传播生态环境下的演变及应用［J］．编辑之友，2017（10）：38—42.

② 李晓博．媒体社会责任治理：规制下的多重自律［J］．中国广播电视学刊，2017（7）：40—43.

③ 库尔特·卢因．群体生活的渠道［M］．北京：中国传媒大学出版社，2002：31—33.

④ 李晓博．媒体社会责任治理：规制下的多重自律［J］．中国广播电视学刊，2017（7）：40—43.

到成立行业自律组织，再到将社会公众引入其中，不断地将自律的影响范围扩大，让受众参与其中，提高其自身的灵活性和有效性。

大数据时代，个人隐私的保护成为重中之重，行业自律是隐私保护的重要方式之一。行业自律被认为是政府监管的有效补充形式，采用市场监管的方式。法律法规的制定需要一系列的流程和程序，而行业自律制度的制定能够及时有效地应对互联网突发事件以及新兴技术带来的挑战。学者张继红指出自律规范在个人信息保护方面相较于法律有着制度弹性更强、成本更低以及更能培育成员的诚信意识等优点。① 国外治理网络谣言的过程中，注重行业协会的构建，通过行业协会组织合作，共同打击网络谣言。美国个人信息保护的行业自律机制是在政府引导下形成的。②美国倡导建立综合性的网络自治模式，目前已建立多个行业自律组织，其中比较著名的有美国计算机协会（ACM）、信息系统审查与控制协会（ISACA）、计算机安全协会（CSI）、国际互联网协会（ISOC）、计算机应急响应协调中心（CERT/CC）、美国计算机职业者社会责任协会（CPSR）等。③

行业自律机制的形成与政府的有机配合密切相关，政府相关部门在行业自律机制形成中扮演着重要的角色，一定程度上能够弥补政府监管的缺失。日本也比较注重行业协会的建设，前期政府采取不干预的策略，后期为解决好网络信息安全问题，政府便出台一系列的法律法规加以调控。同时，需要注意的是行业自律的执行一定程度上会加大企业成本的支出，因此要采取有效措施鼓励企业积极参与进来。

（二）媒介素养教育

所谓的媒介素养教育，就是指导学生正确理解、建设性地享用大众传播资源的教育，通过这种教育，培养学生健康的媒介批评能力，使其能够充分

---

① 张继红．大数据时代个人信息保护行业自律的困境与出路［J］．财经法学，2018（6）：57—70.

② 赵培云．国外个人信息行业自律保护及我们的改进设想［J］．图书馆学研究，2015（8）：98—101.

③ 国外互联网企业建立行业自律组织维护信息安全［J］．中国信息安全，2010（9）：16—17.

利用媒介资源完善自我，参与社会发展。① 媒介使用的年轻化趋势明显，媒介素养教育的开展尤其必要。国外媒介素养教育公认开展最好的国家是澳大利亚，其媒介素养教育在20世纪70年代就已开展，在政府积极的推进下目前已经形成了比较系统的媒介素养教育体系。澳大利亚的媒介素养教育经历了一个循序渐进的过程，目前已融入不同的学科教育中，“从初等教育开始逐渐推广到中等、高等教育等领域”② 在培养学生对媒介认知能力的同时，让其在实践中学以致用，调动学生的积极性。

除了澳大利亚在媒介素养教育方面做得比较好，日本在媒介素养教育方面也搭建了比较完备的体系。日本是亚洲最早开展媒介素养教育实践的国家，在20世纪90年代，日本开始重视媒介素养教育的推广，在部分学校开始试点，并开设媒介素养教育相关的课程。日本媒介素养教育的开展主要是通过“社会行动者网络”的构建。“社会行动者网络”的构建以教育界和学界、民间团体、政府和企业界四股力量的整合为主线。③ “随着科学技术的发展，人们可以比以往任何时候都更容易、更方便地获取更多的信息。因此，引导人们抵制谣言，减少谣言的危害是很重要的”。④

五、企业责任

网络环境的净化，需要政府、社会组织、个人以及企业的共同努力。针对某些受众发布、传播谣言或不实的信息的行为，微博早在2010年就启动辟谣机制，对于微博上传播的不实信息和谣言进行全面的排查和辟谣；微信也启动了小程序辟谣机制，其中包含健康类、社会事件类等辟谣机构进行全面辟谣，目前微信已辟谣文章120万余篇。微博、微信等社交媒体的辟谣成效得到了社会的广泛认可。

---

① 张志安，沈国麟．媒介素养：一个亟待重视的全民教育课题——对中国大陆媒介素养研究的回顾和简评［J］．新闻记者，2004（5）：11—13.

② 潘洁．澳大利亚跨文化媒介素养教育［J］．现代传播，2010（9）：38—42.

③ 裘涵、虞伟业．日本媒介素养探究与借鉴［J］．现代传播双月刊，2007（5）.

④ YUHAN HU，QIUHUI PAN，WENBING HOU，MINGFENG HE，Rumor spreading model with the different attitudes towards rumors，Physica A：Statistical Mechanics and its Applications，2018，502：331—344.

社会治理强调多元主体共同参与社会管理，各个主体之间是平等合作的共生关系，是一种“人人为人人服务”的制度规范体系。① 国外使用比较广泛的社交媒体主要是 Facebook 和 Twitter，这两个极具社会影响力的社交媒体通过与专业的事实核查机构合作，共同治理网络谣言和虚假新闻的泛滥问题。目前 Facebook 在事实核查和谣言治理方面更关注自动核查技术和人工智能核查，以便更加快速地解决网络谣言事件，主动承担平台的责任和义务。部分学者认为“负面谣言（关于产品质量低劣、污染、财务造假等）因信息不对称而更容易被传播，利益相关者更容易相信这些谣言，尤其是那些经过权威媒体报道的谣言。”②

Facebook 和 Twitter 作为全球较受欢迎的两家社交媒体，拥有广泛的受众群体，平台上信息量巨大，受众纷纷通过社交媒体发表意见或者转发观点，正因为受众的广泛参与，某个事件经过大量受众的转发和评论后，会产生强大的影响力。因此受众在广泛参与的过程中，要加强自身对事件真假的辨别能力。有学者认为谣言可以轻易地通过一键式插件完成在各类社交媒体的传播，诸如 Facebook 的分享按钮和 Twitter 的转发按钮。当谣言最终被证实为谣言时，其已经在公众中引发了不必要的恐慌和焦虑。③

有句俗语讲“在互联网上，没人知道你是一条狗”。互联网具有极强的隐蔽性，一些别有用心的人利用互联网这一特点，表面标榜言论自由，实则发表不利于国家、社会和个人和谐的言论，制造事端。在绝大多数人以相同的口径发声的情况下，少部分人会选择人云亦云，或者默不作声，最终引起了“蝴蝶效应”。因此受众要互相监督，加强自律的能力。

社交媒体的广泛使用，使得传统媒体的把关人角色弱化，信息的生产与传播去中心化，以及网络准入门槛低，加速了虚假新闻的传播。有学者认为

---

① 匡文波，郭育丰．社会治理视域下网络谣言消解模式探析［J］．西北大学学报（哲学社会科学版），2013，43（3）：134—137.

② FRAGELE，A. R.，& HEATH，C.. Evolving informational credentials：The（mis）attribu－tion of believable facts to credible sources. Personality and Social Psychology Bulletin，2004，30（2），225—236.

③ LI，H.，& SAKAMOTO，Y.. Social impacts in social media：An examination of per－ceived truthfulness and sharing of information. Computers in Human Behavior，2014（41）：278—287.

“在积极方面里也存在一些缺陷：就像好消息和可靠消息的传播一样，谣言和假消息同样会轻易地在短时间内进行大范围传播，成为对社会的潜在威胁。

企业应着眼于长远发展，企业的利益与个人的利益并不冲突。企业要严守职业道德底线，要合理地存储好用户的信息，企业利用用户信息获得经济利益的同时，也要保护用户的隐私，不得将收集到的用户信息泄漏给他人。“计算机网络和移动应用程序的持续发展极大地改变了它们的安全性和隐私性”。①

2018 年 Facebook 遭遇严重的数据泄漏事件，涉及 8700 万用户，该事件即指剑桥公司收集 Facebook 用户信息进行数据分析，并影响美国政治选举。Facebook 数据泄漏事件发生后，Facebook 创始人扎克伯格因此出席了为期两天的国会听证会，就数据泄漏事件向社会公众道歉，并分别接受了 55 名国会议员的审问，此次事件引起了全球的广泛关注。大规模数据泄漏对个人和社会产生了恶劣的影响，让人们和政府再次意识到要加强对互联网行业的监管，加强对技术的监管以及提升企业的责任意识。由于经济利益的驱动，部分企业会通过不正当的手段收集用户信息，并将其变现。

六、总结

“微传播”时代，网络谣言的治理需要从多方面着手，国外网络谣言的治理举措对我国网络谣言的治理有着重要的借鉴性意义。在网络谣言治理方面，要加强国家立法，制定并完善网络信息安全的法律法规，严格执法，对于炮制网络谣言和虚假信息的传播者要给予法律的制裁；在保证市场活力的同时，政府要适度加强干预，组织行业协会，制定行业自律制度，并辅之以行之有效的监督机制。目前社交媒体涵盖受众生活的方方面面，网络谣言的治理要拓宽参与范围，不仅仅局限于某个领域谣言的治理，更要拓展至政治、经济、文化以及科技等领域，可以组建优秀的事实核查人员队伍，与知名的新闻事

---

① MANSHAEI，M. H.，QUANYAN ZHU，ALPCAN，T.，BAŞAR，T.，& HUBAUX，J. – P.. Game Theory Meets Network Security and Privacy. ACM Computing Surveys，2013，45 (3)，25：1—25：39.

实核查网站合作，进行多方辟谣工作。大数据时代，要学会将大数据、区块链技术等多种技术进行有机融合，不断完善、创新手段和方式进行治理。

在主体层面，以企业辟谣机制和自治为中心，以政府部门监管为依托，以社会机构监督为支撑，以公民参与为动力。在方式层面，主张通过网络技术的发展与规制、谣言追踪和事实核查等方式实现网络谣言的有效治理。强调主体协调联动，重视社会广泛参与，多管齐下的平台化治理将是未来网络谣言治理的大趋势。在网络谣言治理的过程中，既要有效地抑制网络谣言的传播，又要注意把握控制言论自由的“度”，防止“寒蝉效应”，打击受众网络参与的积极性。

打击网络谣言、假新闻——微博的探索实践*

近年来，越来越多的谣言、假新闻事件在互联网上出现，对人们的社会生活产生了巨大影响。微博作为全球最大的中文社交媒体平台，常被认为是滋生和传播谣言的主要平台之一。然而，微博并不是制造谣言的地方，而是粉碎谣言的地方。本文从谣言和假新闻在互联网时代广泛传播的原因及危害出发，与国外相关媒体平台的处理策略进行对比，分析了微博平台打击网络谣言和假新闻的实践策略与真实案例，旨在为媒体粉碎谣言提出建议。

随着互联网、移动互联网的发展和普及程度的提高，互联网上发生越来越多谣言、假新闻事件。谣言作为一种普遍的社会舆论现象，结合网络尤其是社交网络形成了新的力量，网络匿名性和易于向公众传播的特性更是助长了谣言的传播能力，对社会和人们生活产生了巨大的影响。

微博作为全球最大的中文社交媒体平台，因其开放性、互动性等特征，常被认为是滋生和传播谣言的主要平台之一。然而，学界专家普遍认为，微博不是制造谣言的地方，而是粉碎谣言的地方。① 如果一起事件拥有多个目击证人，大家同时借助微博发布信息，不同看法会形成补充、纠错，实现真相的再现。此外，以@人民日报、@央视新闻 等为代表的微博“国家队”，在微博舆论场掌握着“微话语权”，数量庞大的政务微博，通过“权威发布”

---

* 本文作者陈丽娜，微博执行总编辑。

① 喻国明：“微博谣言”是个伪命题［EB/OL］. 中国青年报中青在线，2011-09-11.

的形式，为辟除谣言起到了重要作用。

本文首先分析了谣言和假新闻在互联网时代广泛传播的原因及危害，对比国外相关媒体平台的处理策略，重点分析了微博平台打击网络谣言和假新闻的实践策略与真实案例，最后提出建议和思考。

一、谣言和假新闻在互联网时代的传播原因及危害

近年来，网络谣言和假新闻传播呈现出放大趋势。笔者认为，主要有以下原因：

（一）自媒体和标题党为博眼球而传播、炮制假新闻

真实是新闻的生命，媒体若无信，则公信不立。然而，个别传统媒体为与网络媒体争抢新闻，放宽采编标准，把关核实不负责，一些商业网站和自媒体平台为博取眼球赚取点击量，“让位”新闻真实性，传播或炮制虚假新闻、不实谣言，误导社会舆论，甚至危言耸听，影响社会秩序，损害媒体公信力、诚信度。比如，一些关于食品安全的自媒体造谣事件频发——根据一项对100个人的调查显示，仅有七人表示没有看到过类似谣言信息。①国家食品安全风险评估中心总顾问陈君石认为：“老百姓容易被谣言误导，关键在于食品安全领域信息的不对称。需要搭建一个平台，及时传播正确的食品安全知识和信息，填补信息真空地带。”②

（二）部分网络平台以转发获益的商业模式促进了谣言传播

近年来，网络上出现了大量如趣头条、阅头条、微看点、疯转联盟等可以通过转发文章获得收益的平台，促使大量网友通过发布“标题党”、题文不符或危言耸听的不实文章来博取关注和转发。比如，在趣头条平台，只要分享文章到朋友圈或QQ空间等平台就可以获得相应的收益，还可以通过“收徒弟”“徒弟再收徒弟”等获得奖励，这样的商业模式促进了谣言的传播。

（三）中老年网民对谣言和假新闻缺少识别和抵制能力

根据第43次《中国互联网络发展状况统计报告》数据显示，截至2018

① 老年人朋友圈调查：群里7条分享5条是谣言［EB/OL］．凤凰资讯，2017－05－03．
② “爆款”食品安全谣言是如何炮制的？［EB/OL］．央广网，2018－10－23．

年 12 月，我国网民规模达 8.29 亿，并持续向中高龄人群渗透，50 岁以上网民比例由 2017 年底的 10.5% 提升至 12.5%。① 2019 年 1 月发表在《Science Advance》上的一项调查结果显示，65 岁以上老年人是转发假新闻的主力，他们分享假新闻的数量是 18 至 29 岁人群的近七倍。研究人员提出两个原因，一是与“伴随互联网成长”的年轻人相比，老年人缺乏数字媒体素养；二是随着年龄的增长，人们的信息甄别能力趋于下降。笔者还认为，老年人与子女的代际沟通也是重要的原因之一。②一方面，同伴发来的谣言，如同关爱的橄榄枝，关怀备至，嘘寒问暖，鼓吹传统家庭社会秩序，很容易赢得老年人的心理好感；另一方面，这些谣言为了增强可信度，经常伴有“央视报道”“人民日报”等截图，正中老年人容易相信媒体权威的心理。③

（四）网络社交平台的圈层化加剧了谣言传播

微信等社交软件的广泛使用，使分散的网民走向了聚合与分流，形成了不同的圈层。然而，在强社会关系下圈层中的互动越频繁、感情力量越大、互惠互助程度越深，谣言的传播速度也就越快，且谣言就越容易向纵深方向传播，直至还原事实真相。近年来，数字营销迅速发展，我们日常生活中很多场景、行为都被数据化，之后相关信息就会被源源不断地推送过来，随着时间的沉淀，每个人的数据被完善，实现数据圈层化到个人化的转变，个性化的精准营销便实现了，而谣言推送也是遵循这个路径。

（五）PS 等网络技术的发展提升了作假技巧

PS 恶搞由于制作简单、违法成本“低”、迎合大众侥幸心理与小聪明心态等大量出现，很多时候如果不是引发恶性事件或者太过分，很多被蹭热点的明星、名人、品牌方也都睁一只眼闭一只眼，然而这更加纵容了虚假内容的传播。比如，2018 年 5 月 5 日，一篇《腾讯没有梦想》的文章成了整个互联网圈的大热点，之后就见到一个马化腾回应的微信聊天截图在朋友圈、微

① 中国互联网络信息中心．第 43 次中国互联网络发展现状统计报告［R/OL］．中国网信网，2019-02-28.

② 假新闻的传播速度到底有多快？究竟是哪些人在传播假新闻？［EB/OL］．搜狐网，2019-02-23.

③ 网络谣言如何精准地找到了我妈［EB/OL］．人民网，2018-07-06.

信群、微博以及各大新闻中被引用，直到6日有人说这是他PS恶搞的图片，人们才恍然大悟。这个乌龙戏法让无数大V上当，甚至连腾讯新闻自家都信以为真。

谣言满天飞、谣言不胫而走、谣言甚嚣尘上、谣言无孔不入、谣言会潜伏……看上去，谣言似乎是一头令人吃惊、异常敏捷、难以捕捉的动物。它作用于人的方式近似于催眠术：它迷惑人、征服人、引诱人、激励人，它流传速度极快，容易对正常的社会秩序造成不良影响。偷换概念、以偏概全，食品谣言防不胜防；宁信其有、不信其无，从众心理加速传播。网络谣言尤其是网络政治谣言由于真伪难辨、蛊惑性强，容易带来严重的社会问题，甚至可能引发社会动荡和政局失稳。许多国家把打击网络政治谣言作为谣言治理的重要内容，综合施策、严厉打击，“网警”应运而生。

二、国外主要网络媒体应对谣言的现状

因为传播假新闻、散发极端内容，推特和Facebook在全球多个国家遭到了批评。在美国，舆论批评两家网站对于发帖内容缺乏监管，导致俄罗斯一些机构利用两家网站实施了有目的的宣传，影响2016年美国总统大选。近年来，Facebook为打击假新闻做了大量努力，比如在产品上推出了“争议小旗”“这是一则假新闻”选项，在用户行为上推出信用评级功能，另外还收购伦敦AI公司，用AI技术加强打击虚假新闻。①尽管如此，Facebook的机器算法仍然不能杜绝所有假新闻，其仅把人工编辑当作机器的驯化师，而非对内容价值的判断者，大量的垃圾内容被筛选进“热门话题”，他们甚至不会将发布假新闻的网站拉入黑名单。推特公司为遏制虚假信息传播，曾两个月内清除7000万个账户。②为了方便用户确认信息真实性，还在其网站上整合播出地方电视台的电视新闻，以增加权威信息的曝光。谷歌在打击假新闻方面调整了算法，将各类虚假信息和误导性信息在搜索中进行排名降级，并且在所有搜

① Facebook收购伦敦人工智能公司打击虚假新闻.［EB/OL］.新浪科技，2018-07-02.

② 推特大清洗：两个月清除7000万个账户遏制虚假信息传播［EB/OL］.凤凰网，2018-07-09.

索结果中全面推广“事实核查”功能，以应对互联网时代的假消息传播。

尽管如此，2019 年 3 月报道表示，欧盟对谷歌、Facebook 和推特公司均未能兑现其打击假新闻的承诺而感到失望，三家平台在监控政治广告和处理假新闻方面都缺乏进展。①

三、微博打击网络谣言、假新闻的策略和案例分析

（一）产品策略

首先，微博在前端设立了便捷的投诉举报入口，将举报权利赋予全体微博用户，发现不实信息、垃圾营销、诈骗信息等均可提交投诉，后台将及时处理用户投诉和举报。

其次，在算法推荐中增加了权威媒体的权重，让主流媒体声音更大范围得到扩散。

最后，微博还组建了数百人的团队对热门内容进行人工审核，对辟谣内容进行打标签和回退，还会将处理结果以私信的方式发送给转发过这条微博的用户，避免虚假新闻和标题党在圈层人群中传播。

（二）运营策略

1. 放大主流媒体和政务账号的权威声音

除微博官方辟谣账号@ 微博辟谣外，各地网警官方微博是进行辟谣的主要账号，@ 首都网警、@ 江苏网警等荣膺 2018 年辟谣信息发布榜的政务微博 TOP10。另外，如@ 求真栏目、@ 法制日报、@ 海南日报等媒体微博账号在辟除谣言方面也发挥了重要作用。未来，“微博辟谣”将继续强化自身辟谣发声渠道的定位，在政务微博、媒体微博扩大辟谣声量的基础上，引入垂直领域内的权威声音和账号。

2. 引入专业辟谣机构

微博已经与@ 中国食品辟谣联盟、@ 蝌蚪五线谱、@ 求真栏目、果壳网、公安网警体系账号、食药监总局等多个政务、媒体、科普网站建立了长期联

---

① 欧盟：谷歌、FB 和 Twitter 均未兑现其打击假新闻的承诺．［EB/OL］．腾讯网，2019－02－28.

合辟谣合作机制。如邀请果壳网“谣言粉碎机”入驻微博。果壳网成立九年来，通过文献爬梳器、人形小白鼠和实验党等发布了无数辟谣文章，涉及内容从食品安全到医学健康、从都市流言到神秘事件等。目前其在微博拥有超过 147 万粉丝，发布微博 1920 条。

3. 处理不实和辟谣信息

2018 年，微博共有效处理不实信息 74849 条，辟除新增谣言 352 例。平均每一条不实信息微博被 45 个网友举报，全年单条不实信息从举报到处理平均用时 16.97 小时，每条谣言澄清用时比 2017 年快了近一个小时。截止到 2018 年底，#微博辟谣#话题阅读数超过 50 亿，讨论量 411 万，同比去年阅读数增长了 35%。在#微博辟谣#话题平台、不实信息举报平台的基础上，站方发布《微博辟谣月度工作报告》，以当月为统计区间，内容包含两个平台的有关数据统计、辟谣信息及月度不实信息举报处理案例等。

（三）微博社区管理机制

对于不实信息的治理一直是微博社区工作的重中之重，早在 2012 年 5 月份就上线了不实信息的投诉功能，同时还开通了#微博辟谣#官方辟谣平台。为了更加有力地打击网络谣言，保证信息传播的客观真实性，微博于 2018 年年初上线了媒体辟谣平台，首批进入媒体辟谣平台的是中央媒体账号。2018 年底，微博对媒体辟谣平台进行优化升级，并正式更名为“媒体政务辟谣共治平台”。扩充了地方类有公信力的重点媒体账号共 1638 个，同时对公安、网警以及发布类共 1322 个有辟谣能力的政务账号开通辟谣功能权限。

媒体、政务账号主动辟谣，直接参与微博平台生态共治，全面提升了辟谣的及时性、权威性。网友可通过辟谣信息直接跳转至被标记的谣言内容，另外，微博还建立了完备的账号信用体系，让缺乏信用的账号缺少传播的渠道和能力，使得微博平台的信息自净能力得到质变，有利于微博从根本上实现社区秩序的健康晴朗。

微博还推出“微博监督员”制度和信用分制度，凡注册满一年、信用积分满 80 分且绑定手机号的微博用户都可申请成为监督员，监督员遇到色情、有害、违法信息，可以随时进行举报。

四、总结和思考

截至2019年第一季度，微博平台月活跃用户达到4.65亿，日活跃用户2.03亿。微博作为社交媒体平台，本身并不生产内容，谣言和假新闻也不是因为网络而产生，而是任何时代都存在的现象，只不过有了微博等新媒体平台，人们很容易知道彼此都在关注什么，信息传播速度更快，大家就觉得成了问题。尤其是一些有组织的行为，比如商业推手、利益集团等，他们的机构性的组织行为更容易带动舆论，造成有影响力的误导，从而产生比较大的负面影响。

社交媒体对谣言有放大的功能，但更多的是进行权威发布、公开透明、信息分享的平台，同样也是粉碎谣言的平台。谣言止于智者，要想削弱网络谣言的不良影响，还需要政府、媒体、社会大众等主体的共同努力。

从政府部门来说，应该积极采取措施让信息公开透明。人们容易受到网络谣言的影响主要原因是没有及时了解到事情的真相，如果政府及相关部门能够及时将事实公之于众，必将使谣言无立足之地。

从媒体方面来说，大众传媒要正确引导公众认知方向，主动核实信息真伪，及时反馈辟谣，让主流媒体成为公众获取真实信息的重要渠道。

从执法部门来说，要切实加大对网络谣言的法律管制。网络并不是法外之地，必须以法律对网络谣言进行有效的规制，实现“依法治谣”。

从社会大众来说，要切实提高自身对网络信息的辨别意识与能力。提高自身素质，理性看待网络谣言，并且做到在日常的生活和上网活动中不信谣、不传谣、不造谣，尽量从受众的视角降低网络谣言造成的危害，做一名网络谣言的终结者。

只有政府和监管部门积极引导，各个平台多家携手，全体网民齐抓共管、良性互动，才能建立信息真实的网络清朗空间。

论网络道德审判的正当界限*

网络道德审判是颇具争议性的社会现象，将其简单等同于网络暴力并否定其正当性忽视了网络道德审判与舆论和道德的双重联系。网络道德审判包含的道德评价是正当且必要的，其不正当风险来自对司法审判效果的模拟，在进行道德惩罚时混淆了道德惩罚与法律惩罚，从而侵害了审判对象的法律权利。道德评价的存在是网络道德审判必要的下限，而恪守道德与法律的边界和道德评价与道德惩罚的边界，不构成法律侵权则是网络道德审判可容许的上限。上限不容突破，下限也要得到保障。

道德审判是一种频现于网络空间并颇具争议性的社会现象。作为一种社会现象，道德审判在任何历史时期和任何传播介质中都可以发生。但在目前的传播环境中，BBS、微博、微信等网络平台已成为道德审判最主要的发生场域。事实上，“道德审判”这一概念也主要流行于网络空间。因此，人们如今谈论的道德审判实际上通常是指网络道德审判。

网络道德审判发生时往往会成为一时的社会热点，对当事人的生活会产生巨大的影响。而网络道德审判本身也成为争议、批判的对象，被认为是网络空间有待消除的病症之一。鉴于网络道德审判的社会影响和争议性，如何确定网络道德审判的正当界限已成为网络治理中亟待解决的问题。

* 本文作者须大为，中国传媒大学马克思主义学院讲师。

一、网络道德审判与网络暴力

"道德审判"并非一个有着严格定义的学术概念，而是由大众在网络空间中创造和使用的。人们在使用"道德审判"这一概念时，通常是指人们在道德的名义下对特定的社会成员进行的大规模声讨，并且往往与线上的人肉搜索、人身攻击和线下的骚扰、攻击行为联系在一起。因此，网络道德审判往往与网络暴力这一概念纠缠在一起。

网络暴力同样是一个未经严格定义的模糊概念。学者对网络暴力曾有如下这些概括：网络暴力就是网民在网络空间针对某一现象的道德审判①；网络暴力是网民利用网络手段营造舆论，对他人进行道德审判和语言攻击、辱骂，甚至通过"人肉搜索"暴露个人隐私，从而对当事人的现实生活产生直接影响的行为。② 可见，网络道德审判或者被等同于网络暴力，或者被认为是网络暴力的一个构成要件。

虽然道德审判并没有在概念上突出其暴力色彩，但在现象层面，网络道德审判和网络暴力确有很多重合之处。比如，两者都以网民为实施主体，起因都以道德义愤为主，都以语言文字为主要实施方式，都往往伴随人肉搜索和人身攻击，都可能延伸到现实生活中。网络暴力一般被认为属于语言暴力、侵权或失范。将网络道德审判等同于网络暴力自然会导致直接将网络道德审判视作不正当。然而，简单地把网络道德审判等同于网络暴力或网络暴力的一部分，进而将其判为不正当，实际上是忽视了产生道德审判乃至网络暴力背后的复杂社会机制。这一机制的存在决定了不能简单地将网络道德审判和网络暴力判为不正当。

道德审判首先是一种舆论。舆论是公众关于社会中各种现象、问题所表达的具有相对一致性、强烈程度和持续性的信念、态度、意见和情绪表现的总和。③ 道德审判符合舆论具有一定一致性、强度和持续性的要求，是公众对

---

① 姜方炳."网络暴力"：概念、根源及其应对［J］.浙江学刊，2011，(6).

② 陈代波.关于网络暴力概念的辨析［J］.湖北社会科学，2013，(6).

③ 陈力丹.舆论学——舆论导向研究［M］.北京：中国广播电视出版社，1999：11.

社会中违背道德规范的行为或道德品格低下的个人表达的强烈否定态度、意见和情绪，反映了公众的某种道德信念。网络道德审判仅仅是这种舆论在网络空间中的体现。网络道德审判中往往会出现激烈的言辞甚至露骨的人身攻击，但这并不改变其作为舆论的性质，只意味着其具有较高的舆论强度。网络道德审判甚至会以行为舆论的形式发生，从而导致线下针对审判对象的实际行动，如排斥、骚扰、恐吓。舆论体现的信念、态度、意见、情绪甚至是行为并非总是正当的，但舆论却是必不可少的社会机制。因此在分析道德审判的正当性时不得不考虑其作为舆论的合理因素。

其次，道德审判是道德发挥作用和显示自身的途径之一。舆论和道德有着内在的联系。舆论表达的信念、态度、意见、情绪在很多情况下是与道德相关的或由道德引起的，以至于李普曼（Walter Lippmann）认为舆论基本上就是有关事实的道德化和准则化的看法。① 同样，道德作为一种社会规范，其运行也离不开舆论。道德是通过社会舆论、传统习俗和内心信念维系并发挥作用的行为原则、规范的总和②。根据这一定义，社会舆论的参与也是道德发挥作用的内在要求，舆论和道德在现实中是共生的。网络道德审判因社会成员的悖德言行而发生，其依据是被社会广泛接受的道德规范和信念，目的是维护社会道德秩序，因此不得不承认网络道德审判是一种维护道德的社会舆论。

网络道德审判与舆论和道德有着双重的内在联系。正如我们不能简单否定舆论和道德的正当性，我们也不能简单否定网络道德审判的正当性。同样的结论，也适用于与网络道德审判关系密切的网络暴力。已有学者指出网络暴力是“双刃剑”，在带来社会风险的同时也有激浊扬清、促进社会公平公正的作用③。当然，这并不意味着网络道德审判一定是正当的，而是要求对网络道德审判做进一步的分析，从而在其内部确定正当性的界限。

---

① 沃尔特·李普曼．舆论［M］．常江，肖寒译．北京：北京大学出版社，2018：100.

② 罗国杰．伦理学［M］．北京：人民出版社，1989：10.

③ 陈代波．关于网络暴力概念的辨析［J］．湖北社会科学，2013，(6)．

二、网络道德审判与道德评价

对道德审判的分析首先可以发现道德审判包含着道德评价。道德评价根据一定的道德规范准则体系，对社会中的个体或群体的道德活动做出善或恶、正或邪、道德或不道德的价值判断，以达到褒善贬恶、扬善抑恶的目的①。在道德审判中，必然包含审判者对审判对象善恶、对错、道德或不道德的判断和评价，不管这些判断和评价是否正确，是否公正。道德审判中的道德评价无疑是负面的，表现为道德批评、道德谴责。

现实中的道德审判中往往会出现激烈、极端或带有侮辱性的言辞。2006年“虐猫女”事件中的一位当事人在事后接受采访时表示，“有些网友尽其所能的那种责骂、辱骂，丝毫也不亚于虐猫的那种残忍”②。这样的言辞虽然是道德批评、道德谴责的情绪化、极端化形式，但是在措辞方面显然存在失当的问题。如果暂不考虑措辞失当的情况，道德批评、道德谴责作为道德评价本身不仅是正当的，而且是必要的。

道德是通过社会舆论、传统习俗和内心信念维系并发挥作用的行为原则、规范。不管是通过社会舆论、传统习俗还是内心信念，道德要发挥作用都必须经过道德评价这一环节。一种道德规范被一个社会成员接受的表现之一就是这个社会成员依据这一规范评价自己或他人是否道德，对自己或他人符合道德的行为进行肯定和褒奖，对自己或他人不符合道德的行为进行自责或批评、谴责。这样的褒奖和谴责即使没有被表达出来，也必然存在于这一社会成员的内心中。可以说道德评价就是道德的功能和表现形式之一，不存在从不被用来进行道德评价的道德规范，因此道德评价这一活动本身的正当性是不容否定的。

道德评价又分为道德的自我评价和道德的社会评价。前者是社会成员对自己关于善恶、对错的自我认识，通过评价者自己的内心信念即良心来进行；后者是社会成员对其他社会成员的行为所作的善恶、对错的认识，通过社会

---

① 罗国杰. 伦理学［M］. 北京：人民出版社，1989：403.

② 新闻调查：揭开虐猫事件的真相［EB/OL］. 新浪网，2006-04-26.

舆论来进行。“从道德的功能来看，所谓道德的评价功能，主要是对社会评价的功能而言的。”① 道德审判中的道德批评、道德谴责显然就属于道德的社会评价。

和法律相比，道德这一规范形式的核心特点是其自律性，但这不意味着道德不能被用来对他人提出要求。道德要发挥规范社会成员的行为、协调社会成员关系的作用，就不可避免地被用来要求他人。即使是道德被用来自律时，道德规范的要求在一定的社会中也具有普遍适用性，而不仅仅是为个人量身定制的。在实践中，社会成员用道德自律的同时，必然同时认为其他社会成员也需要符合道德规范的要求，从而用自己接受的道德规范去要求他人、评价他人。“至于那些试图否定我们的道德判断以及我们观点的人，我们会倾向于认定其是错误的、异己的、危险的。”② 虽然不同人的道德境界有高低之分，每个人接受的具体道德原则、规范也有所不同，但维系社会基本秩序和源自共同文化传统的道德原则、规范是人际间共享的，而这构成了道德社会评价的依据。

同时，道德评价也是公民言论自由的内容。《世界人权宣言》第十九条规定“人人有权享有主张和发表意见的自由”。《公民权利和政治权利国际公约》第十九条规定“人人有表达自由之权利”，其限制为“尊重他人权利或名誉；保障国家安全或公共秩序，公共卫生或风化”。我国《宪法》第三十五条也明确规定我国公民享有言论自由。2010 年国务院新闻办公室发布的《中国互联网状况》白皮书表示“依法保障公民在互联网上的言论自由”。表现为道德批评、道德谴责的道德评价是社会成员对自己所持道德观念和自己对他人所作道德价值判断的表达，在“尊重他人权利或名誉”的限度之内是正当的，是公民言论自由权的一部分。任何具备民事行为能力的公民都有对其他社会成员进行道德评价的权利。这一权利的享有和道德评价主体具体持哪种道德观念无关，也和道德评价主体自身达到哪种道德境界无关。因此道德评价主体即使所持的道德观念是错误的，或者自身道德境界不高，甚至有明显

① 罗国杰．伦理学［M］．北京：人民出版社，1989：432.

② 沃尔特·李普曼．舆论［M］．常江，肖寒译．北京：北京大学出版社，2018：100.

的道德瑕疵，也依然享有对其他社会成员进行道德评价的权利。只是这同时也意味着，任何公民都可以成为他人道德评价的对象。

因此，仅就网络道德审判的道德评价属性来看，在尊重他人权利或名誉的前提下，网络道德审判在伦理上不但是正当的，而且是必要的。这也同时意味着，如果在网络道德评价中构成对他人权利的侵害，网络道德审判也可以是不正当的。情绪化、极端化、带有侮辱性的道德谴责会导致对谴责对象权利的侵害，因而需要避免。不过，这样的侵害并非网络道德评价的内在要素，尚不足以否定网络道德审判的伦理正当性。

三、网络道德审判与道德惩罚

作为道德评价的道德审判是正当的，但道德审判所要做的不仅仅是道德评价。从字面上看，道德审判借用了“审判”这一司法概念，而“审判”与批评乃至批判、谴责都是明显不同的。这一借用首先意味着有必要区分道德审判与媒介审判。

媒介审判是指新闻媒介在报道正在审理中的案件时超越法律规定，侵犯人权，影响审判独立和公正的现象①。可见媒介审判不同于道德审判，也并非比道德审判更一般的概念，而是特指媒介对司法审判的干预。

道德审判借用了“审判”一词，但与司法审判却没有直接的联系。在现实中，道德审判和司法审判往往会产生交集：或者在司法审判的过程中伴随着道德审判，比如，2010 年的药家鑫案、2017 年的江歌案；或者道德审判推动了司法审判的启动，比如，2007 年的钱军打人事件；或者道德审判本身引发了司法审判，比如，2007 年的王菲案。尽管如此，道德审判在概念上与司法审判并无关联，两者在实践中的关联、互动是偶然的。司法审判作为司法程序之一，属于法律范畴，而道德审判是一种道德现象。

司法审判本身不要求媒介与公众的参与。尽管媒介和公众有知情权，并负有社会监督的职责，但媒介进行报道和公众进行讨论时必须维护司法的独立和公正。媒介审判影响了司法独立和公正，是媒介履行职责的越位，因而

---

① 魏永征．新闻传播法教程［M］．北京：中国人民大学出版社，2016：89.

是不正当的。而社会舆论的参与是道德现象的内在构成因素，因而道德审判中舆论的参与本身并不构成越位。然而，道德审判中舆论参与的方式却仍然构成了越位，这一越位体现在道德惩罚这种现象中。

道德审判与司法审判没有必然联系，但道德审判却希望在实践中模拟司法审判的效果，故而借用了“审判”一词。道德审判并不遵循任何类似司法审判的程序，其对司法审判的模拟通过实施惩罚来实现。道德审判不仅仅进行道德评价，还试图进行道德惩罚。在历次著名的网络道德审判事件中，审判对象都受到了各种形式的严厉惩罚：个人以及家属的信息被公开、受到谴责甚至谩骂、电话被打爆、住所受到骚扰、人身安全受到威胁、被工作单位辞退、背井离乡、人间蒸发等。这些惩罚成为网络道德审判被诟病的主要原因。网络道德审判的正当性，很大程度上取决于这些惩罚的正当性。

惩罚是任何社会中都存在的现象，报应论和功利论为惩罚提供了正当性论证。报应论认为错误的行为必须受到相应的惩罚，其错误本身就构成惩罚的正当依据；功利论认为惩罚因其预防、威慑错误行为的作用获得其正当性依据。在这两种情况下，惩罚都“意味着痛苦和限制，具体表现为对自由、财产乃至生命等权利的剥夺”①。这样的惩罚是社会正义的重要实现形式。如果惩罚中的痛苦和限制同样是一种恶，那么这样的恶也是必要的。因此，惩罚本身在伦理上并非不正当。

道德惩罚是惩罚的一种。杰里米·边沁（Jeremy Bentham）最早对这一惩罚形式进行了说明：“如果蒙难者的不端行为，或者被设想为不端的行为使他得不到任何友好的帮助，从而蒙受苦难，这便是来自道德约束力的惩罚。”②可以认为道德惩罚是指因违反社会公认的道德规范而招致的惩罚。“道德惩罚通过公共舆论、传统习俗、内心信念和道德良心等对违背道德法则的行为或坏的道德品质予以谴责，对社会道德风尚产生不良影响的行为体的道德权利予以限制和剥夺，从而促使该道德行为体实现由恶向善的转化，达到维护道

---

① 左高山，刘艳，席云鹏．论道德惩罚及其目的［J］．伦理学研究，2007（29）：32—37.

② 杰里米·边沁．道德与立法原理导论［M］．时殷弘，译．北京：商务印书馆，2000：83.

德良知的、重申道德秩序的目的"①。可见道德惩罚与道德评价在概念上有着大量的重叠。两者都通过社会舆论、传统习俗和内心信念发挥作用，都对违反道德规范的行为进行道德谴责。不同之处在于，道德惩罚主张对谴责对象道德权利的限制和剥夺。如果说道德评价侧重的是"褒善贬恶"，那么道德惩罚侧重的是"惩恶扬善"。

道德惩罚必然符合惩罚的一般特征，即要让违反道德规范的社会成员遭受痛苦和限制。这样的痛苦和限制首先可以来自道德批评和道德谴责，也就是来自道德评价。道德批评和道德谴责是对评价对象的道德价值、道德人格不同程度的否定。对于一个内心对道德有信念，或者说有良心的社会成员来说，对自身道德价值、道德人格的否定必然会使其感到某种形式的痛苦。道德评价形成的社会舆论则会显著地增加这一痛苦。即使评价对象并没有相应的道德信念或良心，社会舆论形成的压力也以足以使其感受到明显的痛苦。2006 年"虐猫女"事件的当事人事后曾坦言："一个人的一生当中承载了这么多人的唾沫，等于说有数以万计的人在辱骂你，我觉得这种压力是很大的，我真的无法再面对周围的人。"② 在这一意义上，道德批评和道德谴责本身就构成一种道德惩罚，而且事实上是道德惩罚大多数时候采取的形式，这也是道德惩罚和道德评价在概念上多有重合的原因。

然而道德惩罚理论上可以超出道德评价，对惩罚对象的道德权利进行限制甚至剥夺。道德权利是道德赋予社会成员的实施某一行为或主张某种利益的权利，既包含被合乎道德地对待的权利，比如不受欺骗、不受侮辱、不受不公正对待等，也包含人身自由、拥有财产、生命安全这样更为基本的权利。事实上，社会成员所拥有的权利首先都是道德权利，这使得道德权利成为社会成员最为广泛的权利。如果一个社会成员习惯于说谎，那么他的所作所为不仅会引发批评他不诚信的社会舆论，也自然会导致他在社会生活中不被信任、不被尊重，甚至被排除在很多社会活动之外。在这种情况下，他的部分道德权利便受到了限制甚至剥夺，其后果便是边沁所说的"得不到任何友好

① 左高山，刘艳，席云鹏．论道德惩罚及其目的［J］，伦理学研究，2007（29）：32—37.
② 新闻调查：揭开虐猫事件的真相［EB/OL］．新浪网，2006－04－26.

的帮助，从而蒙受苦难”①。这样的道德惩罚也很难说是不正当的。

道德权利的广泛性似乎意味着道德惩罚可以将任何权利纳入管辖和打击的范围。在历史上，违反道德的行为也确实可能导致极为严厉的惩罚，甚至可能被剥夺生命。比如，在我国传统社会中，不孝、不睦、不义等悖德行为曾被列为最为严重的“十恶”罪行，视情节最高可适用死刑。但现代社会的特征之一是法律退守底线伦理以保护最基本的道德权利，成为维护社会秩序、协调社会关系更基本的规范形式。很多基本的道德权利，比如人身自由、财产、生命、言论自由、政治参与、隐私、名誉等权利已经同时成为受法律保护的法律权利。违反相应法律的行为才会导致这些法律权利的限制或剥夺，这便是法律惩罚。与道德惩罚不同，法律惩罚由强制力保证实施，因而其惩罚的效果更强，手段也更为严厉。而现代社会合法的强制力由国家所垄断，因此法律惩罚的实施主体只能是代表国家的司法机关。

于是，道德权利这一领域又分化为法律权利和法律权利之外的道德权利两部分。与之伴随的是，现代社会中尽管道德仍然可作为法律的法理依据，但道德和法律这两种规范体系在实际运用中的操作界线更为清晰了，由法律保障的权利只能由法律来限制和剥夺。这意味着道德惩罚已不能将法律权利纳入限制或剥夺的范围，越过这一界线，便僭越为法律惩罚。

这样的僭越在网络道德审判中恰恰经常发生。网络道德审判中会出现“将××判刑”“××该坐牢”甚至“××该死”这样的呼声，这便是道德审判试图将道德惩罚僭越为法律惩罚的一种表现。在多起网络道德审判事件中，审判对象都受到了人身威胁，或者因个人信息被披露成为“透明人”，因持续的骚扰无法正常工作和生活。这些相当于剥夺了审判对象的人身自由、隐私权等法律权利，是道德惩罚僭越为法律惩罚的另一种表现。

道德惩罚对法律惩罚的僭越还表现为，审判者认识到审判对象因没有触犯法律而不适用法律惩罚，但认为审判对象必须受到足够严厉的惩罚，因而采用曝光隐私、通过恐吓威胁限制审判对象的自由、通过骚扰审判对象的工作单位剥夺其劳动权等手段进行惩罚。这样的惩罚虽然以对悖德行为和违法

---

① 杰里米·边沁．道德与立法原理导论［M］．时殷弘，译．北京：商务印书馆，2000：83.

行为的区分为前提，但却是对法律惩罚的模拟和替代。审判者主观上希望这样的惩罚能达到法律惩罚类似的效果，这样的惩罚客观上也部分达到了预期效果。因此，这种惩罚仍然可以被视为对法律惩罚的僭越。

以上几种僭越在“道德审判”一词中表现为对“审判”这一司法概念的挪用。这暗示着道德审判的参与者不仅仅进行道德评价，同时也不满足于通过道德评价进行道德惩罚，而且还希望在无法诉诸国家强制力的情况下获得法律惩罚的强制效果。因此道德审判的参与者试图通过个人和社会的力量限制甚至剥夺审判对象的法律权利，从而让审判对象付出更大的代价，遭受更大的痛苦。从这一点看，道德审判本质上包含着某种私刑，因而是不正当的。

因此，网络道德审判的道德惩罚属性暴露了其不正当性的主要来源，即混淆了道德惩罚和法律惩罚，侵犯了当事人的法律权利。造成网络道德审判这一问题的原因是多方面的。公众以及部分媒体法律意识的淡薄是导致网络道德审判侵权问题的认识基础。道德审判中类似暴力强制的惩罚方式迎合了部分公众掌握话语权、掌握权力的需要，这构成了网络道德审判侵权问题的心理基础。互联网平台便捷性、匿名性的特点降低了公众参与道德审判的成本和风险，这构成了网络道德审判侵权问题的技术基础。更重要的是，公众对社会道德状况的不满，以及公众对部分社会成员道德境界低、不知羞耻的这一认知使被压抑的道德正义感以极端的形式释放出来，这构成了网络道德审判侵权问题的社会基础。

需要指出的是，随着飞速发展的自媒体网络平台对传统媒体的全面融合和对社会生活的全面渗透，网络道德审判所造成的道德惩罚不仅在主观上试图僭越为法律惩罚，在效果上也已经达到甚至是超越法律惩罚，给审判对象造成远甚于司法判决施加的损失和痛苦。因此在不简单否定网络道德审判正当性的同时，对其不正当的内容又亟须进行限制。

四、网络道德审判的伦理定位及限制

以上分析澄清了网络道德审判各构成要素的伦理性质。在此基础上有必要对网络道德审判进行重新定位及一定的限制，以保留其正当的因素，排除其不正当的因素。

网络道德审判以网络舆论介入社会道德事务是正当且必要的，其道德评价功能也是正当且必要的。网络道德审判主要的不正当风险来自道德审判在进行道德惩罚时混淆了道德惩罚与法律惩罚，从而侵害了审判对象的法律权利。正当的道德惩罚当以不构成法律侵权为限。虽然正当的道德惩罚不仅仅限于道德评价，但鉴于网络道德审判依托网络、主要借助社会舆论发挥作用的特点，在网络道德审判中将正当的道德惩罚限制在道德评价范围内是比较妥当的。道德批评、道德谴责作为道德评价是正当且必要的，并且已经构成一种形式的道德惩罚。这一意义上的道德惩罚同样是正当且必要的。这一限制既较为彻底地避免了网络道德审判对法律惩罚的僭越，同时也能够充分体现网络舆论的作用。可以说，网络道德评价的存在可以作为网络道德审判必要的下限。低于这一下限，网络道德审判包含的反映社会舆论、维护道德规范的合理因素就无法得到保障。

将网络道德审判限制为道德评价，实际上便使得“网络道德审判”这一表述本身变得不再恰当，有必要将其重新定位为“网络道德批评”，这一概念又都从属于“网络道德舆论”。“审判”一词的使用虽然并不限于司法领域，但其使用总是伴随着浓厚的司法色彩。除了“道德审判”之外，宗教领域的“审判”也是如此。这些“审判”都指向一种道德与司法，或者宗教与司法合一的活动。根据以上的分析，这样的活动正是道德舆论在现代社会需要避免的。将“网络道德审判”重新定位为“网络道德批评”有利于消除这一隐患。经过重新定位后，“网络道德批评”的正当性界限就是道德评价的正当性界限。

首先，网络道德批评要恪守道德与法律的边界。恪守这一边界又体现为：第一，网络道德批评不得干预司法审判，以免沦为媒介审判。这就要求网络道德批评不得在道德评价中擅用法律术语为批判对象定罪。第二，网络道德批评不得违反任何法律，不得构成法律侵权。这就要求网络道德批评不得公布任何人的隐私信息，不得用语言暴力和造谣诽谤等形式侵害批评对象的名誉权。第三，网络道德批评不能期望获得与法律一样的强制执行力。网络道德批评对批评对象的作用仅限于舆论压力和其本人的良心，只能以道德发挥作用的方式发挥其作用。其次，网络道德批评要恪守道德评价的边界。这意味着网络道德批评除进行批评、谴责之外不宜对批评对象采取任何其他惩罚行为。网络道德批评的目的不是令违反道德规则的社会成员付出和违法一样的代价，批评者必须抑制实施惩罚的冲动。以上限制构成网络道德审判可容许的上限，突破这一上限，网络道德审判便可能突破舆论的界限而对社会成员的权利造成侵害。

总而言之，网络道德审判的正当性上限不容突破，其正当性下限也需要得到保障。伴随着人肉搜索、人身攻击甚至骚扰、恐吓的网络道德审判突破了上限，因而是不正当的。但作为下限的网络道德评价却是必不可少的社会活动，所有媒体和社会成员都有参与的权利，也都没有免受波及的特权。

第三部分 03

微政务创新

媒体对公共政策过程影响研究综述：“传统媒体”框架的失灵与“社交媒体”框架的缺失*

媒体通过对政策渐进式的影响，不断促进社会形态的嬗变。面对变革，我国学界还未能从传统媒体的框架中摆脱路径依赖，传统媒体长期以来处于行政隶属地位，使得其他利益诉求难以在传统媒体上发声；而社交媒体的兴起又进一步分化了传统媒体对公共政策过程的影响力。“运动式”的媒介公共政策动员手段导致意见的撕裂，地方传统媒体一片叫好，社交媒体不乏争议。这是因为我国还未形成系统的社交媒体的公共政策过程影响管理机制，主要表现在以下几个方面：未能给相关管理部门提供足够的社交媒体治理经验，缺乏社交媒体对公共政策过程从“问题产生”到“效果评估”各阶段影响方式和作用的详尽分析；未建立起与社交媒体对应的政策过程传播管理框架，社交媒体的管理仍停留在“消极管理”阶段，缺少“积极管理”机制。文章试从传播学、公共政策过程理论出发，利用框架分析与对比研究的方法，综述当前传统媒体与社交媒体对公共政策过程影响存在的差异因素、国内传统媒体影响公共政策过程框架失灵的原因以及社交媒体框架对公共政策过程影响研究的缺失。

---

* 本文系北京市宣传文化高层次人才培养资助项目《依法治网背景下的“网络善治”研究》（项目编号为016XCB093）的阶段性成果。

本文作者张焱，清华大学新闻与传播学院博士生；戴楷然，山东大学外国语学院本科生；支宇珩，清华大学新闻与传播学院的本科生；Muhammad Furqan Rao，清华大学新闻与传播学院博士生。

本文载于《西华大学学报》哲学社会科学版，2018. 37（5）.

媒体（media）一词来源于拉丁语“Medius”，音译为媒介，意为两者之间。媒体是传播信息的媒介。在西方的语境中，媒介与媒体的翻译都是media，二者在国内学术语境下也经常互用，指人们传递信息与获取信息的工具、渠道、载体、中介物或技术手段。本文采用“媒体”概念阐释大众媒体与社交媒体作用于公共政策过程各个环节的特点和方式的异同，主要把“媒体”概念放在社会各种组织关系中进行定位，挖掘其作为新的媒介形态所创造的社会公共空间或公共领域，突出其社会属性，而非其工具属性。

一、社会形态的改变：从媒体对政策的影响开始

人类发展的进程同时也是媒介发展的进程，语言和文字的发明，使得人类的抽象思维能力较之前语言时代大大提升；古罗马时代，尤利乌斯·恺撒用一块涂有石膏的木板（后人称之为《每日纪事》），利用舆论制衡元老院中的反对派压力；东汉蔡伦造纸术与宋代毕昇的活字印刷带给欧洲人约翰内斯·古登堡宝贵的灵感，他在十五世纪中叶用印刷版的《古登堡圣经》催化文艺复兴的梦想；无线电广播与电视让传播“无远弗届”，互联网的时代使传播的中心不断分散，使普通人不仅能够倾听世界，同样给他们与世界“对话”的可能性。

本尼迪克特·安德森在《想象的共同体》中讲，当代民族的概念是由民族主义者们想象出来的，而促成这种想象的核心要素便是“资本印刷媒介”。从媒介发展的演进来看，从前媒介时代到印刷媒介时代，再到电子媒介时代①，进一步到现在的互联网时代，传播权力不断从垄断走向相对民主，从中心化走向去中心化，从精英参与走向民众参与，传播速度由慢到快。这种种变化甚至引起了社会形态的变化。

媒体之所以引起社会形态变化，就在于掌握媒介使用权的群体的变更，新意识形态对国家既有意识形态的冲击，这种冲击外化的直接表现便是媒体对政策的影响。

在当代，这种影响会随着媒体使用权的“下移”表现为“社交媒体对公

---

① 谷月娟. 后媒介时代的公共领域研究［D］. 北京：北京邮电大学，2006.

共政策的影响”。公民在以“社交媒体”为代表的互联网时代对公共政策过程的参与程度将不断加强，参与方式也将不同于曾经的三类传统媒体形态（报纸、广播、电视），这是一个无法摆脱的历史趋势。

媒体在公共政策过程中的影响力可以使得社会形态发生渐进式地转变，尤其是以报纸、广播、电视为主的传统媒体诞生以来，媒体对公共政策影响方面的研究便不绝于耳，大量的批判或实证的研究成果基于大众媒体成为经典。例如，尼尔·波兹曼以大众媒体研究为基础的《娱乐至死》①，描述了资本主义既得利益者通过媒体使得人们丧失批判的能力，并对文化工业生产出来的信息乐此不疲，这便是资本主义工业社会的“集权主义”。直到互联网的诞生，打破了原来传统媒体稳定的市场格局，新的传播模式使原有的诸多传播理论在新的环境下表现出越来越多落后于时代的局限性。

二、中外“媒体对公共政策过程影响”的研究概况

公共政策过程，或者公共政策周期，是某一公共政策从制定到终结经历的不同功能性阶段。拉斯韦尔研究途径（The Lasswellian Approach）是公共政策领域中的主要研究方法。拉斯韦尔研究途径认为公共政策过程包括情报（intelligence）、提议（promotion）、规定（prescription）、合法化（invocation）、执行（application）、终结（termination）和评估（appraisal）七个阶段。② 在拉斯韦尔研究范式的启发下，国内学者对公共政策过程进行了功能性阶段的划分。李金珊、叶托认为公共政策过程包括问题构建、议程设定、政策规划、政策决定、政策执行、政策评估、政策终结等七个阶段③；而朱亚鹏认为公共政策过程分为问题构建、议程设定、政策建构、政策决策、政策执行和政策

① 波兹曼．娱乐至死［M］．北京：中信出版社，2015.

② ［美］Lernerand D. Lasswell，H. D. The Policy Orientation in the Policy Sciences［C］．Stanford：Stanford University Press，1951.

③ 李金珊，叶托．公共政策分析：概念、视角与途径［M］．北京：科学出版社，2010：125—131.

评估五个阶段①；吴立明、傅慧芳指出，完整的公共政策过程包括四个阶段，即政策制定、政策执行、政策评估和政策终结，另有政策监督贯穿整个过程。②

（一）西方“媒体对公共政策过程影响”研究概况

1. “传统媒体”在公共政策过程中的三大作用

关于“媒体对公共政策过程影响”的研究，西方新闻界学者研究的关注点主要集中在政治竞选活动中新闻媒体的作用，但是公共政策学者对新闻媒体的作用颇为关注，积极探索新闻媒体在公共政策过程中建构议题、确定议程、担任政策主体的三大作用。

关于建构议题的作用。公共政策学者拉雷·N·格斯顿在《公共政策的制定——程序和原理》一书中指出，大众媒体是公共政策的议题建构者之一。大众媒体能够将“私人”问题通过公开报道转化为“公共”问题，使之成为政府政策议程的一部分。③ 政策学者 R. 科布和 C. 埃尔德在《事关重要的新闻：电视与美国民意》一书中认为，新闻媒体特有的“触发”机制使其成为议题的建构者。他们认为，如果问题十分严重，并且得到有效的新闻曝光，这一问题便会进入公众视野，也会找到成为政府议题的路径。④

关于确定议程的作用。政策学者托马斯·戴伊在《民主的嘲讽》中指出，新闻媒体可以推动政府确定议程。“媒体最基本的权利来自其为国家设定政治日程的能力，而政治日程的设定是决定什么事情应当决策的权力”。⑤ 在《理解公共政策》一书中，戴伊在“议程设定”和“意见生成”两个方面探讨了新闻媒体在公共政策过程中的作用，认为新闻媒体在界定问题和设定议程方面成效明显。⑥

---

① 朱亚鹏. 公共政策过程研究：理论与实践［M］. 北京：中央编译出版社，2013：24—34.

② 吴立明，傅慧芳. 公共政策分析［M］. 厦门：厦门大学出版社，2006.

③ ［美］拉雷·N·格斯顿. 公共政策的制定——程序与原理［M］. 朱子文，译. 重庆：重庆出版社，2001.

④ ［美］唐纳德·肯德. 事关重要的新闻：电视与美国民意［M］. 芝加哥，1987.

⑤ ［美］托马斯·戴伊. 民主的嘲讽［M］. 孙占平，等译. 北京：世界知识出版社，1991.

⑥ ［美］托马斯·戴伊. 理解公共政策［M］. 北京：中国人民大学出版社，2004：40 页.

关于担任政策主体的作用。新闻媒体担任政策主体主要是由其在报道过程中的角色决定的。政策学者迈克尔·豪利特在《公共政策研究：政策循环与政策子系统》中指出，新闻媒体在报道过程中的角色是复杂的，是消极报道者和积极分析者的结合，同时又是解决方案的鼓吹者。① 这一复杂的角色使得新闻媒体能够强烈影响这政府及社会公众在公共问题及其解放方案方面的偏好。

2. “社交媒体”的兴起对公共政策过程的作用

社交媒体（Social Media）这一概念起源于美国，以 Facebook、Twitter 的兴起为代表。马歇尔·麦克卢汉（Marshall McLuhan）认为社交媒体不仅仅是信息的传播媒介，也是影响人类决策过程和公共事务的工具。② 安东尼·梅菲尔德（Antony Mayrield）认为社交媒体是基于互联网技术并具有参与性、开放性、交流性、社区化、连通性等特征的网络媒介。③ 传播学学者安德烈·开普勒（Andreas Kapan）和迈克尔·亨莱因（Michael Haenlein）认为社交媒体是建立在 Web 2.0 观念与技术基础之上的网络应用，使用者可以生产信息并进行互动。④ 近年来，社交媒体被广泛用于电子政府的创建工作，在打击腐败、电子政务、危机处理和灾难治理等方面发挥着重要作用。

（一）国内“媒体对公共政策过程影响”研究概况

1. “传统媒体”对公共政策影响的四种模式

复旦大学新闻学院童兵教授指出：对于新闻媒体对于政策的影响这样评价：“新闻媒体在政策宣达环节、部分政策的执行环节所起的作用比较显著，而在其他环节如政策问题的确定、政策方案的设计与辩论、政策本身价值的

---

① ［加］迈克尔·豪利特．公共政策研究：政策循环与政策子系统［M］．庞诗，等译．北京：生活·读书·新知三联书店，2006：102.

② HOLLIHAN，T. A.，& KEVIN T. BAASKE，K. T. （1994）. Arguments and Arguing：The Products and Process of Human Decision Making. Saint Martins Press.

③ 参考 Mayfield：A. What is Social Media（2008）.

④ KAPLAN A M，HAENLEIN M. “Users of the World，Unite! The Challenges and Opportunities of Social Media”［J］. Business Horizons，2010（1）：59—68.

评价、政策终止等环节能够产生的实际影响还不太明显。”①

对于大众媒体对公共政策过程中的作用和影响，学界已经有较为成熟的总结。基本分为以下四种模式②，如表1：

表1 “传统媒体”对公共政策影响的四种模式

模式	作用与影响
模式一：动员模式	政治领导人提出政策创议—大众传媒的动员和组织— 组织和民众的认同— 政策议程正式确立
模式二：突发（危机）事件模式	突发（危机）事件—大众传媒报道—民众关注—舆论产生— 政策诉求— 政策议程创立
模式三：新闻调查模式	大众传媒的新闻调查—民众关注— 舆论产生— 政策诉求— 政策议程创立
模式四：民意模式	广泛的民意—大众传媒的强化和引导— 政策诉求—政策议程创立

2. “社交媒体”对公共政策过程影响所集中的三个方面

笔者将“社交媒体”与“公共政策过程”作为主题关键词在“知网”数据库进行搜索，仅仅有12篇文章显示在结果中，进一步发现国内对于社交媒体与公共政策过程方面的研究主要集中在以下几个层面：

A. 政务社交媒体对政策形成后的传播研究：学者窦慧彬比较了传统媒体和政务社交媒体对“二孩政策”议程的影响③；学者王笑圆则提出政务社交媒体应通过告知核心主张、寻找民意、善用电子政务等方式推动政务信息传

① 童兵．大众传媒和公共政策的关系［J］．当代传播，2008（6）：14.

② 汪凯．大众传媒与当代中国公共政策——转型时代的状况与趋向［D］．复旦大学，2004.

③ 窦慧彬．我国传统媒体与社交媒体关于“二孩”政策的议程影响研究［D］．上海：上海外国语大学，2017.

播的公关对话新范式①。

B. 公众对政务社交媒体的使用状况研究：学者陈然通过调查公众使用政务微信的情况，提出了将政务微信纳入政务新媒体矩阵管理、强化市场运作意识、提升公众的有用性感知等发展策略②。学者孟天广通过探究政务新媒体的信息传播，了解对网民政治态度和行为的影响，指出政务社交媒体的传播干预切实发挥着影响公众政治态度和行为的积极效果③。

C. 国内外政府对社交媒体应用的制度与体系建设研究。学者 David Coulson 和关涔通过中东地区社交媒体对政治和政策的影响、官方利用社交媒体时的传播方式及对政策制定者的影响，展现阿拉伯世界社交媒体对社会进程的影响④。

三、"传统媒体"与"社交媒体"对公共政策过程影响的差异分析

"社交媒体"时代能否沿袭"传统媒体"对公共政策过程影响的框架，只有通过两种媒体形式的对比，才能看到他们内在逻辑与本质的差异。本文借鉴传播学香农—韦弗模式和施拉姆的传播学 5W 模式作出分析框架，并采用霍尔的"编码—解码"理论和马克·格兰诺维特"强关系—弱关系"理论，将其中的一级指标"传播效果"分解为"传受双方的关系强弱""传播的指向性""反馈的即时性"和"对公共政策过程的影响路径"四个二级指标进行分析；将"噪音"部分分为"政治影响方式""其他利益集团影响强度""对信息解码的权力归属"和"把关人的作用强弱"四个指标进行分析，结果如表 2：

① 王笑圆．社交媒体时代政务传播的公关对话新范式［J］．青年记者，2017，(14)：72—73.

② 陈然．政务微信的传播效果与发展策略——基于对网民的问卷调查［J］．青年记者，2015 (9)：29—30.

③ 孟天广，郑思尧．信息 传播与影响：网络治理中的政府新媒体 ——结合大数据与小数据分析的探索［J］．公共行政评论，2017，(1).

④ David Coulson，关涔．阿拉伯世界社交媒体、政治与公共政策的动力［J］．全球传媒学刊，2014，1 (1)：34—45.

表2 “传统媒体”与“社交媒体”对公共政策过程影响的差异分析

		大众媒体	社交媒体
传播者		专业传媒机构	个体公民、利益集团、政府
受众		社会大众	建立“链接”的个体或组织
信道		报纸、广播、电视等传统大众媒体	基于互联网技术的社交媒体
内容生产方式		PGC（专业生产内容）	UGC（用户生产内容） OGC（组织生产内容） PGC（专业机构生产内容）
传播效果分析	传受双方的关系强弱	弱关系	强关系、弱关系
	传播的指向性	散射状，一对多	网状，多对多
	反馈的即时性	反馈迟缓	反馈即时
	对公共政策过程的影响路径	自上而下（宣传式）	自下而上（协商式）
“噪音”分析	对政府机构的影响方式	直接影响	间接影响
	其他利益集团影响强度	弱	强
	对信息解码的权力归属	只有官方的解读方式	每个人都可以发布自己的解读角度
	把关人的作用强弱	强	弱

由上表可知，从传播学的经典模式出发来分析大众媒体与社交媒体，其各个指标都存在本质上的差异。从本身性质来看，大众媒体的传播者是专业传媒机构，受众是社会大众，主要通过报纸、广播、电视等渠道生产信息，信息内容高度专业化；而社交媒体的传播主体多元化，包括从普通公众、利

益集团到政府部门等，受众方向也发生变化，信息由用户、组织、专业机构等生产，借助社交媒体横向传播，流向下一个“链接”用户。从传播效果来分析，大众媒体中传受双方处于弱关系，形成“一对多”的自上而下的传播路径，反馈迟缓；而由于传播主体的差异，社交媒体传受关系既有强关系也有弱关系，形成了“多对多”的自下而上的传播路径，反馈速度十分及时。从传播影响来看，大众媒体的信息直接影响政府机构，但是利益集团的影响较小，信息解读也只有官方的解读方式，政府把关人的作用强烈；而社交媒体的信息不能直接影响政府机构，但是却可以直接影响利益集团，用户对信息会进行多元化的解读，因此政府把关人的作用也会减弱。

四、“传统媒体”框架对公共政策过程影响“失灵”的三点原因

“传统媒体”框架对公共政策过程影响“失灵”，即是“传统媒体”无法充当广大群众的工具对公共政策过程产生足够影响，正如童兵教授所说“媒体除政策宣达与部分执行环节之外影响不太明显”。而“社交媒体”的兴起，赋予更多人说话的权利，人们的表达欲望、权利意识在这个平台上得到了释放与唤醒，这进一步分化了“传统媒体”对公共政策过程的影响力。

习近平在网络安全和信息化工作座谈会上，明确提出了“建设网络良好生态，发挥网络引导舆论、反映民意的作用”的具体要求。他要求“各级党政机关和领导干部要学会通过网络走群众路线，经常上网看看，潜潜水、聊聊天、发发声，了解群众所思所愿，收集好想法好建议，积极回应网民关切、解疑释惑”，从而明确提出了“网络群众路线”的时代命题①。“网络群众路线”的实质，就是群众能够通过网络表达利益诉求。公共政策过程能不能符合各方利益诉求，取得最大公约数，“社交媒体”成为判断公共政策效果的重要晴雨表。

公共政策过程是与群众密切联系的政府行为，政府在制定政策时需要参考人民的意见，在公共政策过程的“发现问题、制定政策、实施政策、评估政策”等各个阶段，用好“社交媒体”这一“群众路线”平台，变“消极管

---

① 习近平在网络安全和信息化工作座谈会上的讲话［EB/OL］. 新华网，2016－4－19.

理”为“积极管理”，把握互联网治理主动权的“有力抓手”，更为有效精准地制定政策、实施政策、评估政策。

“传统媒体”框架对公共政策过程影响“失灵”主要有以下三点原因：

（一）我国传统媒体长期以来的行政隶属地位，使得其他利益诉求难以在传统媒体上发声。

媒体的“事业单位”属性一直没有改变。

（二）“企业管理”使得媒体经营受到广告主的影响强烈，导致公共利益受损。

我国传统媒体的运营模式存在“企业管理”的一面。无论是在当今互联网时代，还是曾经的传统媒体时代，市场化经营的媒体都要受到资本的强烈影响。以传统媒体的黄金时期为例，2002 年国家工商行政管理总局发布的《上半年全国广告业发展报告》显示，报纸广告经营额 64.43 亿元，占全国广告营业额的 16.97%，以绝对优势高居榜首。利益集团的影响力不仅由媒体的市场利益结构所形成的关系渗透到媒介当中，广告和投资等市场联系更是利益集团影响媒介的一个重要途径。公共空间与公共利益往往会被商业利润的驱动力所侵害。

（三）“社交媒体”的兴起，进一步分化了“传统媒体”对公共政策过程的影响力。

“社交媒体”赋予更多人说话的权利，人们的表达欲望、权利意识在这个平台上得到了释放与唤醒。内容生产不再是专业媒体机构的专利，人人都可以通过小小的智能手机，随时拍照录像，并且“直播”，这让信息流向从原来的“线性”流通变成了“网状”流通。而且可以通过互联网即时地向外传递信息。

在社交媒体时代中，唐纳德·肖的“大众传播”对议程的设置能力受到了严重的挑战。正如笔者在调研浙报集团时，其战略规划部主任张智明认为，目前传统媒体面临的困境，就是在互联网的背景之下失去了用户的优势。因为自媒体时代谁都可以集聚用户，那么传统媒体那点发行量肯定不再是优势了。他介绍：“一个明星社交媒体账号的粉丝就有三四千万，我们一个媒体却只有几十万，它的传播效能完全不一样。所以广告下降的原因不是说其他行业的市场不景气导致没人买广告，而是因为原来的用户流失掉了，用户的集聚平台发生了转移。”①

五、“社交媒体”框架对公共政策过程影响研究的两项缺失

“传统媒体”框架对当前公共政策过程影响力持续转弱，“社交媒体”影响力不断上扬，这些情况都亟待学界与业界跳出传统的“大众媒体分析框架”重新审视“社交媒体”在公共政策过程中的作用。然而此方面的研究目前还尚未形成体系。根据以上文献梳理和对比分析，本文认为目前社交媒体对公共政策过程影响的研究主要存在两个方面的缺失。

（一）缺少对公共政策过程从“问题产生”到“效果评估”分阶段的具体分析。

没有走好社交媒体时代的“群众路线”。研究的关注点仅仅集中在对公共政策实施阶段的传播效果分析。例如学者孟天广探讨网络治理中政府新媒体的角色时，仅考察了其传播内容、传播功能及对公众态度的影响。②

（二）未建立起与社交媒体对应的政策过程传播管理框架。

我国缺少系统的“社交媒体”对公共政策信息传播方式与影响的研究，只是沉浸在大众媒体框架下的“经验主义”。传统媒体作为20世纪的主要媒体渠道，在公共政策过程中作用重大，我国有非常成熟的机制对传统媒体进行管理和应用。相比于发达国家，我国政务社交媒体管理体系尚未建成。美国政府出台众多与政府新媒体相关的规范性文件和措施，构成了美国政务社交媒体运行的主要规则。如今，美国政务社交媒体已经形成一个有序的运行规则体系，值得研究借鉴。政务社交媒体是美国数字政府的重要组成部分，其注重政务社交媒体运行的透明度、参与性与协作性；提供高质量的信息和便民服务，为民众参与政府运行提供更多机会。

---

① 浙报集团战略规划部主任张智明在2017年12月接受本人团队成员访谈。

② 孟天广，郑思尧．信息传播与影响：网络治理中的政府新媒体——结合大数据与小数据分析的探索［J］．公共行政评论，2017，（1）：43—47.

六、结论

通过“传统媒体”和“社交媒体”对公共政策过程影响的比较分析，我国传统媒体长期以来处于行政隶属地位，使得其他利益诉求难以在传统媒体上发声；传统媒体的“企业管理”运营模式也限制了其自身的升级；“社交媒体”的兴起，进一步分化了“传统媒体”对公共政策过程的影响力。然而，日益兴起的“社交媒体”框架对公共政策过程的影响也尚未成熟，存在一定的缺失，如社交媒体缺乏对公共政策过程从“问题产生”到“效果评估”各阶段的详尽分析；缺少系统的“社交媒体”对公共政策信息传播方式与影响的研究，未建立起与社交媒体特征、应用对应的政策过程传播管理框架。社交媒体的管理仍停留在“消极管理”阶段，缺少必要的管理机制。

社交媒体带来的变革是“进行时”的，我国需要结合自身的“国情民意”来走出社交媒体的上述困境，在这个过程中并没有太多成熟的经验可以照搬。但学界必须重视这部分研究的缺失与问题，以期提出社交媒体发展的“中国方案”，为“人类命运共同体”贡献中国智慧。

视觉建构：政务微博视频新闻中的“社会图景”*

视频新闻以视觉框架（visual frame）为依托，借由多种传播符号建构了通往现实认知的“社会图景”，由此引申出框架分析中新的理论命题——“视觉框架分析”（visual framing analysis）。基于视觉修辞理论，本研究运用内容分析和视觉修辞分析方法，对四大中央机构微博在2018年所发布的社会新闻视频进行抽样分析（N＝502）。研究发现，政务微博的社会新闻视频报道以“技术元素——形象呈现——价值鼓动”为视觉框架路径，通过字幕、音乐和景别建构释义空间，民众“拍客”手绘“细节中国”，呈现了边缘正面化的西部社会并构建了“冲突”与“和谐”的双重议题，借助敬业警察的民生故事讲述以及“无名人物”的视觉价值实践，传达了植根于其中的深层元话语——中国和谐叙事。

自当代文化产生从以文字为中心到以图像为中心的“视觉转向”① 以来，视觉成为构建当代社会生活文化的核心要素。而在视频新闻中，这一核心要素所框建的视觉化景观更为突出。事实上，就新闻事件的呈现而言，图像符号具有语言或文字所不可比拟的话语修辞力量，这是因为，“视觉信息完全赋予了争议生产的另一个维度：戏剧性和作用力”②，逐渐改写了传统新闻语言

* 本文作者黄楚涵，中国传媒大学新闻学院学生.

① MITCHELL，W. J. T. Picture Theory：Essays on Verbal and Visual Representation ［M］. University of Chicago Press，1994：96.

② J. ANTHONY BLAIR. The rhetoric of visual arguments ［M］//刘涛．文化意象的构造与生产——视觉修辞的心理学运作机制探析［J］. 现代传播，2011（9）：21.

叙事的规则。

与语言媒介相较而言，在互联网时代，作为媒介特质的视觉在信息技术迭代发展使图像表达的丰富性成为可能这一背景之下日益凸显，成为政务微博信息交流、新闻叙事、社会呈现、舆论引导不可或缺的工具①。因此，探析视频新闻表意与深层话语的生产机制对于解释政务微博所呈现的视觉化社会图景具有重要作用。

一、政务微博视频新闻：建构社会事实的“视觉框架”

（一）视频新闻与视觉修辞

视频新闻以活动影像、声音、文字等为传播符号，形象化地呈现新近或正在发生的事实，其最终形态是符号化的视觉认知系统，是一种视觉框架。与传统新闻报道的语言叙事不同，视觉元素是视频新闻的核心要素，以多维性、动态性和复杂性为特征②，依据图像建构、表征和传递意义。从语言逻辑到视觉逻辑，这一形式的新闻所表征的语法、形态和方式发生了根本性的“视觉转向”。

大卫·布莱克（David Black）认为视觉转向（Visual Turn）是一种有关意义生产的复合型符号行为（Symbolic Action），即借助文字、图像和感知行为等符号方式共同完成特定的视觉表征（Visual Representation）③。文字、图像等符号在意义生产和社会事件呈现之间搭建桥梁，并在“修辞”的过程中传递价值与权力。视频新闻报道的重点是视频内容的呈现如何“接近”社会真实。

“有图有真相”“有视频有真相”，新闻视频化呈现的方式似乎离事实更迈进了一步，但不可否认的是，视觉符号作为一种权力载体背后蕴含着话语

---

① 陈红玉．视觉修辞与新媒体时代的政治传播［J］．西南民族大学学报（人文社会科学版），2017（1）：182.

② FOSS，S. K. “Framing the study of visual rhetoric：Toward a transformation of rhetorical theory,” in Charles A. Hill and Marguerite Helmers（Eds.），Defining Visual Rhetoric，Mahwah，Lawrence Erlbaum Associates，2004：308.

③ 刘涛．环境传播：话语、修辞与政治［M］//李京．视觉框架在数据新闻中的修辞实践［J］．新闻界，2017（5）：10.

生产和意义建构的能力①。视频新闻②不是线性的流水账式报道，而是在视觉框架下经过选择和凸显的高度中心化的“系统”，从而在视觉意义上再建构了“社会真实”，而我们则通过被建构的“社会真实”来把握世界。这不仅仅是关于新闻真实本身呈现的问题，而且是涉及视频新闻所生产的“含蓄意指”问题。“中国警方在线”的社会新闻《巡警去世捐遗体，战友送别时哭喊“兄弟”》呈现了浙江衢州巡警杨建军突发脑溢血逝世后捐献器官的故事，通过对“流泪不舍”“深明大义”的巡警妻子母亲的采访、同事的叙述、所获荣誉以及警服警徽的特写，还原了一位兢兢业业、为社会奉献的警官形象，实现了和谐敬业、友善互爱的价值传递。经由图像化呈现，视频新闻不仅在视觉意义上还原了现实，还可以传递话语意义。

在视觉文化时代，视觉文本及其深层的视觉性逐渐主导我们的认知方式③。视频新闻依托“视觉框架”对社会议题进行再现与重构，是经由视觉表征途径的一种认知框架④。我们认识和解释社会离不开一定的认知框架，框架是一种认知结构，是一种“解读图式”（schema of interpretation），它涉及扎根于人们大脑之中的已有观念和既有价值倾向⑤，创设意义网络，引导人们按照特定的方式接近、认识和把握事物。而视频化新闻的目的和意义就是对于特定“视觉框架”的生产。与传统新闻的语言框架不同，视觉框架是一种符号化的视觉认知系统，强调借助视觉方式来限定符号思维的意义方向、重设符号意义的生成语境、搭建符号元素的勾连关系，其目的就是对特定话语的视觉化建构、展示与争夺⑥。

---

① 刘涛．何为视觉修辞———图像议题研究的视觉修辞学范式［J］．湖南师范大学社会科学学报，2018（6）：7.

② 因研究目的在于探讨政务微博对于社会图景的视觉化建构，本文“视频新闻”均限于社会新闻.

③ 刘涛．论数据话语权：数据新闻与国家话语建构的视觉修辞途径［J］．对外传播，2018（3）：58.

④ 李京．视觉框架在数据新闻中的修辞实践［J］．新闻界，2017（5）：10.

⑤ GOFFMAN，E. Frame Analysis：An Essay on the Organization of Experience［M］．SHEN YANG：Northeastern University Press，1974：21.

⑥ 刘涛．西方数据新闻中的中国：一个修辞分析框架［J］．新闻与传播研究，2016，23（02）：5—28，126.

而视觉修辞研究的基本命题是视觉符号在特定传播场域中的编码体系及其意义建构效果，即“图像如何以修辞的方式作用于观者”，如何以修辞的方式传递一种潜在的价值观等①。基于视觉修辞的理论与方法视角来探讨政务微博视频新闻所建构的视觉化景观无疑是较为合理的一种理论预设，在这一过程中我们需要明确视觉修辞的目的和话语语境，把握视觉框架所传递的主旨意义以及所规定的释义空间。

视觉修辞，是围绕价值认同而展开②，强调以视觉化的媒介文本、空间文本、事件文本为主体修辞对象，通过对视觉文本的策略性使用，以及视觉话语的策略性建构与生产，架构特定心理认知场域，达到劝服、对话与沟通功能的一种实践与方法③。政务微博作为我国政府机构信息交流、叙事呈现的媒体平台，发布内容所传递的意义存在于明确的话语语境与传播场域之中。当社会事件在视频新闻中得到呈现后，政务微博便赋予了这些事件一系列深层次的意义，由此视频新闻作为生产性的元素参与了社会图景的视觉化构建，也成为我们认识其他社会事件的重要话语和修辞资源。理解其依托的视觉框架，实际上是探究经由视觉化实践整合为特定话语语境之下的视觉修辞行为——按照深层话语关系对内容进行编码、组织和布局，从而表征意义。

（二）政务微博内容生产研究回溯

政务微博指我国政府机构在新浪微博和腾讯微博等微博平台注册并实名认证的官方账号，是政府机构或公务人员和公众互动沟通的重要渠道。据2019年2月发布的《第43次中国互联网络发展状况统计报告》④显示，截至2018年12月，经过新浪平台认证的政务机构微博达到138253个。对于政府机构来说，社会化媒体为其提供了新的“自媒体”平台，与过去政府机构通过媒体来传递信息、发出声音相比，社会化媒体使政府机构在自身信息发布

---

① 刘涛．新社会运动与气候传播的修辞学理论研究［J］．国际新闻界，2013（8）：88.

② 刘涛．文化意象的构造与生产——视觉修辞的心理学运作机制探析［J］．现代传播，2011（9）：23.

③ 刘涛．媒介·空间·事件：观看的“语法”与视觉修辞方法［J］．南京社会科学，2017（9）：101.

④ 中国互联网络信息中心．第43次中国互联网络发展状况统计报告［R/OL］．中国网信网，2019－02－28.

方面拥有了主动权与控制权①。

回溯政务微博的以往研究，已有学者进行了不同程度的梳理。陈强结合数据分析发现，我国目前的政务微博研究可分为七大议题逻辑②：（1）政务微博评价指标体系研究；（2）政务微博与突发事件舆情应对；（3）政务微博的社会网络结构研究；（4）政务微博扩散的影响因素；（5）政务微博政治影响的实证研究；（6）政务微博的内容与运营研究；（7）政务微博的功能与作用研究。七大议题多集中于探讨政务微博的传播效果、评价机制、存在的不足以及改进的措施。

王法硕③发现政务微博研究质量整体偏低；学者主要关注政务微博对政府信息公开、政府回应性、政府形象与公共关系、政府社会管理等方面的影响，以及政务微博的总体态势、运营管理与传播规律等；根据白建磊和张梦霞④的分析，国内外政务微博研究主要集中在舆论热点回应、公众参与、公共服务传递、信息发布与网民互动、采纳影响因素、传播效果影响因素等方面，对于内容生产的深入研究较少。

笔者在 CNKI（中国期刊全文数据库）以“政务微博”“内容生产”为关键词进行主题检索得到 690 条搜索结果，经过标题、摘要及内容阅读筛选后获得 82 篇相关度较高的文献。通过文献阅读了解到，现有内容生产研究关注重点在于：（1）分析政务微博内容特征（如所属类型、发布时间、发布数量等）如何影响传播效果⑤，如塑造政府形象、提升政府影响力、引起受众关注等；（2）探讨内容建设的不足并提出建议⑥，如质量优化、传播机制和传播策略改进等。研究多采用内容分析、文献分析和比较分析等方法，依托具

① 彭兰．网络传播概论［M］．北京：中国人民大学出版社，2017：282.

② 陈强．我国政务微博研究的知识结构、议题逻辑与反思发展［J］．电子政务，2018（11）：2.

③ 王法硕．中国政务微博研究综述［J］．电子政务，2013（9）：27—34.

④ 白建磊，张梦霞．国内外政务微博研究的回顾与展望［J］．图书情报知识，2017（3）：95—106.

⑤ 王婧．基于内容分析的北京市政务微博传播效果影响因素研究［J］．科技视界，2016（27）：460—461.

⑥ 曹艳．政务微博日常信息内容发布策略研究［J］．今传媒，2012，20（09）：17—19.

体案例进行研究，如对于新浪网“十大新闻办机构微博”的观察①、“上海发布”等四个城市政府微博的比较②、“@平安北京”传播特点分析③等。但也有部分期刊文章仅仅是思辨性、议论性或评论性文章，根据主观感受提出内容生产存在的不足并提出建议等，仅能作为参考。

基于文献基础，明确修辞目的与话语语境后，本文试图以内容分析和视觉修辞框架分析为方法，探讨以下两个核心问题：

（1）政务微博社会新闻视频报道在画面构成及其所反映的议题上有何特点？

（2）这些视频新闻呈现的视觉化社会图景如何？

二、政务微博视频社会新闻的整体议题特征

为了探究政务微博视频社会新闻的视觉框架，首先需要对其进行内容分析，以明确其关注议题与话语倾向，开展对于修辞目的和问题语境的实践研究。

（一）研究方法与基本概述

基于2016年、2017年及2018年三季度《人民日报·政务指数微博影响力报告》④，本研究选取“@中国警方在线”“@共青团中央”“@中国反邪教”及“@中国长安网”等上榜重复率最高的全国四大中央机构微博，主要基于以下两方面考虑：一是传播力，上述微博属于全国十大中央机构微博，均拥有较高的传播力指标，而该项指标依据微博阅读数和视频播放量来计算，

① 曹丹. 政务微博群内容特色与编辑创新策略探析——基于新浪网“十大新闻办机构微博”的观察［J］. 中国报业，2012（20）：21—23.

② 何洁. 政府微博内容发布比较研究——以“上海发布”等四个城市政府微博为例［J］. 中国报业，2014（08）：33—35.

③ 阮璋琼. 政务微博传播特点分析及对天津的启示——以“@平安北京”的内容分析为例［A］. 天津市社会科学界联合会. 科学发展·协同创新·共筑梦想——天津市社会科学界第十届学术年会优秀论文集（上）［C］. 天津市社会科学界联合会：天津市社会科学界联合会，2014：7.

④ 人民网. 2018年三季度人民日报—政务指数微博影响力报告［R/OL］. 2018－11－12；人民网. 2017年三季度人民日报·政务指数微博影响力报告［R/OL］. 2017－11－24；人民网. 2016年人民日报·政务指数微博影响力报告［R/OL］. 2017－01－19.

与其他政务微博相比具有更大影响力；二是认同度，上述微博每日发布多条视频新闻，拥有较高活跃度和网民认同度指标。鉴于此，视频新闻样本为上述四个微博自2018年1月1日至2018年12月31日①期间发布的社会新闻②，由于数据量庞大，本研究采用构造周抽样（constructed – week sampling），与连续日期抽样和随机抽样相比，构造周样本均值更接近于总体均值③。自2018年1月2日起，每隔15天抽取当天发布的所有社会新闻，共计25天，经过筛选和确认共计502个样本④。

1. 编码设计

本研究的目的是考察视频新闻所呈现的“社会图景”，在参照以往相关研究的基础上，编码包括三个分析单位，一是视频的基本描述属性；二是视频的核心人物；三是视频的主要价值框架。

视频来源：按视频链接来源记为五类：（1）微博原创；（2）其他官方媒体平台（如央视新闻、人民日报、荔直播、看看新闻、新京报等）；（3）互联网短视频资讯平台（如一手video、梨视频等）；（4）普通用户；（5）其他途径（须注明）。

视频时长：分为1分钟以内、1至3分钟、3分钟至5分钟及5分钟以上。

视频画质：清晰 =1，模糊 =0。

视频形式：分为（1）电视录播间报道；（2）民众拍摄；（3）监控录像/执法记录仪/资料播放；（4）媒体现场拍摄；（5）无法判定，此变量可选1至2项。

新闻体裁⑤：分为消息类新闻、通讯类新闻、特写类新闻、专访类新闻、

① 本文写作于2019年，因此选取过去一年间所发布的社会新闻视频作为样本，通过分析可知样本无时间特殊性.

② 本文所界定的社会新闻是指反映当前日常社会生活、社会问题和社会风气并能引起普遍社会兴趣的新闻，与政治新闻、经济新闻、军事新闻、科教新闻以及文体新闻相区别，不仅包括以中国为议题对象的社会新闻，还包括国际社会新闻.

③ DANIEL R.，LACY S.，FICO F. Analyzing Media Messages：Using Quantitative Content Analysis in Research［M］. Lawrence Eribaum，1998.

④ “中国警方在线” N =165，“共青团中央” N =53，“中国长安网” N =95，“中国反邪教” N =189，编码截止日期为2019年5月16日.

⑤ 童兵.新闻传播学大辞典［M］.北京：中国大百科全书出版社，2014：5.

评论类新闻、其他（须注明）。

报道中心：指新闻围绕单个事件或人物还是综合多个事件或人物进行主题、现象类报道。

事件倾向①：（1）反映社会内聚力和合作（进步、成功、充满友好与爱等）的新闻记为正面事件；（2）报道社会冲突或无组织（公众破坏、犯罪恶习、事故疾病等）的新闻记为负面事件；（3）中立。

报道倾向：指微博的情感倾向，1 = 正面，-1 = 负面，0 = 中立。

主要议题：记为事件反映的主要事件，包括（1）好人好事；（2）行政治安；（3）灾难事故疾病；（4）刑事犯罪；（5）趣闻轶事；（6）民事纠纷；（7）生活提醒；（8）建设新貌；（9）社会不文明现象；（10）感情纠葛；（11）寻人启事；（12）无法判断。

对社会弱势群体的报道：（1）外来务工者；（2）失业者；（3）病患人士；（4）老年幼儿等年龄弱势群体；（5）未提及。

关于技术元素使用情况的统计，研究包括：（1）是否存在对核心事件或人物关键信息进行解释的字幕；（2）图片占比是否超过50%以上；（3）是否有音乐语言；（4）是否有同期声；（5）是否有人声语言。这五类均记为1 = 是，0 = 否。此外还包括：（1）音频整体情感倾向：分为激烈紧张、柔和舒缓、活泼欢快及中立；（2）视频主要景别：近景、中景、远景；（3）视频视角：包括仰视镜头、水平镜头、俯视镜头。

第二部分核心人物的编码方法如下：

是否有核心人物：1 = 是，0 = 否。

性别：（1）男；（2）女。如果有多名核心人物，以多数人性别为准。

社会年龄：（1）儿童（12岁及以下）；（2）青少年（13 - 19岁）；（3）青年人（20 - 39岁）；（4）中年人（40 - 64岁）；（5）老年人（65岁及以上）；（6）无法确定。如果有多名核心人物，以多数人年龄为准。

① 可从视频新闻标题中是否含有主观词汇判断，也可根据视频内容判断。

社会阶层①：（1）国家与社会管理者；（2）经理人员；（3）私营企业主；（4）专业技术人员；（5）办事人员；（6）个体工商业者；（7）商业服务业员工；（8）产业工人；（9）农业劳动者；（10）城乡无业失业半失业者；（11）成年学生；（12）未成年学生；（13）未提及，涉及人物须注明。

发生地域：（1）经济区位区分，包括东部、中部、西部及无法判定；（2）行政区位区分，包括直辖市及省会城市、一般城市、县级及以下村镇、其他国家以及无法判定。

对于价值框架的记录如下：

报道中涉及的与核心事件或人物相关的主要价值框架②包括：事实框架（指报道是否在基于事实和/或事实的解释的问题下呈现了议题/事件/人物）、人情味框架（指报道是否提供或呈现了一个有关人物的例子、一段个人经历或情感角度）、冲突框架（报道是否呈现公众破坏、犯罪恶习、事故疾病等冲突）、责任框架（报道是否指出特定的不幸/问题/灾难）、道德框架（报道是否根据道德传统来解释议题/事件/问题，如针对如何行动提供社会药方，是否因关心社会道德现状或在社会推行伦理教育而呈现某议题/事件/问题），可选多项。

本研究还以社会主义核心价值观③为基础对涉及的价值框架进行了设计，国家层面包括：是否展现国家“富强”“民主”“文明”或“和谐”；社会层面包括：自由、平等、公正、法治四部分；个人层面包括是否展现个人“爱国”“敬业”“诚信”或“友善”，可选多项并须注明象征物。

2. 编码员间可信度

在正式进行编码之前，两名编码员随机选取了样本中 50 个视频进行信度检验。Cohen's Kappa 系数计算结果为 0.89，单个变量的编码一致性在 0.81 和 1.00 之间。

对问题 2 的研究主要基于视觉修辞理论视角，采用视觉框架分析的研究方法，对视频的画面构成特点、形象呈现及其深层话语空间进行分析，探讨

---

① 葛星．“自说自话”的城市官微：基于四城市官微内容分析的“城市官微可沟通性”报告［J］．新闻与传播研究，2015（8）：34.

② 周翔．传播学内容分析研究与应用［M］．重庆：重庆大学出版社，2018.

③ 龚群．三层次社会主义核心价值观及其内在关系［EB/OL］．光明网，2013－01－05.

其微观修辞机制问题。

（二）社会新闻视频报道的整体特征

1. 视频报道内容及报道倾向

政务微博所发布的视频新闻的报道议题依次为“好人好事”（38.6%）、“行政治安”（18.5%）、“灾难事故疾病”（15.5%）、“刑事犯罪”（15.1%）、“趣闻轶事”（12.9%）、“民事纠纷”（4.4%）、“生活提醒”（3.4%）、“建设新貌”（1.4%）、“社会不文明现象”（1.4%）、“感情纠葛”（0.99%）、“寻人启事”（0.39%）①。图1揭示了政务微博对于社会新闻的关注状况。

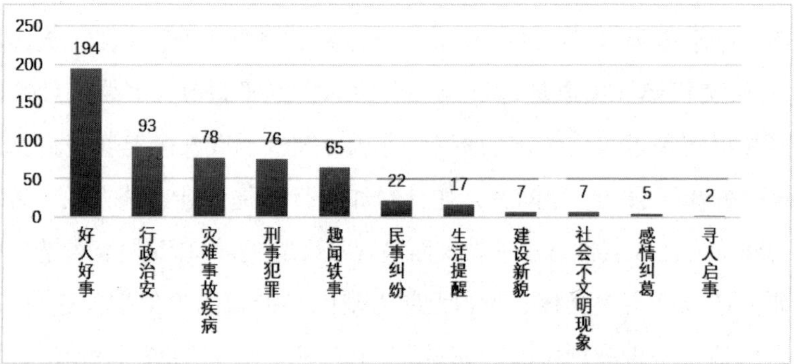

图1　中央机构微博社会新闻视频报道议题

其中好人好事、行政治安、灾难事故疾病、刑事犯罪、趣闻轶事五个领域是主要呈现议题。具体来说，好人好事议题主要关注敬业爱岗、见义勇为、有爱瞬间、关爱老人、关爱儿童、慈善公益、温馨家庭、关爱伤残病者、奋斗励志、拾金不昧等；行政治安议题主要关注偷盗、扰乱社会秩序、影响公共管理、妨害公共安全、违法驾车（包括酒驾）、诈骗等；灾难事故疾病议题主要关注车祸事故、突发疾病、儿童安全、火灾、暴雨洪灾等；刑事犯罪议题主要关注大型诈骗传销、贩毒吸毒、盗窃赌博等；趣闻轶事议题以呈现生活中的有爱瞬间或奋斗励志人物等为主，如《向往吗？警校女生过生日，同学做俯卧撑围成

① 因一个视频新闻可能包含两个主要议题，所以总概率并非100%.

"人形蛋糕"祝福》《大学保安苦练英语，与留学生交流中国文化》……

政务微博的视频新闻主要来源于其他官方媒体平台（如央视新闻、荔直播、看看新闻、新京报等，占比67.1%）和互联网短视频资讯平台（如一手video、梨视频等，占比25.4%）；在新闻体裁方面，以报道消息类新闻为主（占比77.2%），其次为通讯特写类（占比20.6%），基本围绕单个事件或人物进行报道（占比95.4%），主题现象类事件报道较少。

在社会议题性质方面，反映社会内聚力和合作的正面新闻占比49.2%，报道社会冲突或无组织的负面新闻的比例为47.6%；政务微博对于社会新闻报道普遍持有立场，正面报道占比59.5%，负面报道占比30%，中性报道占比10.3%。通过对"@中国警方在线""@共青团中央""@中国反邪教"及"@中国长安网"报道倾向的卡方检验①，数据显示"@中国警方在线"与其他三者差异较大，该账号内容更多地与负面报道相关联，但与样本账号选择标准并不冲突（见表1）。

表1 账号与报道倾向的卡方检验

			报道倾向			Total
			负面	中性	正面	
账号	中国警方在线	Count	69	22	74	165
		% within 账号	41.8%	13.3%	44.8%	100.0%
	共青团中央	Count	12	1	40	53
		% within 账号	22.6%	1.9%	75.5%	100.0%
	中国长安网	Count	22	14	59	95
		% within 账号	23.2%	14.7%	62.1%	100.0%
	中国反邪教	Count	48	15	126	189
		% within 账号	25.4%	7.9%	66.7%	100.0%
Total		Count	151	52	299	502
		% within 账号	30.1%	10.4%	59.6%	100.0%

① 为便于均值差异检验，报道倾向正面赋值1，中性赋值0，负面赋值-1.

Chi - Square Tests 卡方检验

	数值 Value	自由度 df	渐近显著性（双侧） Asymp. Sig. （2 - sided）
皮尔森卡方 Pearson Chi - Square	29. 289a	6	0. 000
似然比 Likelihood Ratio	30. 763	6	0. 000
线性对线性的关联 Linear - by - Linear Association	14. 083	1	0. 000
有效率倒数 N of Valid Cases	502		

表注：0 个单元格（0. 0%）的预期个数小于 5，最小的预期个数为 5. 4%。

注：$\chi2 = 29.289$，$p < 0.05$。χ2 为卡方值，表示观察值与理论值之间的偏离程度，χ2 值越大，三者之间的差异越大；df（degrees of freedom）表示自由度，卡方检验的自由度计算公式为（行 - 1）×（列 - 1）；P 值表示统计学意义，$0.05 \geqslant P > 0.01$ 被认为是具有统计学意义，而 $0.01 \geqslant P \geqslant 0.001$ 被认为具有高度统计学意义。

2. 视频报道形式及形象呈现

社会新闻视频对于关键人物或关键事件信息基本均有字幕解释（占比 93%），以动态视频为主，图片超过 50% 以上的视频较少（占比 4. 5%）；使用音乐语言的视频比例为 62. 5%，使用人声语言（同期声或后期解说）的视频占比 85. 2%；视频时长基本在 3 分钟以内，占比 91. 7%，画质清晰的视频占比 59. 3%；在视频拍摄形式方面，第一为媒体现场拍摄的新闻（50%），第二为利用监控录像或执法记录仪等资料的新闻（34. 3%），第三为民众拍摄的新闻（25. 1%），第四为电视录播间报道（20. 7%），一个视频可能结合多种拍摄形式。

一方面，84% 的社会新闻均有核心人物，男性占比 62. 8%，总体来说并不倾向于呈现社会多样性，警察等为主要人群（20. 5%），其次为违法犯罪者，另外以好人好事典型人物呈现为主，除警察之外还包括保安、公交司机、教师等；另一方面，数据显示，样本较多提及的为病患人士和老人幼儿等年龄弱势群体（30.6%），相关弱势群体都以警察或社会帮助的对象角色出现，而不是通过这些群体自身的话语来表达。

以经济区位划分，东部地区占比42.8%，中部地区占比34.2%，10.5%无法判定，西部地区除四川陕西重庆以外基本没有报道；以行政区位划分，直辖市及省会城市38.8%，一般城市39.6%，县级及以下村镇9.1%。可以发现，政务微博所呈现的“社会图景”集中于东中部地区的城市，西部及县级以下地区处于缺席状态。

通过内容分析发现，社会新闻的视频报道并非只有单一静止的叙事框架（人情味框架占比55.7%，道德框架48.25%，和谐框架48.8%，法治框架32.4%，敬业框架26.4%，友善互爱框架42%），主要议题与叙事框架属于多重交叉、相辅相成的关系，如“好人好事”既可能涉及冲突性叙事，也可能反映社会和谐，这一社会事实的呈现涉及视觉框架分析的微观修辞机制问题，将在下文做进一步定性分析。

三、视觉框架：视频新闻中的“社会图景”

基于视觉修辞理论与方法视角，探讨视频新闻的视觉框架是本研究的立论逻辑。本文从政务微博所发布的视频新闻切入，聚焦于社会事实视觉化建构过程中的具体修辞实践与机制。细化、拆解和确立视觉修辞过程是明确视觉修辞实践的客观要求，这一过程类似于传播实践：修辞主体——动机——语言或其他符号——编码——传输——修辞对象——解码——修辞效果①，其中修辞动机、符号编码（即修辞方法）和修辞对象是视觉化实践的运行系统。视觉修辞的目标是呈现形象以实现话语意义生产，因此形象建构决定了视觉修辞的意义方向与话语落点；视觉修辞的对象是社会事实，框架的前提便是对事实的选择、组织、布局与符号化呈现；视觉修辞的方法强调实现特定话语意义的叙事方法和操作方案，具体依托于视频的技术元素，如字幕、解说

① 陈汝东. 新兴修辞学理论［M］//刘涛. 何为视觉修辞——图像议题研究的视觉修辞学范式［J]. 湖南师范大学社会科学学报，2018（6）：9.

与音乐等。

依托视觉图像生产视频是意义建构的过程，韩丛耀将意义化的过程梳理为“母题—形象—内容”①，即传播者出于表征和传递话语及意义的目的将特定元素结构化、意义化，生产图像并编码。而本文所进行的对视频新闻视觉化呈现社会图景的研究是对视频内容的解读和解码，根据视觉元素构建形象，从而还原视频的含蓄意指，即“技术元素——形象呈现——价值鼓动”。“技术元素”包括画面的元素构成（字幕、解说及音乐等）、景别、色彩等，以及所构成的直观视觉信息；“形象”类似于罗兰·巴特所提出的“被编码的图像信息”②，在此指的是同一类视频所呈现的核心形象；“主题”则是视频所揭示的社会现象的深层话语语境或释义空间。本文采用上述这一视觉框架路径对政务微博的社会新闻视频进行解读。

（一）视觉修辞实践：技术元素

1. 互文语境：字幕、音乐与景别建构的释义空间

通过以上内容分析可以发现，93%的社会新闻视频报道对于关键人物或关键事件信息均有字幕解释，使用人声语言（同期声或后期解说）的视频占比85.2%，62.5%的视频使用了音乐语言；另外，政务微博所发布的社会新闻常常凸显某一具体人物，因此多为中近景的水平镜头（中近景占比80.8%，74.75%的画面为水平镜头），能拉近距离，提高关注度与亲近感。对于以上技术元素的运用是视频新闻报道具有文字和图片所不可比拟的话语修辞力量的重要原因——图像并非单独发挥作用，而是与字幕、解说及音乐语言相互协调，处于共同的符号系统之中，又具有内在的勾连逻辑，在语图音画关系维度上搭建互文语境，“邀请”观众进入建构的话语情境中，更为明确地规定了视频本身的释义空间。

例如，“@中国反邪教”发布的社会新闻《肇事司机逃逸，路过的司机却掉头下车，给伤者撑伞40分钟》中，作为活动影像的监控录像记录下了

① 韩丛耀．图像传播学［M］．台北：台湾威仕曼文化事业股份有限公司，2005：199.

② 罗兰·巴特．形象的修辞［M］//吴琼，杜予．形象的修辞——广告与当代社会理论．北京：中国人民大学出版社，2005：50.

事件发生的过程，但因距离过远且画质较为模糊，无法承担主要叙事功能，而画面字幕的解释、事件关键信息的标出以及对于柔和舒缓的背景音乐的运用形成了互文语境，在意义生产和社会事件呈现之间搭建了桥梁：肇事司机逃逸，好心司机雨中撑伞照顾伤者。多种元素的运用能够获得单一的传播符号所无法生成的释义空间构建效果，也在“修辞”过程中通过这一事件的呈现传递了价值：提倡见义勇为，呼吁互帮互爱，建设和谐友善的社会。

再如，《外地小伙酒驾欲逃跑，被北京交警制服》中呈现了两个场景，场景一为交警奔跑抓捕酒驾者，使用了激烈紧张的背景音乐，字幕标出关键违法信息“无牌无证驾驶”；二为抓捕后酒驾者“套近乎”询问交警电话欲私下解决，交警回复：“三位数！122！”，关键信息也被标亮，此处背景音乐呈现为活泼幽默的情绪。在这一违法新闻报道中，作为事件制造者的违法酒驾者成了“配角”，烘托呈现了立体的警察人物——严肃抓捕罪犯的同时幽默且富有人情味。与警务宣传片的官方话语相比，在社会新闻中建构敬业且“接地气”的警察形象，“邀请”观众进入话语情境中，似乎更能达到让民众了解公安工作并在规定的释义空间中形成认知框架的目的，有着更有效的劝服、对话与沟通功能。

但笔者通过质性分析也发现了社会新闻视频报道所存在的不足：画质模糊的视频占比40.7%，画面没有承担起应有的视觉叙事功能；图像经常成为字幕或解说词的铺陈点缀，通过语言介绍说明传达了大部分叙事信息，过于依赖文字语言的语法规则，本应是视觉信息传递主要角色的活动影像成了叙事的附庸。因此，如何通过更有效的视觉方式来“讲述社会故事”是我们应该思考的问题。

2. 多元力量：民众“拍客”手绘“细节中国”

陆晔认为，基于互联网平台，新闻业正呈现“液化”状态，媒介机构不再是新闻事件的唯一阐释主体，在新闻生产过程中，记者的身份不再是相对稳定的，而是表现出职业记者、公民记者、社会大众之间不断转换的特征①。而在本研究中，由民众拍摄的新闻占有25.1%的比例，来自如梨视频等短视频资讯平台的视频占比25.4%，“拍客”在新闻生产中的参与不仅展现着“全民DIY运动”——从少数知识精英到平民大众的话语权转移②，也成了社会图景建构的多元力量，与传统自上而下的媒体话语相比更为鲜活，更具“在场感”，也有着更近的心理距离。

在“@共青团中央”发布的一则社会新闻《大学生点歌催校长装空调，校方：马上装，我们也很急》中，济南一高校学生在广播台点歌《校长你什么时候装空调啊》，这一趣闻轶事被其他学生用手机拍摄成短视频上传至平台，而校方回应：“正在解决电力增容问题，解决好了马上装，学校也很着急。”

《女老师双腿残疾，坚持拄拐上课20年》中，拍客记录下了安徽太和县中学教师张辉辉患小儿麻痹症却坚守讲台20年的故事。作为微观故事讲述者，民众参与建构了过去由主流媒体主导的社会图景呈现。

同时，民众也作为“第一现场”的拍摄者主动参与到新闻报道中，发布第一手信息，呈现公共事件。例如，甘肃库房火灾现场，两名消防员在扑救中轮流用水枪将战斗服浇湿，周围的民众用手机拍摄记录下了这一细节。

政务微博所呈现的社会图景并非由媒体完全控制，正如潘忠党所说，当职业媒体和公众都在以新闻的形式传递信息时，他们也在一同界定什么是新闻，一起参与社会事实的视觉化呈现③。基于数字设备与媒体平台，民众拍客从微观角度讲述社会故事，手绘了“细节中国”。

---

① 陆晔．“液态”的新闻业：新传播形态与新闻专业主义再思考［J］．新闻与传播研究，2016（7）：40.

② 喻国明．全民DIY：第三代网络盈利模式［J］．新闻与传播，2006（2）.

③ 潘忠党．新媒体与新闻专业主义：且行、且思考、且建构：在云南大学新闻学院的演讲．一墨读书会微信公众号“我读”，2016年6月26日．

（二）视觉修辞实践：形象呈现

1. “标出项”与视觉他者：边缘正面化的西部社会

在内容分析中，本研究对报道地域进行了经济区位和行政区位两个维度的区分，在报道数量方面，77%属于东中部地区，无法判定的样本占比10.5%，西部地区仅为12.5%，而根据观察，在关于西部地区的63条报道中四川重庆占比53.9%。另外从行政区位角度来看，38.8%的报道属于直辖市及省会城市，一般城市占比39.6%，县级及以下村镇9.1%。笔者将经济区位、行政区位、报道倾向及和谐冲突等叙事框架进行了卡方检验分析，发现东中西部在人情味框架及报道倾向上存在较大差异，如表2①。

表2　地域经济区位与报道倾向的卡方检验

			报道倾向			Total
			负面	中性	正面	
地域经济区位	东部	Count	72	31	112	215
		% within 地域经济区位	33.5%	14.4%	52.1%	100.0%
	中部	Count	48	6	118	172
		% within 地域经济区位	27.9%	3.5%	68.6%	100.0%
地域经济区位	西部	Count	7	8	48	63
		% within 地域经济区位	11.1%	12.7%	76.2%	100.0%
	无法判定	Count	24	7	21	52
		% within 地域经济区位	46.2%	13.5%	40.4%	100.0%
Total		Count	151	52	299	502
		% within 地域经济区位	30.1%	10.4%	59.6%	100.0%

① 因篇幅所限，本文仅分析差异最为显著的研究结果.

Chi - Square Tests 卡方检验

	数值 Value	自由度 df	渐近显著性（双侧） Asymp. Sig. （2 - sided）
皮尔森卡方 Pearson Chi - Square	35.689a	6	.000
似然比 Likelihood Ratio	39.902	6	.000
线性对线性的关联 Linear - by - Linear Association	.214	1	.643
有效案例数 N of Valid Cases	502		

表注：0 个单元格（0.0%）的预期个数小于 5，最小的预期个数为5.4%。

注：$\chi 2 = 35.689$，$p < 0.05$。

当Pearson卡方检验结果小于0.05%时存在显著性，地域行政区位与报道倾向的值为0.025%，不同经济区位在报道倾向和人情味框架两个变量角度差异更为显著，东中部地区是否存在人情味叙事框架的比例基本均衡，而西部地区71.4%的报道中存在人情味框架；在报道倾向方面，三个地区均以正面报道为主，但西部地区的正面报道占比最多，为76.2%。

在为数不多的关于西部地区的社会新闻报道中，西部大多以和谐、“富有人情味”的正面报道角色出现（65.5%），如《新疆暴雪驾驶员被困一夜，见到民警直抹眼泪》《3岁女童5楼坠下，女协警徒手接住身受重伤》《民警护送小学生过马路，萌娃回头敬礼致谢：他们很辛苦，晒得很黑》《皮卡车冲进大水渠，民警搭“桥”救人又“救”衣服》《武警战士捐造血干细胞，为9岁男孩延续生命》《食堂拉面大叔苦练书法，墨宝被书法馆争相收藏》《弟弟照顾无臂哥哥12年，高考多76分却填报同所大学》《名校女硕士毕业去青海捡垃圾：一天20斤!》……

具体来说，这些视频使用中近景的镜头、柔和舒缓的音乐，借助他人的叙事标出核心形象，是一种典型的“视觉凸显性表达”，以此呈现主导的话语语境。“@中国长安网”的《民警护送小学生过马路，萌娃回头敬礼致谢：他们很辛苦，晒得很黑》以行车记录仪为视角，记录下了新疆一位执勤民警疏通车辆护送小学生过马路的情景，并突出放大了学生们回头向民警敬礼的一幕，结合拍客对学生的采访，视频的整个叙事框架便围绕“敬业爱岗”“关爱儿童”的执勤民警，“文明有礼”“懂得感恩”的学生展开，最终在视觉上划定了和谐有爱的释义空间。

与东中部地区的社会新闻报道不同，西部地区存在于正面的符号化实践中，通过对事件形象的有效表征，赋予其意义，典型呈现了西部的“和谐”属性：警民互爱、热心公益、励志奋斗等，西部成为了符号学意义上的“标出项”（the marked）。但同时西部也处于视觉边缘化状态，在政务微博视频新闻所建构的“社会图景”中成了“视觉他者”。

2. 隐含编码：“冲突”与“和谐”的双重构建

查理斯·希尔指出，任何图像都不可避免地试图传递某种劝服性的深层话语和观念①。视觉修辞的基本策略是借助视觉方式来限定符号思维的意义方向，植入某种隐含编码意义，搭建符号元素的勾连关系，其目的就是对特定话语的视觉化建构与展示。在政务微博的视频新闻中，反映社会内聚力和合作的正面新闻与报道社会冲突或无组织的负面新闻两者比例持平，但我们可以从报道的主要议题中发现，议题建构的核心形象都存在于同一深层话语空间之中。

例如《太疯狂！学员跳阴阳舞哭喊妈妈：实则精神传销》《女子大闹机场拒绝安检，辱骂民警：你们这些下三滥，我以后不回中国了》《惊心动魄！现实版<毒战>：缉毒警察荷枪实弹#收费站围剿毒贩#》《民警逛街偶遇男子偷手机，果断出手将其制服》《女子抢夺公交方向盘还坐司机身上，被判两年有期徒刑》《被微信假美女骗了几百块，男子依葫芦画瓢诈骗了6万》等，反映

① 刘涛．文化意象的构造与生产——视觉修辞的心理学运作机制探析［J］．现代传播，2011（9）：21.

了公众破坏、犯罪恶习或事故疾病的社会负面新闻在视觉化实践中似乎生产出“冲突混乱”的社会景象。但在以上议题中，冲突事件基本都由警察等核心人物通过法律或其他强制手段得到了解决。从报道议题的角度看，关注敬业爱岗、见义勇为、有爱瞬间、关爱老人儿童、慈善公益等“好人好事”社会新闻比例近40%，在行政治安、灾难事故疾病、刑事犯罪、趣闻轶事等四个其他主要议题中也有诸多呈现，叙事修辞框架依然导向“和谐”的话语落点，而社会议题的呈现为图景中的核心人物构建提供了场景空间，为最终的话语意义表征提供了修辞路径。

（三）视觉修辞实践：价值鼓动

1. 和谐法治：敬业警察“讲好民生故事”

波兰人类学家马林诺夫斯基指出：“如果没有语境，就没有意义。”任何话语都是特定语境中的产物，与此同时话语也建构着语境①。本文通过内容分析以及视觉框架分析，发现了政务微博中所呈现的六种主题话语框架：社会层面的和谐法治、个人层面的敬业友善以及人情味和道德框架。主要议题与话语框架属于多重交叉、相辅相成的关系，以核心人物为载体，主要事件为场景空间，呈现了视觉化的社会图景。

在本研究所获得的样本中，20.5%的社会新闻以警察为核心人物，在其他新闻中警察形象也多有呈现；其次为违法犯罪者，但通过视觉修辞分析可以了解到，作为事件制造者的违法酒驾者常以“配角”形象出现，以烘托立体的警察人物。

在“@共青团中央”的视频《派出所所长拍案骂人，网友却齐点赞：干得漂亮》中，湖北恩施两名嫌疑人假称“以零换整”，利用低保老人的善意诈骗，派出所所长因过于愤怒而在审讯时“拍桌骂人”，嫌疑人已依法拘留。视频一开始便三次慢回放“所长拍案”一幕，并在视频中央以亮黄字幕标出“啪”，配以审讯时的同期声：“听到你说这些我心里就有火”“做人要讲良知知不知道”……，后续视频结合所长的朋友圈截图和其将被骗钱款归还老人

① 周勇，黄雅兰. 从图像到舆论：网络传播中的视觉形象建构与意义生成［J］. 国际新闻界，2012（9）：88.

的场景，通过突出强调呈现了丰满的核心人物形象。这条社会新闻从议题选择到视觉呈现，传递的话语十分明确：发好公安声音，讲好中国故事①。

另一则新闻记录下了毒贩持刀拒捕，武警13秒迅速制敌的事发现场。视频后段媒体采访画面中，身着制服、身姿挺拔的武警，醒目的“忠诚、尚武、爱皖”宣传标牌以及“我当时心中只有一个信念，不给人民群众的生命财产造成威胁”等话语也架构了特定的心理认知场域，传递了潜在的价值观念。

此外，社会弱势群体也常以警察帮扶的对象角色出现，如《民警婉拒晕倒老人百元酬谢款：大爷，警车不收钱》《好险！男子口吐鲜血倒地，洒落数张百元人民币，民警紧急救援……》《七旬老人拄拐杖蹒跚过马路，辅警霸气背到路边》《嘘，别动！走失奶奶握着民警手躺怀里睡着，民警盘腿坐地上当“人肉枕头”20分钟一动不动》《爸爸被抓妈妈失联 辅警带仨萌娃在派出所提前过六一》……借助视觉方式和核心人物形象的呈现，符号化、意义化特定框架，实现潜在价值观的传递与鼓动：敬业爱岗、关爱他人，建构和谐法治社会。

2. 友善互爱：“无名人物”的视觉价值实践

“好人好事”是政务微博社会新闻视频报道的主要议题，见义勇为、关爱老人儿童、慈善公益、拾金不昧等事件从属于同一框架路径：友善互爱。正如米切尔所说，基于视觉修辞的图像行为必然与特定的社会建构和文化建构相联系②，互相作用。而大部分的人物之所以成为主角并不是因为他是“某某某”，而是因为他的视觉价值生产：见义勇为的公交司机、拾金不昧的小学生、热心公益的拾荒老人……他们作为“无名人物”承载着特定的价值话语意义。

在“@共青团中央”的《女子地铁晕倒，小伙抱起她飞奔送医：我是军人当然要冲在前面》中，监控录像画面首先叙述了海军战士救助晕倒女子将其送往医院的过程，背景音乐配合构成了紧张的氛围；接着对女子和医护人

① 来自政务微博的微博简介.

② MITCHELL, W. J. T. Interdisciplinarity and visual culture [J]. The Art Bulletin, 1995 (4): 544.

员的采访从侧面刻画了海军战士“做好事不留名”的形象，而后由海军战士自己讲述：“我感觉其实我做了一件平常人都会做的事情……我是军人当然要（冲在前面），对吧？”与海军胸标特写、战士敬礼画面形成呼应，多种修辞符号形成视觉框架，共同创设了“友善互爱”的意义网络，引导人们按照特定的话语导向释义解读，达到价值鼓动的修辞目的。

另一则“慈善公益”社会新闻中，尽管核心人物并未在视频中出现，但价值意向的传递更为明确。成都“早餐哥”经常在九家早餐店中留下现金，叮嘱商家为附近环卫工人提供新鲜早点，已经持续了七个月。视频中用环卫工人手中油条的特写加上“一位神秘的男子已经默默做着一件事七个月了”的字幕解释，配合柔和的抒情音乐，是一种对爱心传递的典型视觉化修辞；而侧面人物早餐铺老板“他这个相当于是做慈善”“他说人就应该要这样回报社会”的叙述以及获得帮助的多名环卫工人的感谢直接从视觉化角度规定了释义空间，对“友善互爱”的话语进行了特定展示：环卫工人尽管很少得到聚光灯的关注，然而平凡可敬的工作也能得到浓浓爱心的反馈①。

四、结论与讨论

对政务微博视觉修辞框架的分析，其实就是回答我们能够以何种方式解读以视觉化方式呈现的社会图景。本文通过内容分析和视觉修辞框架分析解释了研究所提出的两个核心问题：（1）政务微博社会新闻视频报道画面构成及其反映议题的特点；（2）视频新闻所呈现的视觉化社会图景，探析了视频新闻表意的生产机制及深层话语语境。总体来说，政务微博在社会新闻视频发布中借助字幕标出阐释，用音乐引导情感，用景别建构空间，这些技术元素的运用形成了互文语境，在意义生产和社会事件呈现之间搭建了桥梁，通过构建“冲突”与“和谐”的双重议题，传递了隐含编码信息，也借由核心人物的视觉价值实践呈现了以和谐法治友善互爱为话语导向的社会图景。此外，研究发现，作为民众的“拍客”也是社会图景建构的多元力量，与传统自上而下的媒体话语相比更为鲜活，从微观角度手绘了“细节中国”。而从经

① 文字来源于该视频的字幕叙述.

济区位角度来看，西部地区不仅在经济发展进程中稍显滞后，在视觉符号化框架中也处于“标出项”和“视觉他者”的状态，以典型的“和谐”属性被表征凸出。

在政务微博视觉建构的“社会图景”中，“技术元素——形象呈现——价值鼓动”这一修辞实践是对叙事框架的传达与深化，中国和谐叙事则是植根于其中的深层元话语。

本研究也存在一定局限。第一，四个样本微博中“@中国警方在线”与其他三个账号存在一定差异，研究没有深入分析，编码表的设计也不够深入；第二，在样本收集编码环节，因无法下载原视频，在线进行编码时出现了原视频已被删除或无法显示等情况，损失了部分数据；第三，视觉修辞延续了修辞学最基本的“功能观”，除了关注“符号行动”的作用机制，更关注“符号行动”的修辞效果，即视觉实践是否能够影响受众以及如何影响受众的问题①，但本文没有涉及社会新闻视频的生产与消费环节，研究不够完整。视觉修辞的定性研究有自身的优势，也存在缺陷，不同的主体有各自不同的认知解释框架，有一定的主观性，这一研究有待进一步探索。

---

① 刘涛．视觉修辞何为？——视觉议题研究的三种“修辞观”［J］．中国地质大学学报（社会科学版），2018（2）：155.

以柔克刚：政务新媒体的柔性传播特点及其“善治”可能*

本研究认为，一些政务新媒体已逐渐改变严肃性和官僚化的媒介形象，传播风格走向了柔和化、轻松化和日常生活化。“少一些刚硬，多一些柔和”，实现刚柔并济的平衡状态，是政务新媒体实现政治传播效果的一种可行性思路。本研究分析政务新媒体传播的柔性传播特点，认为政务新媒体“以柔克刚”的传播方式或可成为网络善治的一种新模式。

新媒体的迅猛发展为公众积极地参与政治带来诸多可能性，这也给政务新媒体传播的实效性带来了挑战。近几年来政务新媒体发展迅速，以微博为例，截至2018年底，经过认证的政务微博达17.6亿，阅读量达3800多亿，较去年增长750亿。① 政务新媒体的数量持续增加，带来了传播效果和社会成效的考量问题：如何才能更加公开、透明、高效地传递信息，并对其进行有效管理，推动社会主流价值观的影响力，积极发挥政务新媒体的舆论导向作用，成为网络政治传播的重要话题。有学者指出，政务新媒体在传播中存在官方话语具有严肃、规范、宏大的叙事特征，传播效率低下②的情况。可喜的是，一些政务新媒体为真正发挥其政治传播的作用，已逐步改变了严肃性和官僚化的媒介形象，传播风格走向了柔和化、轻松化和日常生活化，呈现出

* 本文作者王淑华，浙江传媒学院新闻与传播学院教师，副教授，硕士生导师.

① 全国政务微博达到17.6万个 全年阅读量超3800亿［R/OL］. 中国新闻网，2019-01-22.

② 沈淑蕊，赵高辉. 网络群体性事件的成因及其至善之道——以“丽江游客被打毁容事件”为例［J］. 东华大学学报（社会科学版），2018，1：56.

“以柔克刚”的传播特点。

“以柔克刚”最早源自老子的《道德经》，《道德经》第七十八章中有云：“天下莫柔弱于水，而攻坚强者莫之能胜，以其无以易之。弱之胜强，柔之胜刚，天下莫不知，莫能行。是以圣人云：受国之诟，是谓社稷主；受国不祥，是为天下王。”① 这段话指出水虽然比天下任何东西更软弱，但却最为攻克坚强，弱胜过强，柔胜过刚，只有承受过屈辱和灾祸的人才能成为国家的君王。同时《道德经》第十四章也有类似表述：“反者，道之动；弱者，道之用。天下万物生于有，有生于无。”②柔弱是道的力量所在，强弱是相对的，如果利用道的智慧，找到制胜方法，就能变柔弱为强大。以弱胜强，以柔克刚，这不仅是中国人的处世之道，在历史上也成为军事策略之一。诸葛亮在《将苑》中曾写道：“善将者，其刚不可折，其柔不可卷，故以弱制强，以柔制刚。纯柔纯弱，其势必刚，纯刚纯强，其势必亡，不柔不刚，合道之长。”③ 他指出一名出色的将领应具备的性格：柔中含刚，刚中存柔，刚柔相济。这种处世和将领方式给政务新媒体传播以启示。政府部门的属性，使政务新媒体给人的印象也是刚强、严肃、强硬、不接地气、具有权威性的，如果政府部门在信息传播过程中还是秉承“一刚到底”的风格，那和百姓之间的隔膜就会越来越厚，信息传播效果会更差，无法起到政务新媒体应有的舆论引导作用。本文认为，“少一些刚硬，多一些柔和”，实现刚柔并济的平衡状态，是政务新媒体实现预期传播效果的一种可行性思路，“以柔克刚”可能成为网络善治的一种新模式。

一、政务新媒体的柔性传播特点

“柔性”针对“刚性”而言，作为一种物体特性来说，指受力后变形，但具有柔软、温和、弹性等特征。柔软是避免正面对抗的一种策略手段，一种隐性力量，一种协商方式。个人对于“软性的”协商的诉求远远大于“硬

---

① 老子．道德经［M］．东篱子，译注．北京：北京时代华文书局，2014：114.

② 老子．道德经［M］．东篱子，译注．北京：北京时代华文书局，2014：182.

③ 诸葛亮．将苑［M］．韦建黎，解译．广西：广西人民出版社，2007：34.

性的”抗议诉求和法律维权的诉求。因为从成本和效率角度来看，如果能以低风险的“软性的”协商方式有效解决冲突、矛盾与问题，谁都不愿选择高风险的抗议方式来解决问题。① 政务新媒体传播“以柔克刚”的理念，不仅是避免正面冲突的一种手段，也能产生以柔制胜的传播效果。综合而言，政务新媒体具有五大柔性传播特点。

（一）在话语表达上，从严肃化到萌化，传播表达去官僚化

习近平在强调培养和弘扬社会主义核心价值观时指出，“要润物细无声，运用各类文化形式，生动具体地表现社会主义核心价值观”②。作为政务新媒体同样需要改变过于严肃、官僚化的话语表达形式，采用更亲民的方式，以达到“润物无声胜有声”的效果。如广东省人民政府办公厅印发《广东省推进政务新媒体健康有序发展实施意见》中指出，政务新媒体存在不发声、乱发声、更新慢、“不务正业”、自说自话、回复敷衍了事、功能无法使用，甚至“不当言论、雷人雷语”等问题需要及时整改，要求于 2019 年 5 月 30 日前完成集约整合。政务新媒体要做到有特点、有影响、有关注，则需调整传统的官僚化传播表达方式和报道角度，尝试采用幽默轻松的方式发布信息，与民沟通，以提高贴近性和亲和力。实用、专业和趣味相结合，严肃活泼、亦庄亦谐，成为政务微博“吸睛涨粉上热搜”的有效途径。③在保证信息内容实用和专业的基础上，一些政务新媒体采用吉祥物、动漫、漫画和萌式表达方式进行传播，如南京警方出“凡客体”防骗传单、上海警方微博晒淘宝体“最萌通缉令”、南京白下警方的“三国杀通缉令”、“微成都”借鉴呼叫体呼叫“上海发布”④ 等，都以卖萌方式进行信息传播，虽引起争议，但一改政务新媒体过于严肃死板的形象，颇受网民的喜爱。此外，面对移动阅读时代碎片化阅读的特点，政务新媒体利用短视频的视觉传播特点进行宣传教育，

---

① 雷霞．新媒体时代抗议性谣言传播及其善治策略研究［M］．北京：中国社会科学出版社，2016：187.

② 把培育和弘扬社会主义核心价值观作为凝魂聚气强基固本的基础工程［N］．人民日报，2014－02－26（1）．

③ 郝天韵．中央气象台官方微博：政务微博也能萌化你心［N］．中国新闻出版广电报，2017－08－22（5）．

④ 刘锐，谢耘耕．中国政务微博运作现状、问题与对策［J］．编辑之友，2012，7：11—12.

成为热点。例如，常州市公安局高新（新北）分局开设新浪认证微博“民警李建国”，推出自演自导的《民警李建国》两季六集系列网剧，这部被网友称为“认真地搞笑、负责地宣传”的青少年暑假安全防范网剧的网络点击量过亿，起到了相当成功的宣传教育作用，有网友评论“警察叔叔演技秒杀小鲜肉”。① 参与演出的四名演员都是一线民警、辅警，采用卖萌搞笑的方式做好安全防范宣传，寓教于乐、巧接地气，用“微”传播实现了“大”宣传。

（二）在报道对象上，从关注大事件到聚焦小人物，权威形象的祛魅化

政务新媒体信息内容常常围绕政府工作展开，倘若工作报道没有涉及具体人物，写作容易变成政府公文，缺乏可读性，无法起到实际的传播效用。一些工作和事件报道虽然出现了领导的身影，但如果陷入冷冰冰的程序化报道套路，也会导致传播缺乏情感、缺乏活力。政务新媒体传播旨在塑造政府部门的整体形象，然而在强调整体性的同时如果忽视了温度的传递，这种精英主义的视角只能塑造政府部门高高在上的权威姿态。这不仅有损政府部门自身形象，而且会降低其在网民心目中的权威性。在人人都是传播者的时代，百姓更喜欢看到的是能带动人的情感的个性化的传播，作为政务新媒体需调整定位，改变姿态，凸显“人的活动”“人的温度”，这种温度能感染人，也能让人看到最真实的组织机构。因此，政务新媒体应注重权威报道的祛魅化，不仅要在工作报道时“说人话”、讲人情味，增加人物元素，还需要关注小人物，聚焦平民英雄的平民精神和社会价值。从平民英雄的报道中提取组织的价值，既是对英雄的祛魅，也是对政务新媒体的祛魅，更是对政府部门的权威性的祛魅。例如，“@杭州公安”微博公众号就塑造了警花这一典型的平凡英雄的形象，在2019年5月20日当天推出《520，我和我的警察女友》的文章，用漫画的方式以一个男朋友的口吻讲述了在5月20日当天与警花女友的生活日常，文章指出普通人认为是女汉子的女警，“其实遇到爱情也是温温柔柔甜”，最后一句写道：“我的警察女友看上去很凶，其实很温柔；我的警察女友经常失联，其实她只是责任很重；我的警察女友，她真的很好～”一个平凡又负责的警花形象真实地跃然眼前，

① “让社区治安充满欢笑的民警”李建国［EB/OL］．新华网，2017－11－27.

让不少网友看完文章直呼幸福暖心。

（三）在舆论引导上，从讲“好故事”到“讲好”故事，提升舆论传播的修辞能力

习近平总书记在党的十九大报告中指出，要“讲好中国故事，展现真实、立体、全面的中国，提高国家文化软实力”。讲好中国故事，一方面是故事本身题材好、内容好、值得讲，而另一方面则需要有能力将故事讲好，这就需要掌握好讲故事的能力，掌握好的传播技巧，才能起到说服人的作用。如何“讲好”故事？亚里士多德（Aristotle）在《修辞学》中指出，修辞起到说服的功能需要具备三个要素：一是传播者的性格，二是听者当时的心情，三是传播者本身有所证明或似乎有所证明的内容。① 因此，高超的故事不仅需要事实是确凿的，使非专业人士至少得以了解真相的一部分，② 而且故事的精彩之处在于它不仅是个人感受的表达，还要有吸收更大群体的经验和观点的能力，③ 同时，故事讲述者的真诚能增加论点的活力以及故事的价值。政务新媒体在讲故事时要注意修辞的技巧，通过故事，赢得民众的情感共鸣，有利于形成有效的交流交往模式。例如，西安政府最先讲述了“西安年，最中国”的故事，将中国传统文化与现代科技结合起来，使西安一跃成为现代化时尚旅游大都市，后又在抖音平台推出“摔碗酒”，西安瞬间成为网红城市爆款。蒂利（Charles Tilly）指出，故事具有四种不同的关系职能：新关系的建立、既有关系的确认、有争议或变动中关系的协商、受损关系的修复。④ 西安政府部门的“现代西安故事”让多个国家和地区网友对西安有了全新的认识，改变了西安原来“端着金饭碗过穷日子”的尴尬局面，向世人展示了时尚、科技、国际化的古城形象，吸引了大量游客来到西安，真正实现了城市价值。

（四）在情感表达上，刚柔并济，从压制情绪到引导情感，发挥舆论传播

① 亚里士多德．修辞学［M］．罗念生，译．上海：上海世纪出版集团，2006：23.

② 查尔斯·蒂利．为什么？［M］．李钧鹏，译．北京：北京时代华文书局，2014：158.

③ 戴维·米勒．协商民主不利于弱势群体？［M］//毛里西奥·帕瑟林·登特里维斯．作为公共协商的民主：新的视角．北京：中央编译出版社，2006：155.

④ 查尔斯·蒂利．为什么？［M］．李钧鹏，译．北京：北京时代华文书局，2014：66.

的正能量化

在社会沟通和舆论引导中，“晓之以理”远远不如“动之以情”，争取人心是舆论治理的第一要义。①如何争取人心？政务新媒体保持与百姓的情感联结是争取人心的重要手段。政务新媒体既要关注舆论事件中公众的情绪变化，避免其不利因素的滋长，也可以将公众的情绪宣泄引导到与之情感共融之中，这样既有利于负面舆论的迅速消解，也能促进正能量宣传的良性发展。正确运用情感的力量能形成强大的社会效应，政务新媒体在传播中要“因情制宜”，释放自身情感，呈现政府部门完整而鲜活的形象。

例如，桐乡市区一个六十多岁的环卫老人指责乱扔垃圾的烧烤店女店员时，被其丈夫杨姓青年扇巴掌，用脚踹，导致轻微脑震荡，第二天桐乡公安的微信公众号“桐乡金盾”发布了通报，但在发布正式通报之前，发布了被无数媒体点赞很“霸气”的一段话：

> 今天没有嬉笑，只余怒骂。
>
> 任何人，任何人欺凌弱势群体，欺凌一位六十多岁的老人都该被社会唾弃。
>
> 姓杨的，我们要告诉你公安有法律责任，同时有社会责任和道义责任需要担当！当然，我们不会说出你的名字，但不要以为自己是条“金龙”就可以胡作非为；我们也不会告诉大家你是干什么的，但你要知道和桐乡本土商场同名的“老 DX”烧烤这块招牌可能就会砸在你手里。（桐乡金盾，《权威发布，昨晚刷爆朋友圈的视频处理结果出来了》，2018 年 8 月 4 日）

这一条“有态度”的硬气通报，一改以往政府部门“克制”情感的本性，恰恰体现出公安机关有血有肉的“真性情”。虽然表达的方式别具一格，但所说的话基于礼义与法制，并非失去理性的情绪宣泄，表达的分寸拿捏有度，富有人情味。事件处理结果之所以让百姓大快人心，直呼过瘾，是因为百姓

① 喻国明．网络舆情治理的要素设计与操作关［J］．新闻与写作，2017，1：12.

觉得公安部门说出了自己的心声，政府部门成为了和自己荣辱与共、志同道合的“自己人”，这种传播方式，成功地实现了官方舆论场和民间舆论场的对接。桐乡公安权威通报中的情感释放，有效地将百姓对该事件的负面情绪引导至共同构建和谐社会的积极正面的情感之中来，形成情感共鸣，这种共情效果有利于加强百姓对法、善、理的正确认知，有利于提升正能量的传播效果。

（五）在舆情应对上，弹性化处理，从正面交锋到侧面引导，用巧力化解冲突和危机

新媒体时代舆情频发，给政务新媒体的舆情治理带来诸多挑战。面对负面舆情，政务新媒体往往面临两难选择：回应不及时或置之不理，要承担舆论和情绪发酵的负面后果；发声不当或仓促应对，则要承担辩解不清的风险。两者的共同点在于，政务新媒体都处于被动防守的不利位置，尤其在立场先行的后真相时代，真相让位于情感立场和社交圈层，当人们遇上与自身信念相抵触的观点或证据时，除非它们足以完全摧毁原信念，否则原信念反而更加强化。① 政府部门失当的舆情应对反而容易引起衍生舆论的次生灾害。

政务新媒体需把握好节奏，既不能在网络空间中失声，也不要使拙力，应变时冷静平和，才能牢牢把握信息传播的主动权。通过写原创性文章、权威发布等方式主动出击固然是一种常见的操作方式，但也可以另辟蹊径。面对危机舆情时不必擅闯舆情“雷区”，可“借力”发挥，比如，站在局外人的角度，借力网络上自媒体作者发布的优质内容为己所用；通过引用网民的观点来呈现自己的态度和主张等。如此看似被动实则主动，看似防守实则出击，避免了与舆情的正面交锋，用侧面进攻的方式，弹性化地进行舆情应对。借力打力，将自己从当事人的角色中抽离出来，还能巧妙化解矛盾冲突，减小危机的可能风险，推动舆情的积极发展。例如，2019 年 4 月，微信上热传一个名叫“阿甘叔”的自媒体作者撰写的文章《乌镇是假的》，阅读量破 10 万，把乌镇推向了舆论的风口浪尖。面对自媒体人对乌镇的“黑文”，政府政

---

① 李彪，喻国明．“后真相”时代网络谣言的话语空间与传播场域研究——基于微信朋友圈 4160 条谣言的分析［J］．新闻大学，2018，2：110.

务微信公众号“乌镇景区”没有选择马上写出原创性文章正面出击，而是迅速转发一个名叫“向宏做旅游”的作者的文章《真做“假”时“假”亦真——读阿甘叔<乌镇是假的>有感》，对前文做了积极回应，让别人为自己代言。这篇回应文章非常具有信服力，得到了无数网民的声援和支持，引起了公众广泛共鸣。“乌镇景区”微信公众号转发文章的行为看起来是把自己置于旁观者的位置，但实则清晰地表达了自己的态度。借力打力，政务新媒体在第一时间把握舆情发展动态，搜索大量网络信息，转发优质网络文章，迅速对负面舆情做出回应，实现了主流宣传“多、快、好、省”的传播效果，同时又不费吹灰之力对政府进行积极而正面的品牌形象宣传。

二、从柔到善：政务新媒体柔性传播与网络善治

陈家刚指出，协商民主是一种治理形式，其中，参与公共协商的公民是平等、自由的，他们提出各种相关的理由，说明他人，或者转换自身的偏好，最终形成共识，从而在审视各种相关理由的基础上赋予立法和决策以合法性。① 根据定义可以看出协商民主具备合法性、公开性、责任性、平等性、理性、包容性、讨论和对话七个特征。从主张“权为民所用”的公共参与的民主政治发展现实来看，协商民主是我国社会主义民主政治的特有形式和独特优势。而“善治”是中共十八届四中全会《关于全面推进依法治国的重要决定》中的一个重要论断，全会指出“法律是治国之重器，良法是善治之前提”，由此“善治”第一次正式进入中共中央的文件。在学术界，俞可平于1999年将善治引入中国，指出善治包含十大要素：合法性、透明性、责任性、法治、回应、有效或效率、参与、稳定、廉洁、公正。② 协商民主的发展不仅离不开法治，更需要善治。因为善治是公共利益最大化的治理过程和治理活动，其本质特征就是国家和社会事务处于最佳状态，是政府与公民对社会公共事务的协同管理，这是国家治理现代化的理想状态。③

---

① 陈家刚．协商民主［M］．上海：上海三联书店，2004：3—4.

② 俞可平．走向善治：国家治理现代化的中国方案［M］．北京：中国文史出版社，2016：249.

③ 俞可平．法治与善治［J］．西南政法大学学报，2016，1：6.

网络新媒体为公民带来开放、自由、平等的讨论和协商空间，这成为现实社会讨论和协商的延伸。如果说政务新媒体传播的出发点是如何助力形成一个好的政府（组织机构），即面向善政和政府治理的层面，那么其终极目标则是如何帮助实现官民共治，即面向善治和社会治理层面。政务新媒体的柔性传播让政府部门一改以往的权威形象，以柔和的姿态与百姓在更为平等、和谐的关系上对话和交往，能培养网络公民的民主的意识和能力，激发其参政议政的积极性,① 促使各级各层公民参与公共协商，不仅推动了我国网络协商民主的发展进程，也是一种实现网络善治的可行途径。

柔性传播是善治的一种合理性策略。“天下之至柔，驰骋于天下至坚。”②《道德经》第四十三章指出，柔软的力量能驾驭世界上最刚强的东西。老子主张大道无为，然而他的无为之道，并非不作为，而是不用强力，随事物发展规律和自然规则行事，再难的问题也能找到解决的方法。政务新媒体利用网络信息传播、舆论发展和受众心理的基本规律以及媒介科技发展的规则，发挥柔性传播特点，以柔制胜，以弱胜强，传民生、识民意、聚民心、推动社会民主政治的积极发展。其中，重连接，发挥网络资源整合优势，传递符合百姓民生的信息；重互动，强调与百姓的沟通、联系和交流，更理解百姓所思所想所求；重情感，贴近百姓心声，形成全社会范围内的强大的精神凝聚力，这些都是建立在公民权利本位上的网络善治的具体实践。

重连接，发挥网络资源整合优势，传递符合民生的信息，使网络“弱关系”变得强大。5G 商用、人工智能和大数据等媒介科技的发展带来政务新媒体格局的巨大变化，政务新媒体随科技发展不断变革、创新，加强与科技的连线力，与行业内部的连线力，与百姓的连线力，保证信息能及时、准确地传送至百姓面前。加强与科技的连线力方面，可以尝试利用 AR、VR、5H 技术增强信息播报的可视化水平，利用短视频增加报道的趣味性，利用信息机器人技术提高新闻生产的速度和准确度；加强行业内部的连线力方面，可以

① 王淑华. 以2009 年“两会”为例看网络媒体协商民主的实践［J］. 中国广播电视学刊，2009，4：32.

② 老子. 道德经［M］. 东篱子，译注. 北京：北京时代华文书局，2014：190.

参考全国首个公安微博群形成的“广东模式”①，采用矩阵等方式有效整合行业内部的各种资源，通过实现专业信息共享和资源共享，保证信息传播的综合性和完备性；加强与百姓的连线力方面，妥善运用各种信息互动平台，提供无障碍的沟通渠道，保证网络公众能方便、快捷地与政务新媒体就公共事务开展平等对话。这种连线力整合了网络资源，形成强大的信息传播网络，实现了“技术—行业—空间—人”的全方位连接，使网络“弱关系”变得强大。

重互动，强调与百姓的沟通、联系和交流，更理解百姓所思所想所求，为弱势公众提供广泛的政治赋权机会。在政务新媒体平台上，公众能和政府部门、政治人物等进行超越时空的互动式接触，这种接触所表达的民意更加理性而真实，无论是参与的个体还是组织都能采取积极的态度：合作和融合，这为最终提高政治参与的实际效力创造了更大的可能性。② 政务新媒体在与网络公众对话的过程中实现网络合作共治，因为通过互动，政府部门能更明白百姓的现实诉求和情感诉求，从而获得更广阔范围内的真实民意，因此无论是敏感话题还是不同意见，只要指向事实，指向理性和善意，指向公共利益，都值得对话。对话和争辩是网络协商的重要过程，辩论能激发网络公众的民主意识，促其在现实社会中学会用协商方式维护自身权益。③ 罗尔斯（John Bordley Rawls）指出，虽然辩论形式或许是不完善的，是缺乏完整真理的，是肤浅的，但唯有通过这种形式，我们才能按照大家认可的理性来和别人一起过政治生活。④辩论既是获取理性政治生活的一种方式，也是协商民主过程中培育理性公众的一种手段。网络公众尤其是边缘人群、弱势群体或者在其他场合无力发声的人，都可以通过与政务新媒体的参与式互动自我表态，互动是网络公众话语权的赋予，更是网民获得更多自我表达、参政议政的政治赋

① 黄庆畅．公安部提出构建公安微博群，实现运行常态化管理［N］．人民日报，2011－09－27（4－5）．

② 郑芸．网络政治视野中的公民政治参与［J］．苏州大学学报（哲学社会科学版），2006，1：41.

③ 王淑华．互联网的公共性［M］．北京：社会科学文献出版社，2014：171.

④ 约翰·罗尔斯．政治自由主义［M］．万俊人，译．南京：译林出版社，2011：224.

权机会。

重情感，贴近百姓心声，形成柔情似水的感召力和强大的精神凝聚力。互动的过程是情感表达和交流的过程。① 在新媒体科技时代，网民比以往更加注重体验和情感的共鸣。基于数字平台而生的民间社会、情感经济和算法技术的影响，成为网络上情感传播的新型成因，因此“以情治网”成为网络治理的一种方式。② 有研究表明，政务新媒体平台的公众容易被与自己态度一致的信息激发正面情感并促进他们的政治参与行为，③ 因此政务新媒体可以以正能量的宣传吸引更多网络公众的情感投入。另一方面，情感的介入柔性地化解了政府和公众之间的冲突和矛盾，有效地融合了公私边界，因为政务新媒体与网络公众互动中情感话题以及情感投入的增加，使得公共和私人领域之间的区分变得越来越模糊。但正是因为政务新媒体不拘内容、不拘边界地以情感人，政府部门的形象变得更为柔和、亲切、真实，产生了柔情似水的感召力，网络公众在与政务新媒体充满感情的互动和沟通中，形成了情感共同体，并产生强大的精神凝聚力。

三、总结

本研究认为，一些政务新媒体已改变以往过于刚强、严肃、死板、程序化的传播方式，采用“以柔克刚”的柔性方式进行信息传播和沟通互动。在话语表达方式上，采用润物细无声的形式，用萌化代替去官僚化；在报道对象上，从关注大事件到聚焦小人物，祛魅权威形象，凸显“人的温度”；在舆论引导上，不仅能讲“好故事”，更注重提升“讲好”故事的修辞能力；在情感表达上，刚柔并济，从压制情绪到引导情感，发挥舆论传播的正能量；在舆情应对上，采用弹性化处理，避免正面交锋，通过借力打力，由侧面巧

① 杨国斌. 连线力：中国网民在行动［M］. 邓艳华，译. 广西：广西师范大学出版社，2013：267.

② 王斌. 数字平台背景下情感传播的成因、风险及反思［J］. 电子科技大学学报（社科版），2018，6：1.

③ 顾洁，闵素芹，詹骞. 社交媒体时代的公民政治参与：以新闻价值与政务微博受众参与互动关系为例［J］. 国际新闻界，2018，4：69.

妙化解冲突。政务新媒体将柔性传播与媒介科技发展规律、新闻传播规律、网络舆情发展规律以及受众心理情感规律相结合，重连接、重互动、重情感，传民生、识民意、聚民心，能产生以柔制胜、以弱胜强的传播效果，推动网络协商民主的发展，也为实现网络善治提供可能。

媒介善治的愿景是通过治理实现传播场域与经济、社会、文化场域的多元互动，以及大众媒介、公民社会、民族国家和国际社会的相互依赖和合作共治。① 对政务新媒体传播的治理，既是媒介善治，也是网络善治。善治之"善"，其本质是国家权力向社会的回归，是政府、社会与公民之间积极有效的合作，是三者的最佳状态。② 政务新媒体的柔性传播旨在用柔和而有效的方式，追求网络公共利益最大化，与媒介善治与网络善治的理念一致。"以柔克刚"的柔性传播能保证政务新媒体传播形成一个平等、公开、透明、互动、共享的公共的舆论空间。与此同时，要实现网络善治，还需创造外部的环境条件，良法是善治的前提，因此，必须加强网络传播立法体制建设，使网络善治有法可依，保障人民群众能积极投入到网络参与之中，体现更广泛百姓的最大利益和社会公平正义。此外，增强网络公民道德修养、公民参政议政意识的公民精神的培养和教育，也是网络善治能落到实处的必要条件。

---

① 刘备．新媒体的"为"与"不为"——我国社会转型中的网络新媒体行为规范［J］．今日中国论坛，2013，11：23.

② 沈淑蕊，赵高辉．网络群体性事件的成因及其至善之道——以"丽江游客被打毁容事件"为例［J］．东华大学学报（社会科学版），2018，1：57.

论新媒体诚信的制度逻辑*

制度是新媒体诚信建设的基础，它是维系新媒体经济秩序的根本保证、降低新媒体交往成本的内在需求、延长新媒体生命周期的必然选择。本研究认为，当前新媒体在新闻领域、经济领域、人际交往领域、知识产权领域等存在严重的诚信缺失，究其根源在于法律等正式制度的不完善和道德等非正式制度的约束不力。因此，应该从健全新媒体诚信的法律法规、完善新媒体道德的内在规约、建立新媒体诚信的管理机制、加强新媒体诚信的技术保障等路径构建起新媒体诚信制度体系，才能有针对性地治理新媒体失信行为，保障新媒体事业的健康可持续发展。

麦克卢汉认为："每一种新媒介的产生和运用，都宣告我们进入了一个新的时代。"② 1967 年，美国哥伦比亚广播电视网技术研究所所长戈尔德马克首次提出"新媒体"（New Media）的概念，此后得到广泛关注。新媒体的"新"是相对于电视、广播、报纸等传统媒体而言的，概括来说，它是一种"以数字技术、互联网络技术、移动通信技术等新科技为支撑、向受众提供信

* 基金项目：2015 年国家社会科学基金青年项目"微文化对大学生价值观的影响及实证研究"，项目编号：15CKS013；2018 年广东省教育科学规划课题（党的十九大精神研究专项），项目编号：2018JKSJD50。

本文作者周静，广东工业大学马克思主义学院讲师，华南师范大学博士研究生.

② ［加］马歇尔·麦克卢汉. 理解媒介——论人的延伸［M］. 何道宽，译. 北京：商务印书馆，2000：37.

息服务的新兴媒体的总称"①。21 世纪以来，以网络论坛、博客、微博、微信等为代表的新媒体获得了迅速发展与广泛普及，在提供信息服务、推进民主进程、协调社会关系等方面发挥了积极作用，构建起一种新型的传播语境和媒介生态，标志着新媒体时代的到来。但另一方面我们也看到，新媒体主体的"零门槛性"、传播的随意性和表达的匿名性也使得新媒体空间的诚信缺失现象越来越凸显，极大地危害了新媒体的可持续发展。制度作为最强有力的社会规范，约束着人的行为，又是影响人发展的重要因素，对新媒体诚信建设具有关键性和基础性作用。如何从制度社会学的视角，深入分析制度对新媒体诚信建设的重要意义，探究当前新媒体诚信缺失背后的制度根源，探寻新媒体诚信建设的制度路径，是当前新媒体诚信研究重大且紧迫的课题。

一、新媒体诚信建设的制度基础

制度作为一种研究视角和研究方法，很早就受到政治学、历史学、经济学等领域学者的关注。政治哲学家罗尔斯认为："制度是一种公开的规范体系，这一体系确定职务和地位及它们的权利、义务、权力、豁免等"②；历史学家汤因比指出："制度是人和人之间的表示非个人关系的一种手段。"③ 新制度经济学代表人物诺思则认为："制度是一系列被制定出来的规则、守法程序和行为的道德伦理规范，它旨在约束追求主体福利或效用最大化利益的个人行为。"④ 这些论述虽然角度各异，但有一点基本形成共识，即都认为制度是一种行为规范和约束体系。

新媒体诚信是一种调节和整合新媒体主体之间利益关系的道德机制，它要求新媒体空间的所有活动都必须严格遵循诚信原则和相关法律规范，诚实

① 李勇．新媒体环境下社会主义核心价值观传播体系的建构研究［J］．电化教育研究，2015（2）：27—31.

② ［美］罗尔斯．正义论［M］．何怀宏，等，译．北京：中国社会科学出版社，1988：50.

③ ［英］汤因比．历史研究（上）［M］．陈晓林，译．上海：上海人民出版社，1966. 59.

④ ［美］道格拉斯·C·诺斯．经济史中的结构与变迁［M］．陈郁，等，译．上海：上海人民出版社，1994：195.

守信，言行一致。新媒体本质上是一种信息共享和即时交互的公共平台，公共平台的诚信发展需要一定的措施来进行保障，这种保障的关键就是制度。作为一种规范的力量，诚信制度是新媒体诚信建设的基础和保障。

（一）诚信制度是维系新媒体经济秩序的根本保证

“秩序意味着依循规范体系的规定而发生的过程。”① 新媒体经济是一种以网络、微博、微信等新媒介为载体和平台，以现代信息技术为核心的新的经济形态。作为社会主义市场经济的重要组成部分，新媒体经济也是竞争经济，新媒体是重要的市场竞争主体。法国社会学家皮埃尔·布尔迪厄曾说过：“新闻场是一个场，但却是一个被竞技场通过收视加以控制的场，始终经受着市场的考验。”② 作为市场主体追求经济效益本无可厚非，但问题是在现实中，一些新媒体片面追求经济利益，受到利益驱动常常不择手段来牺牲诚信，严重扰乱了新媒体经济秩序。

如何保障正常的经济秩序呢？从根本上说，依赖于一定的社会结构所提供的制度规则和行为预测。用美国学者科斯的话来说：“这个结构是规则、惯例、习俗和行为信念的复杂混合物，每一个有效率的市场都是处于由市场参与者共同制定的制度结构之中。”③ 完备的诚信制度是维系新媒体经济秩序的重要保障和有效手段。一方面，诚信制度具有预测性。诚信制度通过法律、法规等形式对新媒体的诚信道德进行明确规定，明示出新媒体在运营过程中应该做什么、不应该做什么以及应该如何做等问题，借此使新媒体主体能够准确地预测自己行为的后果，从而有效遏制和破除其失信获利的机会主义企图。另一方面，诚信制度具有强制性。通过制度的强制性功能，对新媒体的诚信行为予以奖赏而使其获得有形与无形收益，对违反诚信规则的新媒体予以严厉惩罚。对于这一点，福山指出：“当这些人不遵守社会既定规范时，最

① ［美］塔尔科德·帕森斯．社会行动的结构［M］张明德，译．南京：译林出版社，2012：103.

② ［法］皮埃尔·布尔迪厄．关于电视［M］．许钧，译．南京：南京大学出版社，2011：87.

③ ［美］科斯，诺思，威廉姆森，等．制度、契约与组织——从新制度经济学角度的透视［M］．刘刚，等，译．北京：经济科学出版社，2003：15.

终社会必须透过外加的法规与惩罚手段，来迫使他们接受约束。”① 可见，诚信制度为新媒体的行为选择和竞争秩序提供了规范、依据和保障。

（二）诚信制度是降低新媒体交往成本的内在需求

作为一种新型的交往方式，新媒体极大地拓展了人们的交往时间和空间，其交往的主要内容是信息，新媒体的运营过程就是一个接收、加工、储存和传播信息的过程。新媒体的交往成本指的是由传播技术决定的在交往过程中发生的成本，包括信息传递消耗的资源成本、设备成本、时间成本等，它是影响新媒体经济秩序和交往效率的重要变量因素。由于新媒体与生俱来的虚拟性、匿名性等特点，信息传播双方天然地存在着严重不对称的情况。根据信息不对称理论，新媒体主体利益最大化的欲求在“信息不对称”的掩盖下，常常会产生“逆向选择”“机会主义”等道德风险，这直接导致受众鉴别信息真伪的资源成本、时间成本和交往成本等显著上升。

作为对人性进行约束和规范的制度，本身就是社会交往的产物。马克思指出，社会正是借助“制度”这个纽带，把整个社会要素整合、凝聚在一起。具体来说，诚信制度降低新媒体交往成本主要通过以下途径实现：第一，通过建立完善的新媒体信息系统和评价机制，可以最大限度地保证交往信息的正确征集、完整保存和快速传播，从而减少信息传播中的不确定性，降低信息不对称产生的交往成本和风险。事实上，量化的信用信息的传播和质化的信用等级评价机制的公开，是提升新媒体经济效率的重要基础。正是在这个意义上，德国社会学家卢曼认为：“信任构成了复杂性简化的比较有效的形式。”② 第二，通过诚信制度化的自身约束，引导新媒体完善内部各项管理制度、提升新媒体整体信誉度，改善新媒体同受众的关系，并通过建立对信息进行必要的过滤、有效的质量控制和类似传统媒体的精审制度，为信息交往创造良好的诚信环境，从而有效降低新媒体的交往成本，这也是其成熟发展的内在需求。

---

① ［美］弗兰西斯·福山．信任——社会道德与繁荣的创造［M］．李宛蓉，译．呼和浩特：远方出版社，1998：44.

② ［德］尼克拉斯·卢曼．信任：一个社会复杂性的简化机制［M］．瞿铁鹏，李强，译．上海：人民出版社，2005：7.

（三）诚信制度是延长新媒体生命周期的必然选择

产品生命周期理论最早由美国哈佛大学教授雷蒙德·弗农提出，他认为产品和人的生命一样，要经历形成、成长、成熟、衰退这样的周期。新媒体的发展同样要遵守生命周期的规律，通常也要经历创立期、试营期、发展期、蓬勃期、衰退期等。从饭否网的黯然离场，到贴吧、论坛的逐渐没落，再到微博、微信的异军突起，我国新媒体的生命周期呈现出寿命短、流行速度快、发展阶段不协调等特点。到目前为止，新媒体的表现形态多达一百多种，如何在激烈的市场竞争中延长自己的生命周期，关系到新媒体的生死存亡。而诚信是新媒体生存和发展的基础条件，诚信制度是新媒体增强市场竞争力的基石。

诚信制度对新媒体生命周期的延续具有关键性和长期性。从个体角度来说，诚信制度的构建可以引导新媒体在创业初期进行可行性分析，并帮助新媒体对发展各阶段进行科学的战略分析，促进新媒体的内生成长。当诚信制度的构建成为新媒体首要考虑的问题时，新媒体经营者就会认真思考质量、品牌、服务和人才等，而不会用假新闻、假广告来盲目提高发行率、点击率等，也不会为了追求短期利益而牺牲长远利益，这是延长新媒体生命周期的必然选择。从社会角度来说，诚信制度保障新媒体之间、新媒体和受众之间正常运营，有利于新媒体形成良好的信誉，进而扩大新媒体的市场占有率，提升新媒体的市场竞争力。新媒体的兴衰取决于能否赢得社会公众的信任，唯有诚信的媒体才能从根本上延长新媒体生命周期。

二、新媒体诚信缺失的制度根源

新媒体的崛起是一种异常复杂的社会现象，同时还"弥散着解构、戏仿、碎片化等强烈的后现代文化特征，不仅经典的传播学理论难以对其做出合理解释，而且传统的媒介伦理也在其中陷入困境"①。很多新媒体经营者无视信息传播的基本规则，甚至以违反伦理、突破底线作为生存发展的重要手段，这给新媒体诚信的缺失制造了一个不可估量的空间，以致失信之风愈演愈烈。

---

① 杜晓．自媒体发展要靠诚信建设制度化［N］．法制日报，2014－08－08（007）．

新闻领域的诚信缺失。真实是新闻的生命，也是新媒体工作人员的职业准则。但是在现实生活中，一些新媒体存在一味追求曝光度与关注度、放弃新闻专业操守和道德规范的问题，违背了新闻的真实性原则。典型表现为：虚假信息盛行，制造噱头，断章取义，迎合大众的猎奇心理；“标题党”泛滥，用标新立异、光鲜亮丽的“外表”去吸引观众，但实际内容却是文不对题，落差极大；不良广告频出，夸大产品功能，用一些含糊、易于误解的语言或图形误导消费者等。

经济领域的诚信缺失。利用各种新媒体平台伪造数据资料进行欺诈、获取经济利益，已经成为一部分人谋求财富的手段。目前有一种“钓鱼行为”非常猖獗，其方法是先诱导添加微信好友，然后通过查看和研究对方在微信朋友圈展示出的图片和资料，准确定位和分析出该用户的家庭住址、工作单位、人员情况（尤其是老人和孩子）等真实信息，再利用这些信息从事犯罪行为，获取非法利益。还有一些犯罪分子利用微博、微信等新媒体平台发布谣言信息，骗取财物。例如2017年8月突发的九寨沟地震牵动着全国人民的心，一些不法分子却假冒“地震局救援中心”的名义发送“四川九寨沟地震请求捐款”的诈骗短信和微信，并在网络和新媒体上大肆传播，造成了极其恶劣的社会影响。

知识产权领域的诚信缺失。新媒体环境下，个体创造空间高度自由，海量信息资源无偿使用，一些唯利是图的人趁机侵犯他人知识产权，版权侵害事例层出不穷。例如，有些新媒体随意盗用他人的思想、创意、策划等，核心观点基本保持原状，仅将语言文字稍做改动，就将这篇文章标榜为“原创”；一些视听节目网站通过重新编辑、重新配音、重配字幕等方式随意歪曲、恶搞、丑化经典节目和作品；还有很多电影、视频未经制作方许可就被新媒体上传到网络空间成为共享资源，擅自在网站上播放、下载等。

人际交往领域的诚信缺失。新媒体既是信息共享的平台，也是人际交往的载体。诚信是人与人之间交往的基本要求，也应当是新媒体交往应当遵守的根本原则。但是现状来看，新媒体空间的人际交往诚信缺失严重。例如，以亲戚、朋友、同学等“熟人”作为主要销售对象的“微商”，产品质量良莠不齐却反复“求购买”“求点赞”，本质上就是一种“亲情绑架”；挟情带义、花样百出的各种“跪求投票”已经严重影响了微信“朋友圈”的社交体验，这样的评比毫无公正性可言，违反了人与人之间的诚信交往原则；还有各种微博粉丝营销、微信公众号刷流量，等等，都显示出新媒体环境下人际交往信度的严重缺失。

新媒体诚信缺失的泛滥，原因是多方面的。既有偶然原因也有必然原因，既有宏观原因也有微观原因，但从根源上来说是制度的缺失，因为制度对个体的行为选择具有决定性作用。关于这一点，罗尔斯早就指出：“社会的制度形式影响着社会的成员，并在很大程度上决定着他们想要成为的那种人”①。制度经济学认为，制度包括正式制度和非正式制度，前者主要表现为通过正式程序制定的各种法律、法规、规范等，后者主要是自发存在的道德观念、习惯风俗、思想意识、文化传统等。当前，我国新媒体诚信缺失是法律等正式制度的不完善和道德等非正式制度的约束不力共同作用的结果。

（一）正式制度的不完善

新媒体诚信的正式制度是指由国家、政府、新媒体等组织通过正式程序制定的、对新媒体诚信行为进行规范和约束的各种正式规则的总称。它包括国家相关的法律规定，政府制定的相关规章规则，新媒体协会等行业组织制定的职业道德规范等。正式制度具有强制性和约束力，对新媒体诚信具有重要的规范作用。

当前新媒体诚信正式制度的不完善主要表现在：首先，核心法律缺位。美国加利福尼亚州立大学历史学教授罗斯扎克指出，法律落后于技术的发展几乎是永恒的规律。迄今为止，我国还没有专门的规范新媒体或者新媒体诚信的核心法律，关于诚信原则以及失信行为的处罚规定仅散见于《民法通则》《刑法》等部门法中。根据经济学“需求—供给”理论，新媒体失范行为频发的根本原因就是现有的法律制度体系完全不能满足信息技术发展和新媒体诚信建设的需要。法律法规的滞后，使得新媒体交往存在一定的“盲区”和

---

① ［美］约翰·罗尔斯．政治自由主义［M］．万俊人，译．南京：译林出版社，2000：286.

"真空"地带，客观上也助长了新媒体失信牟利的风气。

其次，配套法规缺威。新媒体诚信的正式制度除了需要制订核心法律外，还需要相配套的规范性文件进行支撑。针对互联网、新媒体迅猛发展的现状，近年来我国先后颁布和实施了《互联网信息服务管理办法》《互联网电子公告服务管理规定》《即时通信工具公众信息服务发展管理暂行规定》等与网络、即时通讯工具有关的配套法规，但总的来说，这些规章规定十分凌乱，缺乏系统性和可操作性，且由于是多部门制定、多头管理，很容易引发制度不协调的问题，最终会造成配套法规"缺威"。

最后，职业道德规范的缺失。职业道德规范是指由行业组织制订的、调整职业关系、体现职业特征的行为准则。新媒体的从业人员既有具备一定编辑经验、从传统媒体转型成新媒体的"老"编辑人员，更有众多的零基础、零经验的自媒体"新"编辑，如微博、微信主体等。面对范围之广、人数之多、来源繁杂的这样一个群体，现有的《中国新闻工作者职业道德准则》《中国出版工作者职业道德准则》中针对"编辑"职业特点而制定的职业道德规范根本无法适应新媒体发展的要求。可以说，新媒体职业道德规范的缺失，也给新媒体主体的道德失范留下了机会主义的空间。

（二）非正式制度的约束不力

新媒体诚信非正式制度是指长期以来逐步形成的、对新媒体主体进行思想意识层面约束的行为规则，包括诚信价值观、道德习惯、文化环境、意识形态等。非正式制度以看不见的内在约束促使新媒体从业者自觉遵守诚信规范，对新媒体诚信建设有着正式制度不可替代的作用。

当前，非正式制度的约束不力也是新媒体诚信缺失的重要原因，主要表现在：第一，新媒体社会诚信价值尺度的破碎。新媒体空间本质上是一个虚拟空间。在这个虚拟社会中，原有的现实社会的价值尺度和诚信规范由于不适应虚拟新环境而破碎，而新的价值尺度和诚信观念尚未形成，主体行为处于“既不受传统社会规范的制约，又无新法可依的真空状态”①。在这种环境下，新媒体主体按照各自的价值取向毫无约束地去追逐个人利益的最大化，导致整个新媒体社会的秩序混乱、诚信失范、信仰缺失。

第二，新媒体责任感不强。媒体和一般企业不同，它是社会公器，在传播社会舆论、净化社会环境、促进社会稳定等方面具有不可推卸的社会责任，马克思曾高度评价媒体的社会作用，认为“报纸是作为社会舆论的纸币流通的”②。然而，在新媒体时代，一些新媒体盲目追求点击率和“看点”效应，传播虚假信息，加速谣言扩散，社会责任感严重缺失。例如2017年，“空心菜是毒中之王”“一滴血就能测癌”“扫二维码可清理僵尸粉”等一些谣言在微博微信等新媒体平台上大肆传播，引发网民恐慌，扰乱社会秩序。

第三，新媒体诚信文化亏缺。文化氛围是行为的指引，新媒体诚信文化的塑造是新媒体诚信建设的生态基础。正如什托姆普卡所说：“信任文化一旦产生，它就获得了独立的力量，在信任的方向上推动着人们的决定，并在这种意义上补充和改变信任的计算，并且变成了信任的社会生成的下一个循环的背景条件。”③ 当前我国处于社会转型期，正面临着传统诚信文化不断式微而新媒体诚信文化尚未真正建立起来的断裂地带。新媒体诚信文化的亏缺，也导致一些新媒体缺乏诚信意识和内部的自我约束。例如，一些网络新媒体不惜用“博傻”“唯丑”等极端手法培养大V、网红，挑战社会公众的良知底线、审美底线，严重影响了新媒体诚信建设。

三、新媒体诚信构建的制度路径

制度是人类拯救自己的手段。康芒斯指出：“如果我们要找出一种普遍的原则，适用于一切行为，我们可以把制度解释为集体行动牵制个体行动”。④

---

① 蔡泉水，胡伯项．新媒体环境下我国主流意识形态的建构［J］．江西社会科学，2016（2）：234—239.

② 陈力丹．马克思恩格斯列宁论新闻［M］．北京：人民日报出版社，2009：264.

③ ［波兰］什托姆普卡．信任：一种社会学的理论［M］．程胜利，译．北京：中华书局，2005：177.

④ ［美］康芒斯．制度经济学（上册）［M］．于树生，译．北京：商务印书馆，1962：87.

当前，要有针对性地治理新媒体诚信缺失的现状，必须构建起保护新媒体主体传递真实信息、信守交往承诺的诚信制度体系，才能保障新媒体事业的健康、可持续发展。

（一）健全新媒体诚信的法律法规

法律制度的建立健全是新媒体诚信最根本、最具强制性的保障。新媒体是新生事物，鉴于当前我国规范新媒体诚信的法律法规还很不完善的现实情况，必须要加快立法进度，实现新媒体诚信的法律、行政法规、行业规范的有机统一，推进新媒体诚信法律法规的体系化和制度化。为此，一要制定出更加全面、具备系统性和操作性的规范新媒体诚信行为的综合法律法规，如《新媒体诚信法》等，对各种新媒体守信和失信行为进行详细规定，做到新媒体诚信行为有法可依；二要细化新媒体诚信的具体情况，建立起与《新媒体诚信法》相应的配套法规。例如，鉴于虚假信息在新媒体平台上肆意传播，造成恶性社会影响的情况比较严重，可制定专门的《新媒体信息传播法》规范信息的采集和传播；三要完善新媒体行业的道德规范和自律守则，实现新媒体行业的自我监督和自我净化，推动新媒体诚信建设。2012 年新浪微博与用户共同制定了《新浪微博社区公约》，这被认为是迈出了制定新媒体行业规范和自律守则的关键一步。

此外，推进新媒体诚信建设还要加大法律法规、行业规范的执法力度。亚里士多德认为，仅有“制定的良好的法律是远远不够的”，还必须“违法必究”，以实现“矫正性公正”。也就是说，法律的效力逻辑既包括立法，还包括执法。“破窗理论”认为，必须对违法者的行为进行及时、有效、公正的处罚，否则就会对其他社会成员产生消极的示范效应。慈继伟先生在其著作《正义的两面》中指出：“如果社会上一部分人的非正义行为没有受到有效的制止或者制裁，其他本来具有正义愿望的人就会在不同程度上仿效这种行为，乃至造成非正义行为的泛滥。”① 因此，必须加大法律对新媒体失信行为的执法力度，才能从根本上保障法律的执行效力。

---

① 慈继伟．正义的两面［M］．北京：生活·读书·新知三联书店，2001：1.

（二）完善新媒体道德的内在规约

新媒体诚信危机是现实社会诚信危机在虚拟网络空间的体现，正如有学者指出："魔鬼不在网络中，而在人的心灵中"①。作为一种社会交往准则，诚信首先是一种道德规范。亚当·斯密在《国富论》中虽然认为市场经济的主体都是追求个人利益最大化的理性经济人，但在其另一部巨著《道德情操论》中认为做一个有道德的人是社会赖以维系、和谐发展的基础。在新媒体社会里构建一套被普遍认同的道德观念和道德准则是遏制新媒体失信的重要方式。

首先要强化新媒体的诚信理念。斯宾诺莎曾说："心灵的主动是起于正确的观念，而心灵的被动则是起于不正确的观念。"② 心理学研究也表明，人的观念是人的行为的内驱性动机。诚信理念是新媒体生存的根本，是新媒体主体职业道德的根本要求。新媒体要立足长远发展，必须强化诚信意识，提高主体的媒介素养，树立正确的诚信观，把握和处理好长远利益和眼前利益的关系。

其次，塑造新媒体的诚信场域。美国心理学家库尔特·勒温运用物理学的场域理论，系统阐述了人的行为和场域之间的关系，他认为人的一切行为，都是发生在一定生活空间中各种相互关联的场域驱动的结果。法国社会学家布尔迪厄也认为，场域对人的意识和行为具有普遍制约性。新媒体诚信场域是一个通过对主体产生制约，从而使其表现出一定诚信度和诚信价值取向的社会网络空间。在这个空间中，通过塑造和运用良好的社会诚信场域对新媒体进行道德干预，形成对新媒体守信者赞赏、失信者谴责的氛围，能够有效促进新媒体诚信建设。

最后，形成新媒体诚信的价值共识。在由多重利益关系构成且充分凸显个体自主性、独立性的新媒体社会里，基于社会最基本的秩序需要和社会正常运行的最低阈限，必须整合人们的价值观念和行为，形成新媒体道德伦理

---

① 王淑芹、曹义孙．德性与制度——迈向诚信社会［M］．北京：人民出版社，2016：376.

② ［荷兰］斯宾诺莎．伦理学［M］．贺麟，译，北京：商务印书馆，1960：31.

即诚信的价值共识，这样才能保障新媒体秩序的正常运行。正如美国社会学家帕森斯所指出的那样："人们在不得不在一起共同生活的群体中，需要建立最低限度的秩序所需要的价值规范，即人们必须要有一定的共同价值体系，否则，社会就会失范并导致所有人针对所有人的战争。"①

（三）建立新媒体诚信的管理机制

新媒体从来没有像今天这样让亿万社会大众产生依赖，它深刻地影响了人们的生活方式、交往方式和思维方式。推进新媒体诚信建设，必须加强对新媒体的诚信管理。第一，建立新媒体信用等级评价机制。传统社会的诚信记录模式主要依靠熟人的"品格信任"和"社会观察"，这远远不能满足新媒体时代"陌生人社会""一锤子买卖"的需要。要维持良好的新媒体秩序，必须聘请专门机构对新媒体主体的信用信息进行归集和评价，形成信用记录和信用等级，最终建立起新媒体信用等级评价机制。

第二，推广新媒体实名制。美国学者丹·吉尔默指出，草根新闻的兴起伴随着严重的道德问题，包括真实性和公然欺骗。新媒体失信已经成为社会诚信问题的"重灾区"，"道德绑架""人肉搜索"以及各种制假、造谣等失信行为的存在与新媒体的匿名性密不可分。要遏制这些失信行为，必须推广社交媒体实名制，要求用户在其真实身份下发表言论，在一定程度上可以减少商业炒作和信息造谣的泛滥。当前手机号码实名、新浪微博名人身份认证、微信实名验证都取得了很好的效果，未来还需对其他新媒体的实名认证进一步推广和规范。

第三，实施新媒体审核和退出机制。必须加大对新媒体空间的管理力度，对新媒体的不良行为予以记录。对于严重失信的网站和新媒体，应将其列入"黑名单"，剥夺其进行网络服务、网络交流的权利。近年来，国家网信办先后关停发表不当言论的秦火火、立二拆四等"微博大 V"的微博账号，相继约谈新浪、腾讯等网站，以及 2018 年 4 月 10 日"为依法规范传播秩序，要

① ［美］塔尔科德·帕森斯．社会行动的结构［M］．张明德等，译．南京：译林出版社，2012：436.

求各互联网应用商店暂停今日头条、网易新闻、凤凰新闻和天天快报四款移动应用程序的下载服务”等事件，都是建立新媒体审核和退出机制的有益尝试。

（四）加强新媒体诚信的技术保障

新媒体环境下，人们对技术的依赖比以往任何时候都更加强烈。然而，技术的进步并没有带来道德的同步提升，相反加剧了新媒体失信、新媒体犯罪的爆发。正如美国学者理查德·A. 斯皮内洛所说：“技术的步伐，常常比伦理学的步伐要急促的多，而正是这一点对我们大家都构成某些严重威胁”。① 新媒体信息安全具有保障新媒体诚信制度的重要作用，完善的技术是防止信用缺失的有力手段。从技术上对新媒体诚信予以支持，对失信予以抑制，具有事半功倍的效果。

一是建立新媒体技术把关人制度。美国社会心理学家库尔特·卢因于1947年在《群体生活渠道》一文中明确提出“把关人”概念，并对“把关人”在过滤和筛选垃圾信息、规范社会价值标准等方面的积极作用给予了高度肯定。然而，新媒体的虚拟性、超时空性带来了传播方式的巨大改变，“把关人”在新媒体信息传播中的地位已经严重削弱甚至缺失，导致新媒体失信行为肆意泛滥。因此，要维护正常的新媒体秩序，必须建立新媒体专职“把关人”制度，严格界定新媒体“把关人”的责、权、利，尽职尽责的履行“把关人”义务。具体来说，“把关人”要通过先进的技术手段，对新媒体主体提供的信息进行审查、过滤和选择，对新媒体空间中的登录、交往行为以及信息发布进行全程监管，切实履行“把关人”责任，防止新媒体失信的泛滥。

二是构建新媒体平台的技术防范、甄别和处置体系。美国学者安德鲁·基恩指出：“互联网上高贵的业余者可能会用无知代替经验，用浪漫主义的幻想代替启蒙运动以来的智慧和常识……我们在授予业余者权力的同时，削弱

① ［美］理查德·A. 斯皮内洛. 世纪道德——信息技术的伦理方面［M］. 刘钢，译，北京：中央编译出版社，1999：86.

了贡献传统智慧的权威专家的权力。”① 当前，新媒体传播主体的“低门槛性”导致新媒体用户水平参差不齐，无法对虚假信息进行有效分辨和遏制。因此，新媒体运营商应该主动承担起虚假信息识别和舆论引导的责任，通过组建专门团队，加大新技术的研发和应用力度，实现虚假谣言的传播预警、真伪信息的快速甄别、传播节点的准确锁定与惩治，最终构建起新媒体平台的技术防范、甄别、处置体系，才能够有效约束和治理新媒体失范行为，保障新媒体事业的健康可持续发展。

① ［美］安德鲁基恩．网民的狂欢——关于互联网弊端的反思［M］．丁德良，译，海口：南海出版社，2010：35.

微博助力打造县级融媒体新格局

汪　抒*

随着5G技术、人工智能等新技术的快速发展和应用，各级媒体融合已成为大势所趋。当前，县级融媒体的建设还处于起步阶段，存在起点较低、局限性较大的问题。因此，应加强与现有新媒体平台的结合。作为政务新媒体的代表，政务微博发展10年来，积累了成熟的融媒体建设经验，可为县域融媒体建设提供有力的平台。本文将重点从五个方面分析政务微博对于县级融媒体建设和发展的具体借鉴和参考意义。

习近平总书记在2016年4月19日网络安全和信息化工作座谈会上指出，“群众在哪儿，我们的领导干部就要到哪儿去。各级党政机关和领导干部要学会通过网络走群众路线，经常上网看看，了解群众所思所愿”。扎实抓好县级融媒体中心建设，是打通宣传工作“最后一公里”的必然要求。组建县级融媒体中心，有利于整合县级媒体资源，打造主流舆论阵地、社区信息枢纽和综合服务平台。

县级融媒体的建设与发展不是凭空而来，多年来生机蓬勃的政务新媒体可以说开启了先声和范例，为县级融媒体建设提供了宝贵的经验。作为政务新媒体的代表，政务微博发展10年来，其数量增长到17.8万，其功能由信息发布向政务服务再到创新社会治理逐步深化。特别是2018年底，国务院办

---

* 本文作者汪抒，微博副总编辑、微博智库主编.

公厅印发的《关于推进政务新媒体健康有序发展的意见》,① 进一步明确了“政务微博微信”作为官方规定政务新媒体平台的地位。社会各界对此高度关注，2019年1月8日，《北京晚报》整版刊登“微博办实事”一文，介绍“@北京12345”在政务微博开设的“需求与反馈”栏目，2018年受理、办理各类网络咨询和诉求8万余件，创新实践“互联网+社会治理”的工作机制，打造成24小时在线的“指尖上的市民服务热线”，有效地推进了社会治理体系和治理能力的现代化。

政务微博对于县级融媒体的建设和发展有何具体借鉴和参考意义？以下着重从五个方面进行分析。

一、推动政务信息公开

建设一个透明、公开的现代政府，是满足群众知情权、参与权、监督权的需要，是实施依法治国方略、推进依法行政的客观要求。互联网创造了公民对政治和社会问题展开讨论的公共领域，微博使公众有了对公共事务进行监督、表达意见、形成舆论的平台。利用微博公开政务信息，已经成为各级政府及行政机关信息公开的“时髦”方式，特别是近几年视频和直播形式的兴起，使得政务公开更加及时、生动、有效。2011年3月19日，山东省莱阳市人民法院就一起买卖合同案通过“@公正莱阳”微博账号进行了全程网络直播，这是司法系统首次将整个庭审过程通过微博面向社会公开。② 2018年，微博平台庭审视频直播超过九万场，通过微博庭审直播，让群众随时随地了解庭审内容，为司法公开开辟了新途径。除了司法之外，公安、交通、环保等部门也借助微博通过不同形式开展政务公开。政府部门从被动应对到主动发布声音，网友从微博围观到微博参与，微博已经成为推动政府进行信息公开的重要平台之一。

---

① 国务院办公厅．关于推进政务新媒体健康有序发展的意见：国办发［2018］123号［A/OL］．（2018－12－07）［2018－12－27］．http：//www.gov.cn/zhengce/content/2018－12/27/content_5352666.htm.

② 我省法院系统首次尝试微博直播庭审现场．［EB/OL］．大众网，2011－03－20.

二、积极开展舆论引导

微博是信息传播最迅速的舆论场，也是县级融媒体建设过程中应坚守的舆论阵地。在“后真相时代”，少部分自媒体和个人账号常常以捏造事实、断章取义或发表情绪化、立场化观点等方式，吸引流量、博取关注，造成虚假信息满天飞的现象，严重影响了基层舆论生态和媒体传播环境。

2016 年 6 月，网传南京出租车司机和网约车司机在江宁聚众斗殴视频，不少网友在不明真相情况下转发，引发负面舆情。“@江苏网警”当晚率先辟谣，证实视频内容为广西桂平拍摄电影场景，“@南京发布”“@南京交警”“@微博辟谣”等账号相继转发，“@江宁公安”在线次日发布“史上最长”警方通报，对事发地点全方位视频截图，证实街头斗殴子虚乌有，谣言坐实，此条辟谣微博获两万次转发、评论和点赞。此次南京有关部门政务微博及时发声，多部门多平台联动，有效遏制了谣言蔓延，形成官方“最强音”。政务微博账号的权威信息及时的发布，有利于坚守新闻宣传的主阵地，放大主流权威声音，有效进行舆论引导和舆情应对，关键时刻政务微博的发声能起到一锤定音的作用。

三、接地气的创新宣传

微博作为用户导向的开放新媒体平台，以满足用户需求、发挥用户价值为目标，体现出用户多、内容多、热点多、资源多的特点，并且信息传播快捷、及时、覆盖面广，可以发布文字、照片、长图文、短视频和微博故事等多种形式的内容，有利于被网民阅读和接受，成为各级党委政府及主流媒体创新宣传的重要途径。2018 年，共青团中央联合新浪微博、阿里巴巴公益发起#我和我的家乡#微博话题，吸引何炅、李冰冰、鹿晗等众多明星纷纷录视频、发微博，为自己家乡农产品代言，助力扶贫和乡村振兴，活动同时得到两千多个政务和媒体账号转发，影响力得到几何式放大，话题阅读量超 30 亿。

同时，各级政府和主流媒体充分发挥微博视频生动形象、利于传播优势，纷纷加入微博视频的制作和传播行列，创新政策法规等内容的宣传普及方式。

四平市公安局官微“@四平公安”通过小品普法短视频开展警示教育，其幽默生动的表达方式获得大量粉丝关注。政务官微一改“居庙堂之高”的形象，真正做到了去官气、接地气、凝人气，在与网民的互动、沟通中，问政于民、问需于民、问计于民。

四、矩阵推广移动行政

作为国内最大的政务新媒体平台，微博在矩阵化方面已经具备了坚实的基础，涌现出“@中国消防”“@问政银川”“@成都服务”“@湖南公安在线”等多种类型的政务微博矩阵。以“@问政银川”为政务微博矩阵核心、由全市党政多层级多职能 513 个政务微博账号组成的在线政府，实现线上事项办结率 97% 以上，线下信访数量下降 18.9%。

2019 年 1 月 5 日晚，一则“仙女寝室”的视频引发关注，“@中国消防”“@江西消防”“@南昌市消防支队”三级消防官方微博通过微博接力，从发现问题到解决问题仅耗时 85 分钟，这则消防矩阵联动下的#仙女寝室覆灭记#，成为标准化的新媒体微博矩阵样板，再次证实了政务新媒体不是单纯的发布和宣传，而是“人民指尖上的网上政府”。县级融媒体也需要打造一个把广播、电视、平面媒体、互联网的优势互为整合、互为利用，使其功能、手段、价值得以全面提升的全媒体矩阵，实现“资源通融、内容兼融、宣传互融、利益共融”，更好地引导群众、服务群众。

五、媒体融合的先行者

2015 年底，习近平总书记在视察解放军报时，不但亲自通过微博祝全军官兵新年快乐，还来到解放军报社网络宣传中心，了解媒体融合发展情况。截至目前，主流媒体在微博开设账号已超过 3.4 万个，全年总阅读量达到万亿级，主流媒体微博呈现出高阅读、高互动、优视频的趋势。2018 年全国两会期间，微博与主流媒体深度合作，发起核心话题 80 个，阅读量达 231 亿。

此外，微博内部推出@微博县域融媒体 官方账号，扶持出“@长兴县融媒体中心”“@淄川发布—融媒体”“@花园融媒”等县级融媒体中心账号，协助“@海淀融媒”等地方媒体微博账号向融媒体账号转型等。目前，微博平台已有超过百家县级融媒体中心账号入驻，其账号功能也正向信息发布和便民服务进行转型。

随着5G技术、大数据、人工智能等新技术的快速发展和应用，各级媒体融合已成为大势所趋。目前，县级融媒体的建设还处于起步阶段，各地各部门资源、技术、管理、人才等水平参差不齐，单靠一己之力谋发展，会存在起点较低、局限性较大的问题。因此，应加强借力借势、合作合力，充分与现有新媒体平台，特别是微博平台的结合。微博目前已拥有4.65亿月活跃用户，庞大的用户群体和市场十分有利于县级融媒体对接目标用户。同时，微博拥有完善的政务、媒体运营平台，积累了成熟的融媒体建设经验，可以为县域融媒体建设提供有力的平台支持和模式参考。此外，微博在技术研发、学术支持、人才培养等方面同样具备独特的优势：平台的海量数据，有利于县级融媒体把握用户需求，实现智能分发和精准推送，增强用户黏性，实现传播双向互动；微博智库和新媒体学院定期举办新媒体培训和县域融媒体研讨，充分发挥专家、学者力量，为县级融媒体建设提供理论支持和人才培养渠道，助力县级融媒体持续健康发展。

微博优势与县级融媒体平台建设需要高度契合，可以为县级融媒体建设提供最完善的平台服务。各地县级融媒体建设过程中也可加强与微博的合作，使微博成为其中的一个重要组成部分，有力助推县级融媒体建设迈上更高台阶。